18
세상

18세상

초판 1쇄 발행 2014년 1월 30일
초판 3쇄 발행 2016년 4월 5일

지은이 김성윤
펴낸이 안병률
펴낸곳 북인더갭
등록 제396-2010-000040호
주소 410-906 경기도 고양시 일산동구 장항동 744
전화 031-901-8268 | **팩스** 031-901-8280
홈페이지 www.bookinthegap.com | **이메일** mokdong70@hanmail.net

ⓒ 김성윤 2014
ISBN 979-11-85359-01-4 03300

* 이 책의 전부 또는 일부를 다시 사용하려면
  반드시 저작권자와 북인더갭 모두의 동의를 받아야 합니다.
* 책값은 표지 뒷면에 표시되어 있습니다.

18세상

엄숙한 꼰대,
열받은 10대,

―

꼬일 대로 꼬인
역설의 시대

김성윤 지음

북인더갭
BOOKintheGAP

차례

3부 ■ 기록의 기록

내가 청소년문화에 관심을 갖게 된 것은 수능이 끝나고 등촌동 영구임대아파트에 살기 시작하면서부터였다. 기억 가능한 시간의 대부분을 산동네에서 살다가 아파트에 들어갔으니 새롭다면 새로운 경험이었다.

대학생활에 적응하지 못하던 나는 수업을 빼먹고 아파트 근린공원에서 농구공을 튕기는 게 일상이었다. 그곳에서 두 친구를 알게 됐다. 한 친구는 일찌감치 고등학교를 자퇴하고 중국집에서 배달을 하던 현광이, 다른 친구는 좋은 대학, 좋은 직장을 꿈꾸며 가난에서 벗어나겠다던 우현이라는 녀석이었다. 지금은 잘 살고들 있을지….

셋이 농구를 하면서 조금씩 친해졌고 이런저런 이야기를 나누기도 했다. 주로 현광이가 말을 했고 난 맞장구를 쳤으며 우현이는 잠자코 듣기만 하는 편이었다. 서울 여러 곳에 산재해 있던 빈민촌 출신 아이들이 어느 순간 한 지역에 살게 되면서 빚어지는 풍경은 흥미로웠다. 말 그대로 무주공산. 누가 최고의 총잡이인지 또 누가 보안관인지조차 결정되지 않은 초기의 서부 개척지 같은 모습이었다.

그때를 다시 생각해보면 현광이와 우현이는 내가 겪은 청소년 시기를 다시금 보게 한 친구들이자 일종의 이념형적 모델이었다. 1990년대 초·중반만 해도 교실에는 최소 두가지 회로가 작동했다. 날라리와 범생이. 현광이는 가래 섞인 침을 내뱉을 때 그 점도에 따라 문화자본이 나뉘는 날라리 회로에 있었고, 우현이는 성적표의 석차라든가 즐겨 듣는 음악 취향과 CD 개수로 문화자본을 추구하는 범생이 회로에 있었다. 고2 때 엄마 말을 듣고 소위 정신을 차리기 시작한 나는 그 두 회로를 왔다갔다 한 경우였다. 물론 「돼지의 왕」(2011)에서처럼 이 모든 곳에서 두각을 나타내면서 모두의 경외를 받는 녀석들도 드물게 있었을지 모르겠다.

교실 생태계에 변화가 나타나기 시작한 건 대략 1990년대 후반부터였던 것 같다. 기존의 날라리는 개날라리(또는 양아치)와 날라리로 세분화됐다. 이전의 날라리는 학교 규범으로부터 벗어나 소위 일탈 기미가 있는 친구들을 일컫는 말이었지만, 이때부터 날라리란 말에는 '공부도 좀 하고 놀 줄도 아는 녀석들'이란 뜻이 포함되기 시작했다. 그 사이에 놀기만 하는 친구들은 양아치에 준하는 것쯤으로 치부됐고, 범생이는 공부는 열심히 하지만 성적은 신통치 않고 친구들 사이에서도 잘 어울리지 못하는 녀석들로 이해되기 시작했다.[1]

1. 서동진, 「개날라리들의 정다운 합창」, 고길섶 외, 『문화읽기: 뻐라에서 사이버문화까지』, 현실문화연구 2000.

이런 양상이 보편적이었다고 단언하기는 어렵다. 하지만 의미심장한 조짐이었던 것만큼은 분명하다. 언어가 복잡해졌다는 건 그 말들이 가리키는 현실도 복잡해졌다는 것을 의미한다. 날라리-범생이 시절엔 현광이도 우현이도 나름대로 권력을 가질 수 있었다. 현광이는 현재의 권력을, 우현이는 미래의 권력을 가진 셈이었다. 그런데 그 이후에는 현광이와 우현이를 섞어놓은 녀석들이 힘을 쓰기 시작했고 순수결정체로서 현광이와 우현이는 일종의 예외상태에 처하게 됐다. 개날라리는 건드려봤자 폭탄이니 예외였고, 찌질한 범생이는 건드려도 무방한 예외였다. 이 시기에 왕따와 같은 '괴롭힘' 문화가 대두된 것도 우연은 아니었던 것이다.

이런 변화는 어떻게 해서 나타났을까. 입시전형이 다변화되면서 이제는 어느 정도 놀아도 대학으로 가는 길이 열려서일까. 아니면, 또래들 사이에서 공부를 잘하는 것이야말로 '간지'나는 권력으로 인정받는 문화가 생겨서일까. 그도 아니면, 청소년문화에 고민상담이라는 명목으로 교사 같은 외래종이 끼어들어 그들 고유의 생태계가 교란돼서일까. 그도저도 아니라면, 이제는 시대가 달라져서 부모의 계급적 위치가 또래들의 권력관계에 고스란히 반영돼서일까—예컨대, 서울대생의 절반 가까이가 서울 강남 출신이라는 것쯤은 그들도 이미 알고 있다.

또래권력에서 성적이 중요해졌다는 건 의미심장한 변화다. 한가지 확실한 것은 이러한 변화의 조짐들이 최근 청소년문화의 주된 특징이라는 데 있다. 수년간의 '생태계 교란'을 거치면서 이제 교실에는—어딘가 익숙하지만—새로운 두가지 회로가 자리를 잡은 듯하다. 어떤 책에서는 이를 두고 '널브러진 애들'과 '공부하는 애들'이라고 표현하기도 했다.[2] 물론 학교 바깥의 청소년들도 있을 수 있지만, 어쨌든 이 두 그룹이 오늘날 청소년문화에서 대표적인 이중회로를 이루고 있다는 데는 이견이 없을 것 같다.

필자는 이러한 표현에 적잖은 의미가 있다고 본다. 청소년문화를 더이상 날라리와 범생이의 구도로 이해하지 않는다는 것은 모종의 중대한 사실을 가리키기 때문이다. '날라리-범생이' 구도는 말만 보면 서로가 동등한 관계라는 점을 연상시킨다. 날라리는 놀고 싶어 놀고 범생이는 공부하고 싶어 공부한다. 그에 반해 '널브러짐-공부열심'이라는 구도에는 이 두 그룹이 서로 동등하지 않다는 전제가 깔려 있다. 날라리가 노는 걸 좋아한다는 능동적 의미를 갖는 데 반해, 널브러진 애들은 '공부를 못해(또는 안해)' 널브러졌다는 식으로 이해되기 때문이다.

여기서 널브러진 애들이 실제로 무기력한 아이들인지, 공부하는 애들과 정말로 동등하지 않은 녀석들인지를 두고 왈가왈부하지는 말자. 이 둘이 동등하지 않다는 전제가 사람들 '머릿속'에 자리잡고 있다는 바로 이 사실이 중요하다. 공부가 싫어 자발적으로 널브러짐을 택한 경우도 있을 테고, 또한 학교가 아닌 다른 시공간에서는 엄청난 활력을 발휘하는 경우도 있을 테지만, 어쨌든 이들이 공부라는 1차 관문을 앞에 두고 널브러져 있다는 '판단'이 지배적인 것만큼은 사실이다.

어떤 독자는 공부가 중심적인 가치였던 건 예나 지금이나 마찬

2. 엄기호, 『교사도 학교가 두렵다—교사들과 함께 쓴 학교현장의 이야기』, 따비 2013.

가지 아니냐고 되물을 법도 하다. 그러나 공부의 반대말이 '노는' 것이 아니라 '널브러진' 것으로 바뀌었다는 사실을 사소하다고 볼 수 있을까. 그들을 둘러싼 환경이 더 억압적으로 변했다고 볼 수 있을지언정 개선됐다고 볼 증거는 희박하다. 오늘날에는 아이돌이나 '패션왕'으로서 선망의 대상이 되지 않는 이상 오로지 공부 잘하는 것이 지배적인 덕목이다.

역설이 아닐 수 없다. 한국사회가 발전하고 있다는 믿음과 달리, 10대들의 삶의 조건은 전체주의화되고 있기 때문이다. 전체주의라 하면 억압적인 권력 같은 것을 떠올릴 것이다. 그러나 오늘날에는 '누가 시키지 않아도' 공부라는 것을 우선으로 해서 세상을 이해하고 있기 때문에 전체주의적이다. 너나 할 것 없이, 그것도 자율적으로 말이다.

이 책의 제목을 '18세상'으로 삼은 것도 바로 그런 이유에서다. 역설로 가득 찬 세상에 대한 욕설, 어쩌면 역설 그 자체. 18세상이란 말이 단순한 욕설처럼 들릴 수도 있다. 물론 그런 느낌을 부정할 생각은 없다. 그러나 사실 이 말은 청소년 인권운동가들이 만 18세 미만의 역설적인 인권현실을 꼬집기 위해 만든 표현에서 빌려온 것이다. 코미디 프로그램에서 '이런 계좌수표'라든가 '이 십장생'이라면서 검열을 피해가듯이, 18세상은 욕지거리를 이용해 풍자와 해학을 담아낸 표현이다.

오늘날 청소년문화는 하나에서부터 열까지 역설투성이다. 몸과 정신은 성인 못지않은데 인간으로서의 권리를 누릴 수 없는 상황,

성장을 돕는다지만 사실상 속박만 일삼는 가족과 학교라는 제도, 어른이 되고 싶지만 정작 그 방법을 알 수 없어 표류할 수밖에 없는 청소년 그 자신들, 그리고 그들을 억압함으로써만 우리네 사회체계가 유지된다는 불편한 진실 등등. 엄숙한 꼰대는 물론이고 열받은 10대들에 의해, 그리고 그들이 불안하게 제휴함으로써 꼬일 대로 꼬인 것이 바로 우리가 사는 18세상의 실체다.

그런데도 대개의 사람들은 청소년문화를 이해하고 싶다면서 정작 낡아빠진 렌즈와 잣대를 들이대곤 한다. 1980~90년대의 좌표를 가지고 2010년대를 온당히 측정할 수 있을까. 현실은 이미 저만치 달아나 있는데 말이다. 청소년은 집중력이 부족하고 이성적 판단력이 모자라며 사회화가 덜 됐다는 편견은 결국 그들이 내는 목소리를 잡음이나 군소리 정도로 치부하게 만든다.

예컨대, 노스페이스 패딩 열풍이 불었을 때 이를 단순히 과시적 소비나 유행추종 현상으로 재단하는 것도 바로 이와 같은 선입견에서 비롯된다. 이 같은 진단들은 일종의 동어반복에 불과하다. 과시적으로 소비하기 때문에 소비적이며 유행을 추종하기 때문에 유행이 나타났다니. 학교폭력 문제는 또 어떤가. 학교폭력이 횡행하는 이유는 그들이 폭력적이기 때문이란다. 심지어, 청소년 자신들조차 자기 자신들의 문화를 이런 식으로 이해하는 걸 볼 때면 솔직히 화가 치밀어오를 때가 있을 정도다.

결국 우리는 이미 알고 있는 사실을 재확인하는 데 그치곤 한다. 청소년문화의 새로운 요소를 알고 싶다면서 낡은 인식틀을 들이대다니 이게 무슨 경우인가. '나는 그들에 대해 충분히 알고 있어'라는 기만은 청소년들을 미성숙한 존재로 결박시킬 뿐이다. 이 또한 18세상이 아닐 수 없다. 세상은 온갖 역설들로 꼬여 있는데 그 암호를 풀어내는 독법은 오히려 그 같은 역설을 더 복잡하게 만들뿐더러 사실상 문제를 봉합하고 은폐하는 데 기여한다.

이 책은 바로 이와 같은 이중 삼중의 아이러니를 파헤치기 위해서 시작됐다. 이미 알고 있는 걸 굳이 반복하지 않으면서 현실을 따라잡아보자는 생각에서 말이다. 그렇다고 이 책에서 제안된 이해 방식이 청소년문화에 대한 정답이라 우길 생각은 전혀 없다. 필자 역시도 모르는 것투성이고 언제나 헤매는 중이기 때문이다. 다만, 필자가 할 수 있는 일은 더 많은 질문을 만들고 더 깊은 의문을 제시하는 것이다.

모름지기 진정한 앎이란, 익숙한 전제에서 시작해서 사실들을 끼워 맞추거나 관찰된 사실들을 추린 다음 엔터키를 쳐서 결과를 산출하는 식으로는 결코 만들어지지 않는다. 우리는 우리가 공유하고 있는 상식적 전제가 잘못됐을 수 있다는 것을, 그리고 낯선 사실들이 언세든 니타날 수 있다는 점을 염두에 둬야 한다. 그렇기에 청소년문화를 따라잡고 이해하기 위해서는 오답의 위험성에도 불구하고 창조적으로 도약하고자 하는 도전적 가설들을 던질 수밖에 없다. 필자가 좋아하는 어떤 구절을 인용하자면, '불가능하지만 불가피하기 때문에 해야 하고, 불가피해서 하고 있지만 불가능하다는 것을 알아야 한다.'

이 책에서 서술되는 내용들은 그런 의미에서 정답을 보여준다든가, 대안을 제시한다든가 하지 않는다. 정답과 대안이 있으면 여러 독자들에게 마음의 위안을 줄 수도 있을 것이다. 그러나 필자는 그럴 능력도 없고 또 그럴 의사도 없다. 그저 독자들에게 청소년 문화에 대한—새로운 정보가 아니라—새로운 인식을 제공할 수 있기를 바랄 뿐이다. 이 같은 문제의식을 이 책이 얼마나 실현하고 있는지는 솔직히 확신하기 어렵다. 그래도 본문의 흐트러진 글들 속에서 필자의 취지에 공감해주고 거기서 자극을 받아 더 많은 '풀리지 않은 의문과 정답 없는 질문'이 만들어질 수 있다면 바랄 게 없겠다.

　독자 여러분이 마음 가는 대로 골라보는 것도 의미가 있겠지만, 이 책이 그리고 있는 지도와 나침반을 공유할 필요는 있을 것 같다. 본문은 크게 3부로 구성했다. 1부 '일상 기록'은 오늘날 대다수 청소년들이 공유하는 문화적 조건들을 다뤘다. 오늘날 다변화된 입시문화 속에서 10대들은 어떤 주체로 성장하고 있을까(4장과 5장). 갈수록 늘고 있는 알바 경험과 '노스 페딩'으로 대변되는 소비생활 그리고 일상화된 은어문화 속에서 어떠한 코드들을 소비하고 또 생산하고 있을까(1~3장).

　1부가 청소년문화의 일반적 조건을 다루고 있다면, 2부 '일탈 기록'에서는 지배적 규범에서 벗어난 관행들, 그중에서도 또래 내부에서조차 특이하게 여겨지는 문화현상들에 주목하고자 했다. 위조 주민등록증과 날로 진화하는 화장품 그리고 전자담배 같은 아이템들(6장), 성행위나 가출 그리고 알몸졸업식처럼 소위 청소년답지 못한 일들(7장~9장)은 왜 나타나며 그 효과는 무엇일까. 아울러 또래 내부에서조차 배제된 영역에 주목할 필요가 있다. 오타쿠쯤으로 치부되는 세계관으로서 '중2병' 현상(10장), 그리고 우리들 중 거의 누구도 진지하게 고민하지 않는 이주배경 청소년(11장) 등이 대표적인 경우라 할 것이다. 이들이 우리 사회에 던지는 암묵적 메시지가 무엇인지 살피는 것도 의미있는 일이 아닐까 한다.

　3부에서는 청소년문화를 둘러싼 담론들에 대해 이야기했다. '기록의 기록'이란 제목을 붙인 것은 청소년 '문제'만큼이나 청소년 문제를 '문제화'하는 방식도 문제라는 생각 때문이다. 그 시작은 청소년을 미성숙하다고 보는 관점에서부터다(12장). 질풍노도의 시기기 때문에 폭력을 휘두르고 게임에 빠진다는 논리는 우리들 주변에서 흔히 볼 수 있는 논리가 아닐까 싶다(13장과 14장). 그 사이에 청소년의 인권이란 말할 수 없는 문제가 돼버리기 일쑤다. 그래서 마지막 두 장에서는 교육문제에 대해서 언급했다. 청소년 인권이 가장 억압되는 장소가 학교일 뿐만 아니라, 바로 그렇기 때문에 새로운 전환을 위해서는 교육현장부터 다시 읽어낼 필요가 있기 때문이나.

　이 책을 만드는 과정에서 여러 사람들에게 도움을 받았다. 이 책은 원래 『한겨레 21』에 연재했던 '김성윤의 18세상'이 모태가 됐는데, 집필 기회를 제공해주고 근사한 제목을 붙여준 신윤동욱 기자와 편집부에 감사를 드리는 게 먼저일 것 같다. 2백자 원고지 10매짜리 조각 원고를 단순히 보완하는 선을 넘어서 40~50매 이상으로 늘리는 것은 거의 처음부터 새로 시작하는 것과 다를 게 없었다. 그 사이에 달라진 현실을 담아내는 것도 쉽지 않은 일이었다. 그런 버거움을 핑계삼았던 지난 2년의 게으름을 묵묵히 참아주고 오히려 성원을 보내준 북인더갭의 안병률 대표와 김남순 실장께도 감사를 드린다.

물론 누구보다 감사 인사를 받아야 할 사람은 모든 문제의식의 시작이 됐던 현광이와 우현이다. 그 친구들이 없었더라면 청소년문화에 대한 나의 관심도 없었을 것이다. 그 외에도 논술강사 시절 이런저런 수다를 나눴던 친구들, 방과후 학교에서 만났던 한서고등학교 친구들, 1학년 때부터 철없는 선생에게 도발을 당해서 괴로웠을 대학 새내기들, 뜬금없는 질문에도 당돌하게 응답해줬던 거리의 친구들, 그리고 깊은 교류는 없었더라도 존재 자체만으로 좋은 버팀목이 돼준 청소년 인권활동가들…. 알게 모르게 그들을 통해 이 책의 아이디어를 얻었기에 그들에게 감사하고 한편으론 미안하다.

문화사회연구소와 대학원 동료들에게도 감사의 말씀을 전한다. 그들은 여러모로 부족한 필자에게 물심양면으로 지지를 아끼지 않았고 덕분에 지금의 내가 있을 수 있었다. 그동안 나를 지도해주신 여러 선생님들께는 감사의 마음을 이루 다 표현할 길이 없다. 학자적이고 선비 같은 풍모를 따라가기엔 미약하고 경솔하기만 한 제자지만, 내가 조금이나마 학문적으로 인격적으로 성장할 수 있었던 것은 그분들 덕택이었다.

이 책이 내 이름을 달고 있기는 하지만, 사실은 그 모든 이가 함께 만든 책이나 다를 바 없다. 아무리 생각해봐도 나는 인복이 많은 사람이다. 거듭 감사드린다.

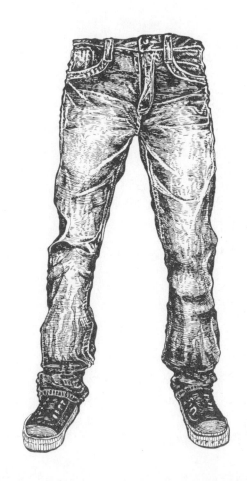

1장

한때는 청소년 노스페이스 공화국

청소년문화를 이해하는 첫 관문

한동안 10대들의 겨울 패션은 가히 천하통일 수준이었다. 길거리를 다니면 누구나 한번쯤 봤을 법한 '노스페이스' 재킷 덕분이다. 그들은 학교, 학원, 그 어느 곳에 가더라도 좀처럼 노스페이스를 벗지 않았다. 노스페이스 패딩은 하나의 상징이 되었고, 앞으로 역사는 2010년대 초의 청소년을 '노스 패딩'이라는 키워드로 기록하게 될 것이다.

개성이 추앙되는 시대에 등장한 획일화된 패션은 어딘가 끔찍한 광경을 만들어내곤 한다. 쉬는 시간, 엎드려 자는 녀석들의 오른쪽 날갯죽지에는 노스페이스 마크가 선명하게 새겨져 있다. 까만색 점퍼에 까만 머리를 하고 한분단 전체에 널브러져 있는 형상들이 가관이다. 딴에는 개성을 뽐내겠다면서 친구 7명이 모여 빨주노초파남보 색상 포인트가 들어간 패딩을 입곤 레인보우 패밀리(?)를 조직하기도 한다.

이 정도면 실소가 나오는 수준이지만, 한번 시작한 게임은 기어 코 사달로 이어지고 만다. 언론을 뜨겁게 달궜던 '노스페이스 계급' 사건이 대표적이다. 패딩 모델별로 가격대에 차이가 나는 점에 착안해서 어떤 모델을 착용하느냐에 따라 대장에서 찌질이까지 분류한 짤방[1]이 나돌았던 것이다. 입고 다니는 옷에 따라 인간을 계급적으로 분류했다는 점에서 많은 사람들이 아연실색할 수밖에 없었다. 나아가 일진들이 일반 학생들의 패딩을 갈취한다는 사실이 알려지면서, 노스 패딩은 단순히 청소년만의 문제가 아니라 사회적 문제로까지 비화됐다.

물론 대개 청소년의 문제적(?) 현상들이 그렇듯이 어른들이 문제의 심각성을 눈치챘다는 것은 그 현상이 이제는 정점을 지나 수그러들고 있다는 점을 암시한다. 말하자면 선배 세대에게서 몇년 동안 노스 패딩이 유행하긴 했지만, 이제부터 10대를 대표하게 될 후배 세대로서는 과거의 상징을 그대로 이어받을 이유가 없어진 상황이다. 노스페이스라는 브랜드는 너무 흔한 것이 돼버린 데다 패딩 스타일은 어쩐지 찌질해 보이고, 기껏 부모 '등골 브레이크'해서[2] 입어봤자 뺏길 게 분명한 이상, 그 옷은 매력을 잃을 수밖에 없다.

---

1. '잘림 방지'를 된소리로 발음하고 줄인 말. 몇몇 인터넷 커뮤니티 사이트에 글을 올릴 때 반드시 이미지 파일을 올려야 하는 경우가 있는데, 이때 첨부된 이미지 파일을 '잘림 방지'라 일컫던 것에서 유래한 말이다. 요즘에는 이미지 파일 자체를 아예 '짤방'이라 부르곤 한다. 참고로 동영상 파일은 '움직이는 짤방'이라 하여 '움짤'로 줄여 부른다.
2. 수십만 원대에 이르는 패딩 점퍼를 사달라고 조르는 10대 청소년이 실상 부모 등골 빼먹는 것과 진배없다 하여 '등골 브레이커'라는 냉소적인 말이 나오기도 했다. '노스페이스 계급' 이미지를 통해 유행하게 된 말이기도 하다.

그러나 노스 패딩 현상이 한국 청소년문화의 역사에서 매우 중
요한 의미를 지닌다는 점에서, 노스 패딩을 둘러싼 문화적 맥락을
이해하는 건 중요한 일이다. 뿐만 아니라, 좀 놀아본 어른들이 '10
대들이 패딩에 환장하는 건 우리 때 죠다쉬에 환장하던 것과 똑같
지 뭐'라는 식으로 냉소하곤 하는 것처럼, 노스 패딩이라는 현상은
다른 브랜드 그리고 다른 용품으로 변신해서 언제든 재연될 가능
성이 충분하다. 청소년, 소비, 상징이라는 삼각구도는 계속될 것이
기 때문이다.

노스 패딩이라는 블랙박스

이 '전설'을 어떻게 기록하고 이해해야 하는 걸까. 한번은 이런 일
이 있었다. 노스 패딩에 관한 기고와 인터뷰를 몇번 했더니 나도 모
르게 전문가(?)가 되어 있었는지, 어떤 아웃도어 용품 업체에서 특
강을 해달라고 연락을 해온 것이다. 취지는 이랬다. 노스페이스를
따라잡고 추월하기 위해선 노스 패딩 열풍의 실체를 이해해야 한
다는 것이다. 마케팅과 의류업계에서도 노스 패딩은 하나의 블랙
박스인 모양이었다. 심지어는 노스페이스 쪽에서조차 매출의 비밀
을 완전히 파악하지 못해 국토의 70%가 산지여서 등산용품이 잘
팔린다는 식의 막연한 추측만이 난무할 뿐이었다.
　등산용품이 세대 고하를 막론하고 유행하게 된 배경에는 몇가지
사회적 요인이 있는 듯하다. 주5일제 실시로 직장인들의 여가가 늘

면서 동시에 등산인구도 늘었고, 다른 한편으로는 일자리에서 밀려난 중장년 남성들이 등산로에 몰려들기도 했다. 유행이 확산되면서 등산용 아웃도어 패션은 단지 산에서뿐 아니라, 특유의 기능성 덕분에 일상생활 중에서도 따뜻하고 편하게 입을 수 있는 아이템이 되었다. 오늘날 우리는 고어텍스 소재의 등산복을 입고 고작 동네 뒷산에 오르지 않던가.

확실히 이례적인 현상이긴 하다. 알프스 3대 북벽을 의미하는 '노스페이스'가 알프스 산맥도 아니고 원산지 미국도 아닌 한반도에서 가장 성공했다는 사실은 무엇을 의미하는 걸까. 이 브랜드가 등산용품 중에서 가장 큰 신뢰를 받고 있다는 점은 부정할 수 없는 사실이다. 다른 아웃도어 등산용품 브랜드들과 달리 노스페이스는 전문성을 내세워 압도적인 성공을 거뒀기 때문이다(예컨대 노스페이스의 초창기 광고모델들은 전문 산악인들이었다).

그렇지만 10대 청소년들이 노스 패딩을 교복처럼 입고다녔다는 사실은 마케팅 전략만으로는 도무지 이해할 수 없는 일이다. 게다가 노스페이스 광고모델로 등산전문가가 아니라 10대들의 우상 '빅뱅'이 등장하던 시기에, 10대들은 역설적으로 노스 패딩을 다시 장롱 속에 처박았다. 마케팅과 현실이 따로 놀기도 한다는 이야기다. 차라리 우스갯소리마냥, 학교가 주로 산에 있어서라든가, 대한민국 교육이 산으로 가고 있어서 같은 대답들이 훨씬 설득력이 있어 보일 지경이다. 10대와 노스페이스 사이에 어떤 필연적 연관성도 없다면, 우리는 10대들의 정서구조를 참조하지 않을 수 없다. 여전히 우리는 모르는 게 너무 많다.

다른 한편으로는 청소년문화의 역사성에 대해서도 고민할 필요
가 있다. 보통 청소년 문제는 우발적이고 즉흥적인 것으로 취급되
어 그 자체의 역사성은 무시되는 경우가 종종 있다. 우리가 노스 패
딩 현상을 보고 일종의 기시감을 갖는 건 결코 우연이 아니다. 죠다
쉬나 리복 혹은 나이키처럼 멀리 갈 것도 없다. 이미 전국을 통일했
던 '교복'이 있었기 때문이다. 기억할 사람이 여럿 있겠지만 바로
'떡볶이 코트'다. 정식 명칭은 '더플 코트'지만 외투의 단추 모양이
흡사 떡볶이 같다 해서 붙여진 이름이다. 이렇게 전국적인 스타일
유행이 이미 있었던 일이라면 노스 패딩은 뭔가 새로우면서도 전
혀 새롭지 않은 현상이 아니겠는가.

더 강한 해석 만들기

이 알듯 말듯한 맥락—즉, 10대들의 정서구조와 문화적 역사성—
은 표준화된 해석방식으로는 결코 이해할 수 없다. 노스페이스는
어쩌다 10대를 상징하는 아이콘이 된 것일까. 표준화된 해석이란
이미 우리가 알고 있던 것들을 뜻한다. 가령 노스 패딩은 '방한과
보온이 남다르기 때문이다' '명품 브랜드에 대한 비합리적 추종 아
니겠는가' '광고 모델을 비롯해 TV 미디어 탓이 크다' '비슷한 옷을
입고 다니면 또래들끼리 일체감이 형성되기 때문이다' 등등. 실제
로 10대들에게 사정을 물어보더라도 지레짐작 성인들의 눈높이에
서 답을 들려주기 일쑤다. "이거 하나면 진짜 따뜻하다니까요" "다

른 애들이 입으니까 입지 않으면 불안해서 그런 거죠" 등등. 그게 아니라면 심드렁한 반응들이다. "그냥요" "있어 보이잖아요" 등등.

녀석들조차 이유를 알 수 없다. 물론 어떤 강박이 작용하는 것은 틀림없다. '또래와의 동일화'라는 것은 상당수 10대들에겐 뒤처질 수 있다는 불안감에서 시작되기 때문이다. 그런 까닭에 패딩을 입고 다니는 게 너무 흔해서 '찌질'해 보인다는 걸 알면서도 녀석들은 이 유행을 쉽사리 거부하지 못했다. 그래서 정도가 심한 경우에는 유사 브랜드나 '짭'(짝퉁의 요즘 말)이라도 입음으로써 '날라리'나 '일진'같이 이른바 잘나가는 아이들의 대열에 들어섰다는 심리적 안도감을 얻기도 한다―물론 자기 '계급'도 모르고 함부로 입었다간 뺏기기도 했겠지만.

알프스 3대 북벽에 버금가는 입시지옥에서도 견딜 수 있게 해주는 패딩 특유의 '기능성', 누가 더 '간지'나는지로 정해지는 교실 내 위계질서 속에서 상표를 통한 '자기표현과 과시', (설명력이 약하긴 하지만) 이승기나 빅뱅 같은 스타와의 '상상적 동일화'에 이르기까지 10대들에게 노스 패딩은 적정 수준 이상의 어떤 쾌락을 제공해주는 것이 분명해 보인다. 그러나 그게 다일까? 문제는 이런 식의 표준적 해석이 누구나 읊을 수 있을 정도로 교과서적이라는 데 있다. 게다가 왜 하필 패딩 스타일이 유행하는지에 대해서도 해명이 빤할 수밖에 없다. 패딩이 유행하는 건 그저 유행이기 때문이라는 꽉 막힌 생각으로는 10대들과의 대화에 실패할 수밖에 없다.

실제로 필자가 청소년문화를 주제로 어른들과 대화할 때 느끼는 갑갑함이 바로 여기에 있다. 그들은 자기가 모르는 세상을 자기가 아는 언어로만 재단하려고 한다. 그런 마음가짐으로 10대들과 대화하겠다니, 어불성설이다. 그런고로, 어른들이 10대들보다 많이 알고 있다는 자만심 따위는 쓰레기통에 던져버리고, 차라리 틀린 답이 나올지라도 우리가 여태껏 해보지 못했던 질문들을 만들어볼 필요가 있다(이건 10대 본인들도 마찬가지다). 표준적 해석 말고 좀더 강한 해석을 시도해보자는 이야기다.

그게 만약 가상적 알통이라면

"말라 보이는 게 싫었어요." 비로소 말문을 연 친구는 노스 패딩에 담긴 실마리를 조금씩 보여주기 시작한다. 처음 들었을 때의 뒤통수 맞는 느낌은 지금도 생생하다. 말라 보이는 게 싫었다는 건 꽤나 진지한 이야기였다. 그도 그럴 것이, 교실이 입시전쟁터라고 했을 때 이 전쟁의 요소는 다른 방식으로 전화되어 녀석들의 생태계에도 그대로 적용될 수 있기 때문이다. 여기서 먹이사슬의 위에 서는 것만큼이나 내가 어떤 보호색과 의태색 그리고 경계색을 띨 것인지 하는 문제는 초미의 관심사가 될 수밖에 없다.

달리 말하자면, 패딩 스타일 특유의 올록볼록하고 부풀려진 외양이 마른 몸 콤플렉스를 극복하는 마술적 효과가 있었다는 이야기다. 지금은 남녀 구분이 무의미할 정도로 보편화됐지만, 패딩 스타일이 주로 남학생들 사이에서 시작됐다는 점을 상기해보도록 하자. 확실히 패딩은 상체를 우람하게 보이도록 해주며 더 강해 보이고픈 욕망을 충족시켜준다. 패딩은 산악 환경에서 나의 신체를 지켜주는 옷이지만 거리와 교실에서는 이 세상에 대한 보호구와도 같은 역할을 한다.

물론 스타일이 한번 유행을 타면 애초의 상징적 의미는 퇴색하기 마련이다. 유행을 뒤늦게 좇는 대다수 10대들은 단지 패딩이 유행하기 때문에 입을 뿐이었지만, 10대들 사이에서 패딩 스타일이 처음 등장했을 때는 이른바 '남성성'(masculinity)이 가장 결정적인 키워드였던 것 같다. 앞으로 전혀 새로운 정보가 제공될 수도 있겠지만, 적어도 필자로서는 '말라 보이는 게 싫었다'는 증언 외에 어떤 신뢰할 만한 이야기도 들을 수 없었다. 어쩌면 유행을 뒤따라가는 녀석들조차도 패딩 스타일에서 남성성에 준하는 어떤 능동감을 얻고자 하는 것일지 모른다.

노스 패딩 현상의 시작이 남성미와 관련이 있다는 설명은 초기에는 여학생들이 즐겨 입지 않았다는 사실에서도 방증된다. 체구 과시로 문화자본이 생기는 것도 아닐 텐데 여학생들이 이걸 왜 입겠는가. 그런데 노스 패딩 유행 끝물에 이르러서는 여학생들도 패딩 점퍼를 입고 다니기 시작했다. 도대체 어째서 여학생들까지도 남성미 넘치는 패딩을 입기 시작했던 걸까. 필자가 들은 또 하나의 기가 막힌 대답은 이것이었다. "상체가 두툼해지면 다리가 예뻐 보이잖아요." 교복 치마가 짧아지면서 다리를 드러낼 일이 잦아졌는데, 때마침 등장한 패딩스타일은 '상대적으로' 각선미를 돋보이게 해주는 일종의 보정 아이템이었던 것이다.

물론 남자들이나 입던 패딩을 여자들도 입은 것에는 패딩 자체의 보온 기능도 한몫 했을 것이다. 그러나 기왕 우리가 패딩의 문화적 의미를 알고자 한다면 바로 이 부분에 관심을 집중할 필요가 있다. 적어도 초기 시점에선 노스 패딩이 남학생에겐 남성성을, 여학생에겐 여성성(feminity)을 선사하는 마법 아이템이었다는 사실이다. 청소년이 10대라는 기간 동안 성적 주체가 될 수 없다는 사회적 규범에 대해선 이미 다들 알고 있을 것이다. 그렇다면 패딩뿐만 아니라 남자다움과 여성스러움이라는 가치를 소비한다는 것은 무엇을 의미하겠는가. 그것은 자신이 지금-여기라는 맥락으로부터 벗어나고 싶다는, 또는 이미 벗어나 있다는 무의지적 표현과 다를 바 없는 것이다.

노스 패딩을 입으면 시쳇말로 '있어 보인다.' 그런데 여기서 관건은 그 '있어 보임'을 단순히 과시욕 정도로 축소해서 이해할 수 있는가 하는 데 있다. 그것은 적어도 떡볶이 코트가 제공해주지 못했던 있어 보임일 것이다. 떡볶이 코트의 장점이자 단점은 그것이 입은 사람으로 하여금 착하고 순수해 보이게끔 한다는 것이다. 그런 맥락에서 어른들은 이 전국통일 교복을 문제삼을 필요가 없었다. 반대로 거무튀튀하고 잔뜩 부풀린 노스 패딩은 거칠고 강인한 인상을 남겼다. 어른들 눈에 패딩이 어딘가 마뜩치 않았던 것도—특정 브랜드로의 획일화와 더불어—바로 이 불량스러움 때문이다.

요는 패딩이 부의 과시—혹은 계급적 처지의 위장—뿐만 아니라 좀더 적극적인 의미에서는 사실상 상징게임의 아이템에 가까웠다는 점에 있다. 그런 까닭에 패딩의 올록볼록 엠보싱은 말라 보이는 게 싫거나 혹은 더 있어 보이고자 하는 녀석들의 고민을 날려주는 일종의 가상적 알통이자 보정기구로 이해된다. 녀석들은 패딩을 장착함으로써 육체노동자와도 같은 강인한 남성-성인으로서, 그리고 성적 매력을 산출할 수 있는 세련된 성인-여성으로서 이상적인 자아를 구축했던 셈이다.

이런 이상적인 성인 이미지 창출은 학생으로서의 자기 자신이 아닌, 학교 바깥으로 탈출한 듯한 능동감마저 부여한다. 네이버 웹툰 「패션왕」(글·그림: 기안84)에 나오듯이, 노스페이스를 입은 패션 리더들은 교실 밖으로 떠나고 사우스페이스 같은 짭을 입은 녀석들은 그곳에 남는다. 어쩌면 과장된 남성성과 여성성이란 하나의 매개에 불과할지 모른다. 10대라는 시간과 학교라는 공간을 실제적으로 벗어날 수 없더라도 지금-이곳을 마술적으로는 벗어날 수 있게 해주는 게 노스 패딩이라면 말이다―물론 공교롭게도 바로 이과잉 때문에 노스 패딩은 가장 10대적인 현상이 됐다.

'있어 보임'의 덫

10대들에게 노스 패딩은 모호하고도 모순적인 계급적·상징적 전망 속에서 선택된 브랜드이자 스타일이었다. 전국의 10대들에게 노스 패딩 현상은 단순한 유행으로의 휩쓸림이 아니었다. 노스 패딩이라는 상징 자원은 복잡한 자기 처지로부터 탈출하기 위해 선택되었다고 보는 편이 옳다. 그와 동시에 우리는 거기서 현실적으로는 불가능한 어떤 꿈을 향한 몸부림과 같은 것도 목도할 수 있지 않을까. 그들에게 노스 패딩이란, 고가 브랜드 구입을 통해 중간계급을 향한 '집합적' 신화에 빠지게 하는 한편, 성인–사회인으로의 탈출을 위해 육체노동자 또는 성적 주체 이미지를 품게 하는 일종의 마술도구인 셈이다.

그런 이유에서일까. 의미심장하게도 노스 패딩 유행 현상은 강남[3]이라는 빗장 도시에서는 좀처럼 출현하지 않았다. 10대들에게 패딩 스타일은 전국적인 현상이었지만, 그와 동시에 전혀 강남적이지 않은 현상이었던 것이다. 노스 패딩 스타일이 존재론적 불안과 불만에서 나온 특정 반응이라는 점을 감안해보자. 그에 반해 상대적으로, 그리고 경향적으로, 현실로부터의 탈출이 무의미한 강남(스러운) 10대들로선 이 교복이 지나치게 획일화되고 어쩌면 '진짜 찌질'한 스타일에 불과했을지 모른다.

강남 운운할 것도 없다. 적어도 존재론적 능동감을 과장된 남성성이나 여성성으로써 해소할 의사가 없는 친구들이라면 굳이 노스 패딩을 추종할 필요가 없다. 오히려 패딩이 아니라 다른 자원을 통해 능동감을 꾀할터, 패딩 유행에 동참하는 건 어리석은 일이라고 여길 만도 하다. 그들이 이해하는 세계에서 삶의 능동성은 과시적이고 과장적인 패딩이 아니라 다른 자원들로써 충당돼야 하기 때문이다. 학교 바깥으로 이탈하는 잘나가는 녀석들을 보면서 이 친구들은 '있어 보인다'고 생각하기보다는 '허세 쩐다'고 생각하는 쪽에 가깝다. 이처럼 미래를 준비하지 못하고 지금 당장의 과시욕에 빠져 있다는 이유로 10대들 중 상당수에게 노스 패딩은 종종 거부의 대상이 되기도 했던 것이다.

---

3. 여기서 강남이라는 표현은 단순히 지리적인 의미가 아니라 심리적인 의미로 사용한다.

적어도 지금 내가 말하는 '강남 10대'를 실제적인 존재가 아니라 상징적인 존재로 받아들인다면, 오늘날 10대 문화를 노스 패딩이란 표상으로만 이해해선 곤란하다는 점이 분명해진다. 노스 패딩 문화가 지배적인 만큼 10대 하위문화 내에선 그에 대한 도전도 뒤따를 수밖에 없다. 적어도 과장된 남성성과 여성성으로 자기 자신을 표현하지 않으려 하는 계급, 세대, 지역성이라는 쟁점도 있기 때문이다─또한 그 외의 쟁점도 얼마든지 있을 수 있다.

전국의 대다수 10대들이 노스 패딩이라는 겹겹의 '아이러니'를 몸소 착용하고 있는 동안, 강남의 10대들은 자신의 문화자본과 사회공간적 입지에 근거해서 더 있어 보이는 룩을 창조할 것이다. 마찬가지로 적어도 2012년 이후에 중고등학생이 되는 후배 세대들은 선배 세대의 유행이 시효 마감되는 것에 편승해서 과거를 '구린' 것으로 이해하고 자기들만의 새로운 룩을 창조할 것이다(예컨대 캐나다 구스 다운).

그런 점에서라도, 노스 패딩의 문화적 의미는 더욱 명확해지는 것 같다. 노스 패딩을 선택하는 것만큼이나 노스 패딩을 거부하는 맥락 속에서 10대들에게 이 스타일이 가지는 의미가 비로소 삼각측량되기 때문이다. 노스 패딩, 즉 고가이면서도 규격화·평준화된 패션 경향에는 과잉된 남성성과 여성성을 매개로, 알 수 없는 '평등-자유'에 대한 모순적 갈망이 난해한 방식으로 얽혀 있다고 할 수 있다. 의식적으로든 무의식적으로든, 그들 자신이 어른이나 상위계층의 또래들처럼 더 많은 자유와 쾌락을 평등하게 누리고 싶다는 의지를 나타냈다는 것이다.

역으로, 우리는 노스 패딩을 통해서 2000년대 후반에서 2010년대 초반의 10대들이 섹슈얼리티와 자신의 사회적 처지를 어떻게 이해하는지를 확인할 수도 있다. 이미 기성사회에선 온정적 남성성이 세를 얻어가는 데 반해, 10대들이 이해하는 성적인 질서에선 패권적 남성성과 강조된(emphasized) 여성성이 가장 강력한 힘을 형성하고 있다. 여기서 계급이동에 대한 선망과 세대적 현실에 대한 불만이 과잉된 남성성·여성성을 통해 충족된다는 건 다분히 역설적이다. 왜냐하면 이 사실은 계급정치 혹은 교육정치라는 논점[4]이 성별주의나 과시적 소비 같은 이데올로기적 구도를 통해 봉합된다는 걸 의미할 수 있기 때문이다.

이 블랙박스가 적절히 해명되지 않는 한, 당분간 10대들은 '노스 패딩'을 계속 입고 다니지 않을까 싶다. 물론 그 옷이 꼭 노스이거나 패딩일 필요는 없다. 상황에 따라서 그들은 다른 어떤 것이라도 입을 테니 말이다. 그들은 이 세상에 대해 감각적으로 알고 있다. 그러나 거기서 비롯된 갈망은 언제나 그렇듯 어떤 말로도 표현되지 않는다.

---

4. 그런 점에서 노스페이스 '계급' 짤방이 돌아다녔던 것은 자못 의미심장하다. 그걸 만들었던 사람들이나 돌려본 사람들은 이미 노스 패딩에 계급문제가 연루돼 있다는 걸 감각적으로 인지했음을 방증하기 때문이다.

2장

청소년 알바 천국

돈 밝히는(?) 10대들의 미묘한 속사정

조금 과장 섞어 말해볼까. 대한민국은 청소년 알바 천국이다. 어떤 청소년이 오토바이를 타고 있다면 그의 정체는 뭘까. 몇년 전만 하더라도 바로 폭주족을 연상했을 것이다. 그러나 이제는 확증하기 어렵다. 알바생일 가능성이 있기 때문이다. 물론 그는 여전히 위험해 보인다. 과거에는 그가 다른 사람에게 위해를 가할 것 같은 위험이었지만, 요즘에는 저러다가 다칠까 걱정되는 위험이다. 불과 수년 사이에 '청소년+오토바이' 조합이 뜻하는 바가 확장된 것이다. 그도 그럴 것이, 통계에 의하면 2000년대 중반 이래로 청소년 알바가 증가해왔다. 전단지 알바, 배달 알바, 재택 알바, 매장관리·판매 알바, 서빙·주방 알바 등등 그 종류도 다양해지는 추세다.

으레 그렇듯 새로운 현상은 새로운 문제를 낳는다. 성인들의 노동 문제만으로도 사회 전체가 골머리를 썩이는데 사회적으로 홀대받는 10대들의 노동이야 사정이 오죽하겠는가. 10대들 사이에서 알바가 비교적 일반적인 생애경로에 포함되자 여기저기서 근심걱정이 쏟아진다. 우선은 어린 나이에 공부 안하고 일을 하면 장래가 불투명하지 않겠느냐는 심려. 하지만 이런 염려 속에는 10대 청소년들을 학습-기계로 치부하는 해묵은 습관이 배어 있는 것은 아닐까. 그 다음엔 알바의 목적이 용돈이나 유흥비 마련처럼 너무 소비적인 데 있지 않느냐는 염려. 일리있는 지적이긴 하나 녀석들에게 왜 돈이 필요한지 속사정도 헤아릴 필요가 있을 것이다. 마지막으로 미성년이라는 이유로 노동조건 및 처우가 열악하다는 우려. 이건 정말 심각한 문제다. 그래서 이 문제는 좀더 진지하게 검토해볼 필요가 있다.

"치킨집 차릴 거예요": 알바는 일탈이 아니다

사실 1990년대까지만 하더라도 청소년들의 알바를 두고 부정적인 시각이 지배적이었다. 서로 다르지 않은 두가지 이유 때문이었다. 첫째, 공부 이외의 다른 행동은 모두 일탈이라는 것. 둘째, 알바가—단순한 일탈을 넘어선—탈선행위와 연결되어 있다는 것. 물론 요즘도 청소년 알바에 대해 학생 본분 운운하는 분위기가 있긴 하지만 그 옛날엔 상황이 지금보다 더 엄혹했다. 지금이야 10대들이 노동시장에서 착취·갈취당하는 게 문제라지만, 과거에는 그러한 착취의 기회조차 주어지지 않는 게 문제였다. 게다가 당시 청소년 알바는 가출 및 탈선 청소년들이 경제문제를 해결하기 위해 일하는 것 정도로 이해되는 게 보통이었다. 특히 유흥업소에서 접대부나 속칭 삐끼(호객꾼)로 일하는 청소년들이 많아지면서 사회문제로 부각되기도 했다.

그러다 1990년대 후반 들어 상황이 바뀌기 시작했다. 재래의 부정적 담론에 일련의 반문들이 제기되기에 이른 것이다. 정말로 청소년들은 공부 말고 다른 건 해선 안되는 걸까. 정말로 일하는 청소년들은 모두 문제아들일까. 이를테면 이런 상황을 생각해보자.

어떤 친구가 수업시간에 하라는 공부는 안하고 늘어져 자고 있다. 깨웠다. "왜 자니?" "알바하느라구요. 지금까지 알바해서 모은 돈이 400만원 정도인데요, 계속 알바를 해서 2000만원을 모아 치킨집을 차릴 거예요."

"………."[1]

현실에서 삐져나오는 이런 맥락들은 기존의 청소년 노동금지 담론이 일종의 한계상황에 이르렀음을 가리킨다. 자기 미래를 정확히 설계중인 친구에게 무슨 지도가 더 필요할까. 그래서 새로운 생각들이 공감대를 형성하기 시작했다. 청소년 알바는 좋아도 싫어도 이미 우리가 당면한 문제다, 알바는 불량·불우 청소년만 하는 게 아니다, 오히려 알바를 통해 자립심과 책임감을 기르고 사회경험을 쌓을 수도 있다, 등등.

---

1. 장윤호, 「청소년 알바 '용돈'과 '유흥비' 사이」, 『경향닷컴』 2013년 1월 28일자의 내용을 재구성했음.

	2000	2004	2006	2007	2009
진학 청소년	29.2	33.4	38.5	34.1	31.0
남자	32.5	33.7	38.9	34.0	-
여자	25.5	33.0	38.1	34.4	-
중학생	23.5	22.6	23.4	-	22.0
인문계고교생	29.7	26.8	35.8	-	25.3
특성화고교생	46.1	51.9	62.2	-	53.0
비진학 청소년	-	-	75.8	-	89.2
남자	-	-	68.1	-	-
여자	-	-	80.8	-	-

〈표 1〉 연도별 청소년 아르바이트 경험 여부(단위: %)
출처: 한국청소년정책연구원(2000; 2007), 고용노동부(2004; 2006; 2009)
＊2009년도 조사에서 성별 아르바이트 경험 여부는 진학자와 비진학자를 포함해 조사됐으
며, 결과는 남자 33.0%, 여자 32.7%였다.

실제로 각종 실태조사를 보면 이미 2000년대 들어 10대들의 30%
이상이 알바 경험이 있는 것으로 나타났다(〈표 1〉에서 보듯이 2000년 조사
에서는 29.2%가 알바 경험이 있다고 대답했는데 학교에 다니지 않은 10대들까지 포함하면 이
미 30%를 넘겼다고 추정할 수 있다). 만 15세, 그러니까 대략 중3 때부터 자신
들의 생애 첫 일자리를 경험하고 고3쯤이면 전체의 3분의 1에 이르
는 꼴이다. 그렇다면 10대들의 알바는 일탈 따위로 치부될 문제가
아니라는 점이 분명해진다. 청소년 알바는 몇몇 문제아들이 유흥을
위해 '돈벌이'에 나서는 것이 아니라 또래 내에서 다분히 일반화된
'살림살이' 현상이기 때문이다.

'알바＝학업 부진'이라는 등식에도 허실이 드러난다. 특성화 고
등학교(과거의 실업계 고등학교)에 다니는 청소년들의 절반 이상, 그리

고 비진학자의 거의 대다수가 알바 경험이 있는 것을 감안해보자. 그렇다면 청소년 알바가 학생들의 학업 부진을 초래한다기보다는, 거꾸로 미래에 대한 전망을 규범적 경로와 다르게 세워나가는 친구들이 알바를 한다고 보는 게 옳지 않을까. 인문계 고등학교에 다니는 학생들에 비해, 특성화고교 재학생이나 비진학자 친구들은 일찌감치 학교 바깥에서 삶의 기회를 찾고 있다는 이야기다.

실제로 1990년대까지만 하더라도 10대들의 알바는 노동강도에 비해 많은 돈을 챙길 수 있는 삐끼나 접대부 같은 업종일 공산이 컸다. 적어도 그렇게들 생각하는 것이 일반적이었다. 그러나 2011년도에 발표된 〈표 2〉의 조사결과에서처럼, 청소년에게 부적합하다고 여겨지는 업종에 종사하는 경우는 극히 일부에 지나지 않는다. 기껏해야 진학 청소년 중에서 0.8%, 그리고 비진학 청소년 중 5.1%가 이른바 제한업종에 종사한 경험이 있다는 이야기다.[2]

결론적으로 말하자면, 청소년 알바가 일탈이라는 고전적 견해는 매우 진부한 것으로 판명되고 있다. 일탈이라면 '일반적인 경우에서 이탈한 것'이어야 하는데, 살펴본 것처럼 이미 상당수의 친구들이 알바를 했거나 하고 있고 또한 일의 종류에서도 사회적 규범에서 크게 어긋나는 경우는 드물기 때문이다. 물론 여전히 많은 사람들은 청소년들이 그 나이 또래의 본분을 지켜 학업에 집중하길 바란다.[3] 그러나 이 역시도 미심쩍은 구석이 있다.

---

2. 10대들의 제한업종 경험에 대해서는 2부 8장의 '가출팸'에서 좀더 이야기하도록 할 것이다.
3. 실제로 교사들의 52% 정도만이 청소년 알바를 찬성한다고 한다. 장윤호, 앞의 글.

	진학 청소년	비진학 청소년
전단지 및 스티커 배포	25.2	22.3
배달(신문, 우유, 음식 등)	7.5	8.9
카운터 및 서빙(편의점, 패스트푸드점 등)	54.0	33.1
주유소 주유원	3.7	10.8
건설 및 공장 노동	5.3	11.5
제한업종(주점, 비디오방, 전화방, 카페 등)	0.8	5.1
기타	3.6	8.3

〈표 2〉 청소년 아르바이트 종류(단위: %) / 출처: 고용노동부(2011)

왜냐하면 특성화고 청소년이나 비진학 청소년의 경우에 그러한 사회적 요구가 온당한지 불분명하고, 일반적인 진학 청소년들이라 하더라도 대개는 주말이나 방학에 짬을 내서 알바를 하는 경우가 대다수기 때문이다. 청소년들을 학습-기계로 만들고자 하는 완고한 사람들의 기대수준에는 못 미치겠지만, 어쨌든 그들은 학업과 과외활동에서 그들 나름대로 전략적 균형을 찾고 있는 것이다.

다 있는데 나만 없어: 상대적 빈곤의 문제

서빙을 보든 전단지를 돌리든 배달을 나가든 10대들은 알바를 한다. 아니, 해야만 한다. 이쯤 되면 우리는 질문을 바꿀 수밖에 없다. 대체 왜 할까. 보통 부모나 교사한테 말할 때면, 스마트폰이라든가 휴대용 동영상 재생기를 구입하겠다는 의견이 제일 눈에 띈다. 인강(인터넷 강의)을 듣기 위해선 이런 기기들이 반드시 필요한데, 부모에게 손 벌리기 어렵다는 쓸쓸한 이야기다. 간혹 형이나 누나의 대학 등록금을 보태기 위해서라든지 부모에게 선물을 사주기 위해서라는 대답도 있는데, 이쯤 되면 대견하기까지 하다.

물론, 대다수 알바는 소비를 주목적으로 한다. 스마트폰이나 동영상 재생기도 결국에는 친구들과의 수다나 게임으로 용도변경되기 일쑤다. 그 외에도 고가의 화장품이나 옷 그리고 신발처럼 당대에 가장 먹어주는 '완소'(완전소중) 아이템 등을 마련하기 위해서, 또는 또래들 사이에서의 유행을 따라잡거나 선도하기 위해 알바를 하는 경우가 많다. 이성 친구에게 선물을 주기 위해 알바를 하는 경우도 마찬가지다. 그들 사이에서 통용되는 문화적 품위를 유지하고 제고하기 위해선 어쩔 수 없이 돈이 필요할 수밖에 없다. 그리고 그 '돈'은 부모가 주는 용돈 수준을 넘어서기 마련이다.

이러한 동기를 두고 '과시적 소비' 운운한다면 번지수를 잘못 짚어도 한참 잘못 짚은 꼴이다. 왜냐하면 성인들의 풀타임 노동과 달리 10대들의 알바는 주로 또래집단 내에서의 '상대적 빈곤' 문제와 관련이 깊기 때문이다. '다 있는데 나만 없어'는 매우 비극적인 감정이다. 스마트폰이 대표적이다. 얼마 전만 해도 휴대폰 자체가 없는 친구들이 상대적 박탈감을 느끼곤 했지만, 거의 누구나가 휴대폰을 갖고 있는 지금이라면 스마트폰이 있고 없음이 상대적 빈곤을 가르는 분할선이 될 수밖에 없다. 게다가 이러한 감정은 '대입이라는 미래를 위해 더이상은 현재를 양보할 수 없어'라고 마음을 정하는 순간 비할 데 없을 정도로 절실해진다. 그러니까, 과시적 소비라는 말은 10대들의 소비 행태나 알바 목적을 설명하는 데 있어 무척이나 제한적인 용어일 수밖에 없다.

스마트폰의 예에서 볼 수 있듯이 또래 내에서 정상적인 생활을 유지하기 위해선 비용이 점점 더 많이 들어갈 수밖에 없다. 삐삐보다 일반휴대폰이 비싸고 일반휴대폰보다 스마트폰이 비싼 건 자명한 사실이다. 심지어는 휴대폰 요금제조차도 그렇다. 한동안 '문무'라는 말이 돈 적이 있었다. 문무는 문자 무제한의 줄임말. 누군가가 교실에 들어오면서 "야, 누구 문무 없냐?"라고 물어본다면 그건 지금 자기가 문자를 보내야 하는데 하필 휴대폰이 문자 제한에 걸린 바람에 다른 친구 휴대폰으로 대신 보내고 싶다는 뜻이다. 결국, 또래 내에서 통용되는 수준의 커뮤니케이션 생활에 근접하거나 이를 선도하기 위해선 더 비싼 요금제가 필수적일 수밖에 없다(요즘 같은 상황에선 데이터 사용량이 관건이다).

그런 맥락에서 보자면, 10대들의 알바에는 일정 정도 구조적인 원인도 포함되어 있다. 표준적으로 부과되는 지출수준은 갈수록 높아지는데 이를 감당하기 위해선 제발로 알바를 뛸 수밖에 없기 때문이다. 한가지 덧붙이자면, 다음과 같은 경우는 소비지향적 이기심의 발로라기보다는 오히려 부모에게 부담을 주지 않으려는 가족적 배려심이 작용한 것으로 볼 수 있다.

"그니까 집안사정이 있으니까 부모님에게 손 안 벌리면 내가 쓸 거 내가 벌고, 용돈, 차비, 이런 거 있잖아요. 핸드폰 요금도 제가 냈어요."
"음, 저도 가정형편도 있고요. 처음에 대학갈 생각이 있어서 대학 등록금 좀 벌어보고자 했던 것 같아요."[4]

물론 부모에게 떼를 써서 원하는 아이템을 얻을 수도 있다. 노스
페이스 패딩 열풍이 불었을 때 "다른 애들은 다 입는단 말야!"라면
서 거의 협박조로 부모를 조르곤 했던 것처럼 말이다. 하지만 그런
녀석들에 비하면 직접 알바를 해서 자기 손으로 원하는 바를 해결
하고자 하는 이 친구들은 차라리 건전해 보이기까지 한다.

이상과 같은 맥락은 알바 청소년들을 단순히 소비지향적이라고
폄하할 수 없음을 말해준다. 경제적으로 소비성향을 지적할 순 있
겠지만, 그 저간에 깔린 문화적인 의미에서는 나름대로 또래들과
의 동일성(identity)을 확보하고 꾸려간다는 점에서 다분히 생산적인
요소가 있기 때문이다.

	진학 청소년	비진학 청소년
부모님께 드림	7.5	6.6
오락비로 사용	10.6	20.9
생활비로 사용	14.3	25.3
사고 싶은 물건 구입	57.2	40.7
저축	8.1	2.2
학원비	0.5	2.2
기타	0.6	2.2
무응답	0.8	-

〈표 3〉 아르바이트 수입에 따른 최다 지출처(단위: %)/ 출처: 고용노동부(2011)

4. 고용노동부, 『2011 청소년 아르바이트 실태조사』, 2011, 123쪽.

어디 그뿐일까. 〈표 3〉에서 보는 것처럼, 일반적인 소비나 오락
비에 비하자면 부차적이긴 하지만, 현재 또는 미래의 생활비를 위
해 알바전선에 뛰어드는 친구들도 상당하다. '부모님께 드림'과
'생활비로 사용' 그리고 '저축'과 '학원비'까지 합하면, 진학 청소
년의 30.4%와 비진학 청소년의 36.3%, 그러니까 알바를 하는 3분
의 1 정도가 꼰대의 시각에서 보더라도 '건전한' 목적을 가지고 있
다는 점을 알 수 있다. 요컨대 과시적 소비나 '유흥비' 따위의 말들
로는 그들의 절실한 본심을 절대 알아낼 수 없다.

접시 깨면 30배 배상: 현대판 노예?

소비를 목적으로 삼든 사회경험을 원하든 생활비를 마련하기 위
해서든, 청소년들 사이에선 적어도 알바가 여러모로 생산적이라고
여겨진다. 알바생들은 그렇게 해서 노동현장에 투신하는데, 주지
하다시피 노동의 현주소는 비극적이기까지 하다. 이를테면 다음과
같다.

> **임금탈취**: 절반에 가까운 알바생들이 최저임금 이하의 시급을 받고,
> 그마저도 이래저래 떼이는 경우가 비일비재하다.
> **초과노동**: 업무시간 외의 잔무 처리는 기본, 그마저도 아예 정산되지
> 않는다. 휴식시간, 휴일근무, 휴가 등은 꿈도 꾸기 어렵다.
> **위험노동**: 배달 알바처럼 업종에 따라선 크게 다칠 수도 있다.

42

작업장 폭력: CCTV로 감시받거나 반말과 욕설을 듣곤 한다.

성추행: 10대 여성은 업주나 고객으로부터 다양한 형태의 성폭력을 당하며, 적어도 잠재적으로는 그에 대한 불안감을 떠안은 채 일을 한다.

노동통제: 배달의 경우엔 각종 편법적인 아웃소싱에 노출돼 있어서 알바생의 안녕과 복지는 바닥을 칠 수밖에 없다.

기가 찰 노릇 아닌가. 그동안 불안정 노동은 이주민, 고령자, 싱글맘, 저학력자, 장애인 등의 문제로만 인식돼왔던 게 사실이다. 그런데 이제는 거기에 청소년도 등재돼야 할 법하다. 아무리 생각해도 다른 이유는 없다. 기본적으로 노동환경이 심각한 상황에 더하여, 어리다는 이유로 정상적인 인격으로 취급받지 못하기 때문이 아니겠는가. 열악한 사회적 위치 때문에 이중적 착취, 사실상의 갈취를 감수해야만 하는 게 청소년 알바의 현주소다. 그렇다면 오늘날 청소년들은 어떤 조건 속에서 일을 하고 있을까. 몇가지 현안들을 중심으로 살펴보도록 하자.[5]

(1) 먼저 각종 서류 문제. 상당수 친구들이 근로계약서를 작성하지도 않은 채(혹은 못한 채) 알바를 하고 있다. 일할 때 보통 필요한 서류는 세가지 정도다. 근로계약서, 부모동의서, 그리고 주민등록초

---

5. 이하의 실태조사 수치는 고용노동부, 앞의 책, 2011을 참조했다. 또한 그 외의 제도적 사항들에 대해서는 2012년 12월에서 2013년 1월 동안 청소년노동인권네트워크와 『경향닷컴』이 기획했던 '청소년 노동인권' 연재 기사에서 많은 부분을 참조했다.

본 같은 가족관계 증명서. 그러나 작성 비율은 절반 수준에도 한참 모자란다. 근로계약서는 23.0%, 부모동의서는 39.2%, 가족관계 증명서는 28.4% 정도. 작성한 적이 없다는 친구들한테 물었더니 대다수는 '알바하는 데 별 문제 없어서'(54.6%)라거나 '고용주가 싫어하거나 요구하지 않아서'(26.1%)라고 한다. 그러나 근로계약서를 작성하지 않으면 나중에 부메랑이 돼서 돌아오기도 한다. 이를테면 업주가 '다같이 뒷정리하는데 무슨 시급을 따지느냐'라든가 '일하는 거 봐서 5000원 준댔지 처음부터 5000원 준다고 한 적 없다'는 식으로 나오면 할 말이 없기 때문이다.

게다가 근로계약서를 쓰더라도 변칙적인 방법으로 당하는 수가 있다. '지각하면 벌금 1만원' '3개월 전에 그만두면 후임자를 정해놓아야 함' '접시 깨면 30배 배상' '오토바이 수리시 50% 부담' 등등. 이 정도면 사실상 '권리포기 각서'나 '노예계약서' 수준이다. 그러니 근로계약서 등은 반드시 작성해야 하고, 가급적이면 '잘' 써야 한다.

(2) 다음으로는 임금 문제. 최저임금은 성인과 동등하게 적용받는다(참고로 2014년 기준으로 시간당 5210원이다). 실태조사의 시기나 방법에 따라 조금씩 다르게 나타나는 경우가 있지만, 여전히 최저임금 이하로 받는 경우가 적게는 38%에서 많게는 47%나 된다고 한다. 그런데 대개는 '잘 몰라서' '돌려받을 임금 액수가 적어서' '그런 상황 자체가 겸연쩍어서' '사장이 안 좋은 소리라도 하면 감정만 상할 것 같아서'와 같은 이유 등으로 떼인 임금을 요구하지 못한다.

업주가 최저임금을 지키더라도 반전이 있다. 대개는 업주 본인도 잘 몰라서 세부규정을 어기는 경우가 허다하다(특히 영세사업주들이 그렇다). 1주일간 매일 출근해 20시간을 일했다고 치자. 그런데 받은 임금이 최저임금 5210원×20시간으로 104,200원이라면 '됐어!' 싶겠지만 이건 최저임금보다 적게 받는 것이다. 왜냐하면 1주 개근으로 15시간 이상 일을 하면 휴일에 '주휴수당'을 받아야 하기 때문이다. 또 알바 청소년이 휴일에 일했는지 야간에 일했는지 그리고 총노동시간이 법정노동시간을 초과했는지에 따라서도 최저임금 기준은 올라간다. 이런 식으로 마땅히 받아야 할 임금을 놓치는 경우가 있으니 매사에 두눈 부릅뜨고 살펴봐야 한다.

(3) 그 다음은 휴식시간 문제. 알다시피 한국은 OECD 가입국가 중에서 최장 수준의 노동시간을 자랑하는 나라다. 관행처럼 굳은 노동시간 연장과 법정노동시간 초과, 그리고 그에 비해 좀처럼 주어지지 않는 휴식시간…. 노동시간 문제는 앞서 이야기했으니 이번에는 휴식시간에 대해 이야기해보자. 근로기준법은 최소한의 휴식을 위해 4시간에 30분이 주어지는 '휴게' 제도, 주당 15시간이 넘으면 주휴수당과 함께 주어지는 '휴일' 제도, 파트타임 노동자도 1개월 개근하면 1일이 주어지는 '유급휴가' 제도 등을 의무화하고 있다. 노동력을 재충전하고 사회문화적 생활을 누리기 위한 여가 시간의 확보는 인지상정 아니겠는가.

그런데 노동자가 됐든 사용자가 됐든 이러한 휴식보장 제도를 모르는 사람들이 많다보니 법 자체가 지켜지지 않는 파행이 거듭된다. 게다가 노동 문제를 비롯한 사회적 관행에 익숙하지 않은 알바 청소년들은 더 가혹한 처지로 몰릴 수밖에 없다. 식당 등에서 손님이 드문 시간대(오후 3~4시)에 휴게시간을 갖는 대신 임금을 낮추는 이른바 '꺾기', 7시간 동안 근무 시키고 30분만 휴게시간 제공하기, 지각 3번을 결근 1회로 쳐서 주휴일이나 연차휴가 산정 안하기, 알바라는 이유로 휴가수당 안 주기 등등, 부지불식간에 온갖 편법과 탈법이 이뤄지는 것이다.

(4) 네번째는 인권침해 문제. 노동 문제가 심각한 경우 당사자가 업주에게 바로 권리를 요구하더라도 이게 곧이곧대로 받아들여지는 경우는 드물다. 그놈의 '국민 정서'라는 것 때문에 청소년이 경제적 권리, 나아가 권리 자체를 요구하는 것을 두고 사회적 상규에 어긋나는 것처럼 여기는 경우들이 많기 때문이다. 실제로 2011년 실태조사에 따르면, 업주나 고객으로부터 폭언을 듣거나 폭행을 당했다는 경우가 23.2% 그리고 성폭력을 경험했다는 경우가 6.0%에 이른다. 무엇보다도 10대 청소년들을 '하대'하는 것이 당연시되는 사회풍조가 만연해 있기 때문일 것이다. 10대 여성 노동자의 경우, 특히 비진학자인 데다 거주와 소득이 불안정한 가족 이탈 상태일 경우에는 성폭력 위험에 상대적으로 더 많이 노출되어 있다.

(5) 마지막으로 현장실습 문제. 대다수 특성화고교에서 3학년이 되면 산업체에 현장실습을 보내는데 실상은 이렇다. "학교는 등록금을 받고도 가르치거나 '관리'를 하지 않아서 좋고, 회사들은 싼 임금으로 아이들을 부려먹어서 좋기 때문이다. 학생 자신도 처음에는 학교 밖으로 나간다고 좋아하지만 곧 후회하게 된다. 결국 학생들만 피해를 보고 나머지 관련자들은 모두 만족하는 제도인 셈

이다."⁶ 직장 내 성희롱, 과도한 노동강도와 노동시간 등의 문제로 불만을 토로해도 '갑'(직장)은 묵묵부답이고 '을'(학교)은 학교 이미지를 생각해서 그래도 버텨보라는 타이름뿐이다. 그 사이에 '병'(실습생)만 '병맛'나게 '병'드는 꼴이다.

이렇게 현안이 산적해 있다보니 최근에야 '청소년 알바 10계명'이나 '1318 행복일터 캠페인' 같은 처방책들이 나오고 있다. 청소년들의 열악한 노동조건을 개선하고자 정부와 시민사회단체들이 발벗고 나선 것이다. 그러나 이것만으로는 부족하다. 내용을 보면 알겠지만 업주들의 고용관행을 단속하는 데 목적이 있다기보다는 기본적으로 청소년한테 알아서 권리를 챙기라는 캠페인에 가깝기 때문이다. 자기가 알아서 하라…. 물론 그럴 필요는 있다. 하지만 노동자 개인이 알아서 한다는 게 어디 말처럼 쉬울까?

청소년 알바 10계명

1. 만 15세 이상만 아르바이트가 가능해요(단 만 13~14세 청소년이 아르바이트를 하고 싶으면 노동부에서 취직 인허가증을 받아야 함).
2. 아르바이트를 허락하는 부모님 동의서와 나이를 증명하는 주민등록 초본 등을 사장에게 꼭 제출하세요.
3. 근로계약서를 꼭 작성하세요.
4. 청소년도 성인과 동일하게 최저임금을 적용받습니다.
5. 위험한 일이나 유해업종(유흥주점) 등에서는 일할 수 없어요.
6. 하루에 7시간, 일주일에 40시간 이상은 일을 할 수 없어요.
7. 휴일이나 초과근무를 하면 50%의 가산임금을 받을 수 있어요(5인 이상 사업장만 해당).
8. 1주일에 15시간 이상 일을 하고 1주일 동안 개근한 경우 하루의 유급 휴일을 받을 수 있어요.
9. 일하다가 다치면 치료와 보상을 받을 수 있어요.
10. 부당한 처우를 당했거나 궁금한 사항이 있으면 국번 없이 1350번으로 연락하세요.

6. 하인호, 「교육이라는 이름의 기만과 폭력 '현장실습'」, 『경향닷컴』 2013년 1월 21일.

어린 놈이 왜 이렇게 돈을 밝혀?: 미묘한 문제들

그래서 청소년 알바 문제는 결국 가장 기본적인 내러티브로 돌아올 수밖에 없다. 바로 노동 3권을 보장하고 또한 행사해야 한다는 것이다. 청소년 알바들은 단체로 협상하고 단체행동도 불사해야 하며, 사회는 10대 청소년들이 이러한 권리를 행사할 때 민주시민의 당연한 사회적 행위로 자연스럽게 받아들여야 한다. 다음과 같은 사례를 참조해보자.

> 2011년 11월 커피전문점 커피빈은 지난 3년 동안 일했던 약 3000명의 아르바이트 노동자에게 총 5억원의 주휴수당과 연차수당을 지급하였다. 청년유니온이 주휴수당, 연차수당 등을 지급하지 않았다고 노동청에 고발한 지 6일 만이었다. (…) 물론 커피전문점에서 아르바이트를 한 노동자들이 개별적으로 노동청에 신고해서, 근로기준법이 정한 주휴수당 등을 받아낼 수도 있다. 그러나 그렇게 하기 위해서는 (…) 노동청이 조사해 시정지시를 하고, 회사가 이를 이행하는 데 약 2개월의 시간이 걸린다. 유능한 법률가도 앞의 사례와 같이 신속하게 대규모로 노동자의 빼앗긴 권리를 되찾기는 힘들다. 이렇게 노동조합은 힘이 있다.[7]

그런데 한국사회에서 청년유니온처럼 단결하는 10대 청소년을 쉽게 만날 수 있을까. 문제는 청소년들이 적극적으로 권리를 요구

7. 김명수, 「낯선 친구, 노동3권」, 『경향닷컴』 2013년 1월 24일.

하는 것에 사회의 시각이 그리 곱지 못한 편이라는 점, 그리고 청소년 당사자들도 자기 권리를 행사하는 것보다는 유예하는 쪽으로 훈육되어왔다는 점에 있다. 이 두 문제가 해소되지 않는 한 위험한 청소년(youth in danger)이라는 타이틀은 지속될 가능성이 다분하다. 어찌 보면 당연한 이치다. 청소년이 인간이자 시민으로서의 권리를 보장받지 못한다면 노동의 권리도 확보할 수 없기 때문이다.

　여기서 한두 가지 더 짚어보자. 청소년 알바의 부당한 현실은 단순히 청소년에 대한 사회적 인식을 바꾸고 청소년 스스로 자각하면 해결될 수 있을까. 그렇지만은 않다. 왜냐면 청소년에 노동이라는 문제가 개입되는 순간, 한국사회에서는 청소년에 대한 편견뿐 아니라 노동에 대한 편견도 더해질 수밖에 없기 때문이다. '어린 놈이 왜 이렇게 돈을 밝혀?'라는 핀잔도 사실은 '일하는 사람은 일만 하면 되는 거 아냐?'라는 편견과 맞물려 있다. 청소년+노동자라는 형상에는 결국, '청소년이라는 열악한 세대적 위치' 그리고 '비정규 노동자라는 불안정한 계급적 위치'가 이중으로 겹쳐 있는 셈이다. 따라서 청소년 알바에 따라붙는 현실적 문제들은 노동에 대한 사회 전반적 편견을 해소하지 않는 한 결코 해결할 수 없다.

　또한 청소년 알바가 구조적으로 자리매김되어 있는 체계에 대해서도 생각해볼 필요가 있다. 만약 한국사회에서 청소년 노동이 사라진다면 어떻게 될까. 먼저, 영세상인들 중 상당수가 영업을 포기해야 할 것이다. 영세자영업에서는 아무래도 인건비 비중이 클 수밖에 없는데—여러 비정규직 노동과 더불어—청소년 알바가 사라진다면 전체적인 자영업 구조에도 타격이 크고 일반 소비자들도 영향을 받게 될 것이다. 우리는 최저임금도 안되는 알바비 덕분에 '통큰' 가격에 음식을 배달받고 있다는 점을 알아야 한다. 요컨대, 업주들뿐 아니라 우리 사회 모두가 사실상 그들의 노동력을 갈취하는 데 동참하고 있는 셈이다.

눈치 빠른 독자라면 지금 내가 청소년 알바 문제를 심화시키고 있다는 점을 알아챘을 것이다. 기왕 여기까지 온 김에 우리의 사유를 아예 극한의 지점까지 몰고가보자. 청소년 알바들이 근로계약서를 잘 쓰고 또 업주들은 이를 준수하는 등, 청소년 노동이 '정상화'됐다고 쳐보자. 그리고 이런 정상화의 밑바탕이 되는 청소년과 노동에 대한 사회전반적인 인식과 시스템도 '선진화'됐다고 쳐보자. 매우 바람직하게도 말이다. 그러나 곧장 우리는 청소년 알바와 관련된 사회적 토론에서 적어도 두가지 이상의 쟁점이 은폐돼 있다는 사실을 알게 될 것이다.

첫째는 착취의 문제다. 10대들의 노동력을 갈취(dispossession)하지 말자는 캠페인은 도덕적인 차원에서는 해될 것이 없겠지만, 그 이면에는 성인들의 노동력과 마찬가지로 정상적인 착취(exploitation)는 허용한다는 전제를 포함하고 있다. 분명 우리들 대다수는 갈취와 폭력은 말리면서도 착취는 눈감아주는 현실에 대해선 문제를 제기해본 적이 없을 것이다. 둘째는 노동 학습(learning to labour)의 문제다. 청소년들의 알바가 사회를 경험함으로써 돈의 소중함을 깨치는 데 도움이 되는 것 같지만, 다른 관점에서 보자면 자본주의 정신을 일찌감치 학습하는 것과 다를 게 없다. 그렇다면 그들 역시도 더 많은 임금에 만족할 뿐인, 결국엔 호모 에코노미쿠스(경제적 인간)일 뿐인 어른들처럼 똑같이 살아야 하는가. 우리는 이 문제에 대해서도 별로 검토한 적이 없다.

그래서 어른-업주들이 '어린 놈이 왜 이렇게 돈을 밝혀?'라고 말할 때 이 말을 결코 가벼이 넘길 수만은 없다. 이런 종류의 편견들은 당연하게도 10대 청소년을 동등한 인간으로 취급하지 않겠다는 뜻을 담고 있다. 다른 한편 매우 미미한 수준에서는 '너희들까지 어른처럼 살 필요는 없어'라는 뜻도 포함되어 있다. 물론 이건 명백한 모순이며 그것도 아주 기묘한 모순이다. 그러나 모순적이라는 이유로 무시하거나 냉소를 보낼 일만은 아니다. 왜냐하면 거기에는 청소년이 '아직 정상인간이 아닌' 까닭에 '정상적인 삶의 방식과 다르게 살 수도 있다'는 대안적 라이프스타일의 가능성도 맞물려 있기 때문이다. 모순이란 그렇게 양가적인 계기를 내포하기 마련이다.

어쨌거나 오늘날 10대들은 알바를 한다. 인간이라는 범주의 경계 위에서 그것도 신체적 위험을 감수하면서까지 말이다. 우리는 이들을 위해 그리고 우리 자신을 위해 어디서부터 어디까지 사유할 수 있을까.

3장

은어게임의 진실[1]
꼰대들의 구라와 10대의 쉴드

뻐까충에 ㅎㄷㄷ?

"그래, 이따 뻐정에서 만나." 버스정류장의 경음화된 준말이다. "저 새끼, 레알 아벌구야." REAL로 '아가리만 벌리면 구라'라는 뜻이 다. "응사 닥본사야." "아닥공이던데." 드라마 「응답하라 1994」를 '닥치고 본방 사수'해야 한다는 얘기에, 그거 봤는데 '아가리 닥치 고 공부'나 할 걸이란 생각밖에 안 들더란 답이다. 이쯤 되면 ㅎㄷ ㄷ(후덜덜) 하지 않은가.

  10대가 낯설거나 무섭게 느껴지는 이유 중의 하나는 바로 그들

---

1. 이번 글은 분량이 꽤 길다. 청소년 은어의 역사를 다룬 두번째 절('요즘 10대들 너무하 다?') 때문인데, 분량 때문에 부담스러운 독자라면 첫번째 절을 읽은 후 두번째 절을 건 너뛰고 바로 세번째 절('은어와 비속어는 죽지 않는다')부터 읽어도 무방하다.

의 언어가 난해하기 짝이 없다는 데 있을 것이다. 헤아리기도 어렵고 저속하기 이를 데 없는 말장난으로 자기들끼리 시시덕거리기 일쑤니 말이다. 버스를 탔는데 바로 뒷자리에 10대들이 무리지어 있다고 쳐보자. 국적불명의 단어들이 섞여 있는데다 입에 담기 민망한 욕설들이 난무한다. 이 정도면 누구나 불편함과 두려움으로 고개를 가로저을 것이다. 뜻모를 된소리와 거센소리 발음들. 심지어는 놀랄 만큼 빨리 생성되는 은어와 비속어에 당사자인 10대들마저도 어리둥절할 정도라니 말 다했다.

이 친구들, 대체 왜 이런 걸까. 대략 이런 식으로 정리해볼 수 있을 것이다.

1. **언어 자체의 내재적 특성**: 언어학적으로 원래부터 사람들은 경제적으로 말하곤 한다. 말을 줄여 쓰거나 뻐스(버스)나 썬(sun)처럼 경음화시켜 편하게 발음하는 것이다. ㄱㅅ(감사)나 ㅎㄷㄷ(후덜덜) 뿐만 아니라 뻐카(버스카드) 같은 신조어가 탄생한 게 그저 우연은 아닌 셈이다.

2. **은어의 양산을 가능케 하는 기술적 환경**: 신조어 양산의 중요한 조건으로 인터넷이나 스마트폰 그리고 다중접속 온라인 게임 같은 멀티미디어 환경을 꼽을 수 있다. 여기서 언어를 둘러싼 일종의 속도전이 나타나고 어감이 나쁘지만 않다면 일상생활에서도 보편화하는 경우도 있다. GG(굿 게임의 약자. 게임 채팅용어였지만 '헤어짐' 또는 '포기'를 의미하는 일상용어가 됨), 오나전이나 고나리(각각 '완전'과 '관리'의 반半의도적 오타) 같은 말들이 대표적이다. 게다가 취향이나 관

심사를 중심으로 소집단 커뮤니티를 꾸리는 게 예전보다 쉬워졌
다. 은어가 생성되기에는 최적의 조건인 셈이다.

3. **세대적 주체성**: 과거와 달리 요즘 10대들(!)은 다른 집단에 대한
배타적인 태도가 유독 심하다는 지적도 있다. 또래집단 고유의 은
어나 비속어를 사용함으로써 자신들만의 독자성을 유지하고자
하는 경향이 강하다는 것이다.

4. **앞의 모든 요인들을 촉진하는 문화적 유희성**: 언어유희도 10대들
이 은어를 만드는 데 중요한 역할을 한다. 뻐까충(버스 카드 충전), 아
다꽁(아닥꽁), 대~박 같은 말은 어감 자체를 즐길 수 있는 데다, 이
런 말들을 자기들끼리 나누고 있노라면 은밀한 즐거움까지 만끽
할 수도 있다.

그렇지만 이러한 설명들은 이미 우리가 다 알고 있는 사실들을
단순 나열한 것에 불과하다. 따라서 10대들의 언어세계를 지레짐
작하는 데만 보탬이 될 뿐이다. 그러나 이렇게 알고 있는 사실을 재
확인한다고 찜찜한 기분이 가실 수 있을까. 그렇지 않다. 사실 위의
목록은 어른들이 청소년을 짐짓 이해하는 척하면서 사실은 그들과
안전한 거리를 확보하려는 기술적 장치들일 따름이다. 다시 말해
서 10대, 그것도 '요즘' 10대들에게 유별난 문화적 특성이 있는 것
처럼 뒤집어씌움으로써 그들을 이해하고 있다고 스스로를 기만하
고 자위하는 것에 불과하다. 이런 설명 덕분에 10대들의 세상은 이
해 가능한 어떤 것으로 가상되고 어른들의 마음은 잠시나마 평온
을 찾을 수 있기 때문이다.

문제는 그 다음이다. 청소년들의 언어문화에 심적 거리를 만들고 난 다음에는 어떤 일이 벌어질까. 대개는 둘 중 하나다. 첫째, 그들의 언어세계를 그대로 방치한다. 이 경우엔 차라리 문제될 게 없을지도 모르겠다. 서로 편하게 살 수 있으니 말이다. 둘째, 10대들에 대한 가상적 좌표를 얻었으므로 슬슬 포획에 나선다. 즉, '이제 너희들이 왜 그러는지 알겠어. 하지만 저속하지 않니? 어른들의 세계로 순순히 투항하렴.' 이런 경우는 다소 생각할 거리를 남길 수밖에 없다. 어른들의 언어세계가 암암리에 아무도 언급할 수 없는 특권적 위치로 격상되는 반면, 10대들의 언어세계는 문제적인 것으로 간주되고 교정해야 할 대상쯤으로 치부되기 때문이다. 이러한 메커니즘은 기성세대가 청소년문화를 억압하는 전형적인 방식이기도 하다.

요즘 10대들 너무하다?

이미 알고 있듯이, 10대들의 은어는 요즘의 문제만은 아니다. 좀더 생생한 이해를 위해 청소년 은어의 역사를 먼저 들여다보자. 10대들의 언어세계를 문제화하기 시작했던 건 대략 1970년대 초반이었다.[2] 1973년 『경향신문』에는 이런 내용의 기사가 실렸다.

우리나라에는 예로부터 산삼 캐는 사람들이나 행상인, 부랑아, 걸인

---

2. 1965년 김영완의 「아동 일상용어 '비어·은어'의 연구와 실제」(『강원교육』, 45호)라는 논문이 있긴 했지만 당시로서는 굉장히 예외적인 연구일 뿐이었다.

등의 사회에서 은어를 많이 사용해왔으며 근래에는 학생, 불량청소
년에 이르기까지 많은 은어를 만들어냈다. 대부분의 은어는 어두운
면을 가져 대화의 품위를 낮추며 한편 사회의 병리현상을 나타내기
도 한다.[3]

40년 전의 뉴스 치고는 굉장히 현재적인 느낌 아닌가. 마치 '요
새 젊은 것들은 버릇이 없어'라는 말처럼 말이다. 청소년의 언어를
'품위를 낮추'고 '사회의 병리현상을 나타내'는 것으로 보는 시각
은 요즘과 크게 다르지 않다. 계속 보자.

거짓말이 '대포' '공갈'로 표현되더니 한일국교 정상화가 되자 '구
라'로 바뀌었다. 도박이나 투전판의 은어가 일상 언어생활에 보편
화된 것도 타락한 사회의 일면이 반영된 셈이다. '섯다'판에서 소위
'텄다'는 은어, '깽판'이 일상언어에서도 '판을 깬다'는 뜻으로 서슴
없이 쓰이고 있는 실정이다.[4]

우리는 여기서 흥미로운 점 두가지를 관찰할 수 있다. 하나는 은
어라는 세계가 다른 하위집단뿐 아니라 10대들에게도 나타나기 시
작했다는 것. 이 당시의 사회적 염려는 심마니, 행상인, 부랑자, 걸
인, 조직폭력배, 성매매 관계자 등 다른 하위집단들이 사용하던 은
어를 10대들이 사용한다는 데 있었다. 밝고 바람직해야 할 학생들

3. 「국어 순화(5): 은어와 비속어」, 『경향신문』 1973년 10월 18일자.
4. 같은 기사.

이 투전판에서나 사용되는 범죄적 용어를 입에 담는 것은 분명 낯선 일이었을 것이다. 두번째 흥미로운 점은 공갈, 구라, 텄다, 깽판처럼 과거에는 '타락'으로 여겨졌던 표현들이 오늘날에는 그다지 위협적이지 않고 심지어는 이미 일상화되었다는 것—물론 오늘날에도 그다지 점잖은 표현은 아니다. 그렇다면 위협적으로 느껴지는 요즘 10대들의 은어와 비속어도 세월이 흐르면 자연스럽게 일상언어로 자리잡을 공산이 크다.

이에 대한 이야기는 좀더 나중에 하도록 하고, 일단은 과거(1970년대~1990년대)의 10대들이 어떤 은어와 비속어를 즐겨 사용했는지를 살펴보고 역사로부터 뭔가 얻을 것이 없는지 생각해보자.[5]

앞서 인용했던 기사에서 "근래에는 학생, 불량청소년에 이르기까지"라는 말에 주목해보자. 여기서 쉼표가 '학생이 아닌 10대=불량한 청소년'이라는 등식을 의미한다는 점은 자명하다. 오늘날에는 정규교육 과정에 있지 않은 10대들을 보는 사회적 시선이 온정적으로 바뀌긴 했지만, 과거 꼰대들의 엄숙한 관점에선 그 어떤 예외도 용납하기 힘들었을 것이다. 우리의 논의에서 주목해야 할 지점은 이들 불량하지 않아야 할 학생들조차도 은어를 만들고 사용했다는 점에 있다. 이것은 10대들 사이에서 은어와 비속어 사용이 가족배경이나 성적수준 등에 상관없이 보편화됐다는 점을 가리키는 것이기도 하다. 실제로 1970년대 당시 연구들에 의하면 비속어를 사용하는 청소년의 비율이 최대 90%에 달했다고 한다.

---

5. 이하 은어 목록은 '네이버 뉴스라이브러리'(http://newslibrary.naver.com)에서 '청소년+은어'로 검색한 기사들로부터 추출해낸 것이다.

어휘 및 표현	의미	어휘 및 표현	의미
감기약, 몸살약, 교재, 고개, 하얀 위장약, 꽃물, 썩은 물, 실습도구	술	어른과자, (연필)7센티, 미제껌, 실탄, 볼펜, 삼국사기, 코, 부시기, 잔디	담배
고전, 양서	각각 막걸리, 맥주	예배당, 인생강의실	술집
주다야싸*	주간 다방 야간 살롱	야간강당	고고홀
고팅	고고 미팅	비벼준다	고고 춤을 추다
EDPS	음담패설	함 받는다	화대를 받는다
따오기**	미니스커트	방한모	가발
대포, 공갈, 구라***	거짓말, 협박	텄다, 깽판	운 따위가 좋다, 판을 깨다
솔거****	위조화폐	작은집, 빨간집	각각 경찰서, 교도소
유신머리	짧은 머리	고삘이	고등학생
재순이, 재돌이	재수생	쪼아리스트	모범생
해방	졸업	대부, 조즈	담임교사
꾀장, 꽃감	각각 교장, 교감	아가리	훈육교사 및 담임교사
고급인력, 자격증	유능한 교사	대구선생*****	무능한 교사
손금 본다	학과 선택	감기, 폐병, 암	각각 낙방 1, 2, 3회
대마초 피웠다	예비고사 탈락 후 실종	찍싸다	실수하다
소할 일이 생겼다	말 못할 일이 생겼다		

〈표 1〉 1970년대의 은어 · 비속어

* 사자성어 주경야독을 패러디한 말로 당시의 사회경제적 상황, 특히 유흥문화를 풍자하고 있다.
** '보일 듯이 보일 듯이 보이지 않는'으로 시작하는 동요의 제목이다.
*** 구라는 '이놈'을 뜻하는 일본어 '고라', 또는 도박용어 '가라'(空)에서 왔다는 설이 있다.
**** 솔거는 신라의 전설적 사실주의풍 화가로서 감쪽같은 위조화폐를 일컫는 말이 되었다.
***** 당시 대구에서 교사자격증 부정발급 사건이 있었는데, 이후 무능한 교사를 일컫는 말이 되었다.

왜 그랬을까. 알다시피 은어와 비속어는 당대의 사회적 분위기를 반영하는 동시에, 그러한 분위기를 비꼬는 특징을 보인다. 구라라는 말은 한일 국교정상화 속에서 탄생했고, 고고 열풍을 타고 관련된 은어들이 양산됐으며(고팅, 비벼준다, 야간강당), 개방적 문화와 그에 대한 규제의 흔적이 감지되는 말이 나오기도 했다(따오기, 유신머리, 대마초 피웠다). 그중에서도 10대문화의 게토적 성격이 두드러지게 나타난 점은 특히 주목할 만하다. 고고홀이나 주다야짜 같은 곳은 20대뿐 아니라 이미 10대들에게도 말 그대로 '물리적' 게토였던 셈이다. 술과 담배에 관련된 은어들이 헤아리기 어려울 정도로 많았다는 것은 무엇을 의미하겠는가. 그만큼 당대의 청소년들에게 음주와 흡연이 이례적인 문화만은 아니었다는 점, 그리고 어른들로부터 자신들의 세계를 엄폐하고자 하는 '상징적' 게토가 공고했다는 점을 뜻한다. 심지어 그네들은 학교체제에 대해서도 독자적인 상징체계를 구축하고 있었다(꼬장, 해방, 조즈, 대구선생 등등). 영화 '얄개' 시리즈에서 별종 취급받던 괴짜 청소년들이 그런 것처럼, 기성세대의 권위 및 문화적 질서에 대한 반항은 흔한 일이 되었다.

1980년대부터는 은어와 비속어에 미디어의 영향력이 강력하게 작용했다. 컬러 TV가 송출되고 집집마다 TV를 보는 세상이 도래하자 코미디 프로그램 등을 보면서 통속적인 유행이나 말투를 따라하기 시작한 것이다. 그러다보니 표준어를 대체하면서 생성됐던 1970년대 은어 스타일과 다르게, 말끝을 변형시키거나 사투리 억양을 흉내 내는 '표현형 은어'가 주를 이룬다(아니꼽쏜, 웬일이니, 하쟁이요 등등).

어휘 및 표현	의미	어휘 및 표현	의미
아니꼽슈, 밉슌	코미디언 말투	찜찜해, 떫니, 웬 일이니, 끝내줘, 못말려, 있지, 있잖아, 나도 ×× 나 해야겠다	대중적 유행어
네, 이 순간 △△ 선수가 손을 들었습니다	스포츠 중계 어투	했음, 하쟁이요	이북 사투리 흉내
볼펜, 사인펜	각각 남자친구, 여자친구	재봉틀	수다스런 남자
죄수생	재수생	여물통	도시락
깡돌이	깡패	개목줄	넥타이
고기만두	임산부	뻥*	거짓말
꺾다	술마시다	뽕가다	재미있다
살쿠다	여자를 꾀다	떡, 떡골	각각 섹스, 성매매 집결지
설왕설래	키스	버섯돌이, 조리퐁	각각 남녀의 성기
IBM	이미 버린 몸	PVC	포르노 비디오 가게

〈표 2〉 1980년대의 은어·비속어
* 과자이름 '뻥이오'에서 온 것으로 전해진다.

이 같은 거친 언어생활에 대해 일선 교사들은 "TV와 만화 등의 영향과 기성세대의 언어를 그대로 모방하는 데서 비롯된다"고 걱정하면서도 뚜렷한 대책이 없음을 안타까워하곤 했다.[6]

이때부터 10대들의 언어습관에서 매스미디어의 규정성은 가히 절대적 수준이었다. 꼰대들이야 단순한 모방심리라 폄하하겠지만, 청소년들에게 있어 대중문화는 자기네 삶에서 가장 의미있는 거울이 된 셈이다. 물론 이런 양상은 미디어를 통해 전체주의적 공세를

6. 「어린이 생활언어 거칠어지고 있다」, 『경향신문』 1984년 5월 14일자.

일삼았던 1980년대의 문화정치(이를 테면 3S정책) 때문에 가능한 일이었을지도 모른다. 한가지 흥미로운 것은 나쁜 일에는 언제나 주범으로 손꼽히는 바로 그 미디어의 영향력 때문에, 역설적이게도 성인들이 못 알아들을 정도의 게토적 은어는 눈에 띄게 줄었다는 사실이다. 많은 경우 매스미디어 때문에 세대간 의사소통이 단절된다고 우려하지만, 적어도 은어·비속어의 측면에서 보자면, 그리고 언어사용의 품격 문제를 논외로 치자면, 매스미디어는 오히려 세대간 의사소통의 단절을 줄여주는 기능을 톡톡히 했다.

물론 그렇다고 청소년들의 언어와 비속어로 인한 사회적 충격이 줄어들기만 한 것은 아니다. 표현형 은어가 대세라지만 전통적인 은어 생성방식이 사라진 것은 결코 아니기 때문이다. 규범적인 시각에서 보자면 표현수위가 오히려 더 과격해지기까지 했다. 10대들 사이에서 욕설이 널리 퍼지기 시작한 것도 이 즈음이었던 것으로 보인다(새끼, 년). 여물통이나 죄수생 같은 말은 자조적이다 못해 자기비하에 가까운데, 고기만두나 개목줄로 오면 상황은 끔찍하기까지 하다.

이런 상황을 단순히 일탈이나 도덕성 결여로 몰아붙일 수는 없다. 10대들의 자극적 언어들은 그들의 도덕적 수준이 아니라 그들이 당시의 세계를 어떻게 이해했는지를 보여주는 쪽에 가깝기 때문이다. 학교에서 밥이 아니라 여물을 먹는다는 것은 가축처럼 길러지는 비인간적인 상황을 비유한 것이며, 죄수생이란 입시 사육장에서 일등급 판정을 받지 못하면 곧장 죄의식을 느끼며 살 수밖에 없는 처지를 비꼰 말이다. 물론 비속어가 난무한 그들의 언어세

계를 옳다고 할 수만은 없다. 그러나 그들에게 한국사회란 인간성
을 보장받을 수 없는 세계, 즉 동물농장에 지나지 않았던 것이다.
어디 그뿐일까. 이때부터 난무했던 성적 은어들에서는 섹스와 스
크린으로 대변되는 당시의 문화정치 상황을 목격할 수 있으며, 나
아가 그 같은 외설적 환경 속에서 그들이 어떻게 대응했는지를 엿
볼 수도 있다. 어쩌면 그 시절 사육중인 10대들에게 가장 그럴 듯한
해방의 선택지는 아마도 에로티시즘이었을지 모른다.

　1990년대 은어·비속어 문화에서 두드러진 특징은 PC통신의 영
향이다. 앞선 시대와 마찬가지로 여전히 새로운 은어들이 생성되
긴 했지만, 이 시기엔 컴퓨터 자판에 기반한 새로운 글쓰기 문화의
도입이 무엇보다도 특징적이었다. 오늘날의 10대들에게는 비교적
친숙한 축약어, 이모티콘, 의도적 오타, 구어적 발음표기 등이 대표
적이다.
　시간이 흘러 인터넷 시대라 할 만큼 온라인 글쓰기가 보편화되
면서부터는 10대들의 맞춤법 실력을 우려하는 목소리가 나오기도
했다. 과제물에 글구, 넘, 셤 같은 인터넷 언어를 그대로 쓰는 경우
들까지 있었기 때문이다. 그리고 목록에서 볼 수 있는 것처럼 왕따
를 비롯한 학교폭력의 흔적도 확인할 수 있다. 10대들에게 학교란
'담탱이의 지배 아래 짱에서부터 좁밥에 이르는 서열이 지배하며
야리거나 생까면 다구리당할 정도로 깨질 수도 있는' 전장(戰場)이
었던 셈이다.

어휘 및 표현	의미	어휘 및 표현	의미
안냐세요, 어솨여, 방가	안녕하세요, 어서와요, 반가워요	꽈당, 발라당	황당함
^^, Y-Y, --	웃음, 졸림, 재미없음	ㅎㅎ, ㅋㅋ	웃음소리
글구, 일케, 글쿠나, 설, 셤, 쟈철, 멜, 넘	그리고, 이렇게, 그렇구나, 서울, 시험, 지하철, 메일, 너무	주글래, 시로, 마니, 조아, 추카	죽을래, 싫어, 많이, 좋아, 축하
범생이, 담탱이	각각 모범생, 담임교사	왕따, 따순이, 따돌이	따돌림당하는 또래
돌따, 은따	각각 돌려 따돌림과 은근히 따돌림. 또는 그 대상이 되는 사람	야리다, 갈구다	노려보거나 째려보다
깨지다	지다, 모욕당하다	생까다	무시하다
센터까다, 빵, 다구리, 선빵, 윈빵	결정타를 날리다, 때림, 집단적으로 때림, 먼저 때림, 한번 때림	짱	싸움을 제일 잘하는 사람 또는 우두머리
좁밥	별 볼 일 없는 사람	당근	당연
엄창, 엄포스	각각 엄마 창녀와 엄마 포르노스타의 줄임말로서 주로 맹세를 할 때 사용됨	콩, 깔	성관계, 애인
새끈하다	섹시하다	얼큰이	얼굴이 큰 사람
대갈장군	머리가 큰 사람	농다리, 곽다리	각각 장롱이나 비누곽처럼 다리가 짧은 사람

〈표 3〉 1990년대의 은어 · 비속어

그렇지만 1990년대와 그후의 청소년 은어·비속어 문화가 이전
과 결정적으로 구분되는 점은 이를 문제화하는 사회적 반응이 질
적으로 달라졌다는 데 있다. 예를 들면 10대들의 언어는 욕망이 억
압된 데 기인하니 사회풍토를 점검해야 한다든가, 은어가 그들 나
름대로 욕구를 해소하고 결속을 다지는 데 기여하는 점이 있으니
따뜻한 시선으로 바라볼 필요가 있다는 식이다.[7] 이는 분명 이전 시
기의 집합적 반응과는 달리 은어·비속어를 단순히 억압만 하는 게
아니라 그 원인을 분석하고 그럼으로써 치유하고 보듬어야 한다는
전향적인 논리를 보여준다.

  그럼에도 청소년을 보는 '따뜻한 시선'에 딴죽 걸 부분이 아예
없지는 않다. 우선, 청소년들을 피해자로 만드는 문제점이 있다. 예
전에는 은어를 쓰는 청소년을 문제아로 둔갑시키는 등 주로 가해
자로 취급했으니 확실히 다른 시선이긴 하다. 그러나 보살핌이 필
요한 딱한 청소년이라는 관점은 결국 청소년을 기성세대의 하위집
단으로 종속시켜버리는 문제를 남긴다. 그런 식이다보니, 문제의
원인을 안다고 해도 정작 달라지는 게 없다. 당대 청소년 문제의 원
인은 대개 그렇듯 입시체제 등으로 귀결되기 마련이었다. 그렇다
면 표적은 적어도 입시문제 따위가 돼야 했을 것이다. 그러나 온정
주의적 관점은 10대들이 이 시기를 잘 참아낼 수 있도록 보듬기만
하면 된다는 심리주의로 귀결되는 게 보통이었기 때문에, 청소년

---

7. 이러한 시각은 1990년대 중반 이후 문화주의가 확산되면서 진보적 관점을 가진 몇몇 미
   디어들을 중심으로 전개됐다. 예컨대, 「유행어 모르면 '왕따'돼요」, 『한겨레』 1997년 9월
   20일자; 「그들만의 암호, 10대들의 은어」, 『경향신문』 1999년 7월 20일자.

64

을 둘러싼 사회구조를 바꾸자는 요청은 메아리 없는 외침으로 그치고 만다.

은어와 비속어는 죽지 않는다

10대들의 언어를 어떻게 봐야 하는 걸까. 돌이켜보면, 기성세대도 10대 시절에는 은어를 만들며 살았고, 어른이 된 지금도 지근거리의 집단 내에서 은어를 주고받는 게 보통이다. "오소느슬 개새 완산저선 주숙이시더서라사." 개인 휴대폰은커녕 무선전화기도 흔치 않던 시절, 부모의 눈치를 피해 10대들은 글자마다 'ㅅ+중성+종성'을 덧붙여서 저들끼리의 '외계어'를 창조하기도 했다(초성은 ㅅ이 아니어도 좋다). 뜻인즉슨 '오늘 개 완전 죽이더라'는 것인데, 가족들 모두가 집에 있는 저녁시간에 이런 말을 입밖에 꺼냈다간 귀찮은 간섭부터 시작해서 심한 경우엔 손찌검을 당할 수도 있었다. 학생의 본분을 망각하고 이성교제라니 말이다. 그래서 부모들과 부딪치느니 차라리 은어를 만들어내서 잡다한 사회적 비용을 줄이는게 현명한 일이었을 것이다. 부모에게 해괴망측한 소리로 들릴지언정, 귀찮은 '터치'를 받지 않을 수 있다면 그야말로 안성맞춤이었다.

　요는 근대 가족제도와 교육제도가 성립한 이래로 10대들의 은어는 거의 상수였다는 것이다. 그런데도 올챙잇적 시절을 잊어버린 기성세대는 10대의 언어세계에 당황해하고 지극히 '에바'(에러+

오바)스럽게도 세대간 소통 불가능성, 심지어는 세대내 소통 불가능
성까지도 염려한다. 나아가 표준말마저도 저속한 은어에 오염(?)되
거나 구분 불가능하게 되는 것 아니냐며 비관적 전망을 내놓기도
한다. 그러기에 종종 '올바른 언어습관' 운운하면서 예의 '꼰대'스
러운 엄숙함으로 사회 분위기를 정립하려는 건 당연한 수순일 수
있겠다. 결과적으론, 10대들의 문화적 권리니 뭐니 다 필요없이, 언
어세계를 표준화하고 획일화해야만 그들의 말본새에 주눅들지 않
고 맘 편히 지낼 수 있을 테니 말이다.

  그러나 10대들에게 이러저러한 은어들은 단순한 은어·비속어
가 아니라 평범하기 이를 데 없는 정상언어에 불과하다. 청소년 시
절 90% 가까이 은어와 비속어를 쓰던 기성세대들이 지금에 와서
예전엔 말 참 곱게 썼다고 기억을 왜곡하는 건 사실상 '기억상실'
에 가깝다. 어지간한 사람들이라면 다들 '구라'치고 '뻥'치면서 학
교에 다녔다. 심지어 구라나 뻥 같은 말들은—여전히 점잖지 못한
표현이긴 하지만 그래도—오늘날 제법 쓸 만한 대중적 어휘가 되
기까지 했다. 그렇다면 삐가충이니 아벌구니 하는 말들도 마찬가
지 운명 아니겠는가.

  10대들의 문화적 공간이 외부 사회와 단절되고 또 억압받는 이
상 그들만의 은어·비속어 생성은 불가피할 수밖에 없다. 다만, 개
별적인 은어·비속어들은 당대의 시대적 상황을 반영하고 또 10대
들이 거기에 주체적으로 대응하면서 각자 부침을 겪을 뿐이다. 다
음과 같이, 때로는 퇴행하고 또 때로는 급진적으로 진화하면서 말
이다.

1. **소실**: 시대적 상황에 따라 유효기간이 다한 은어와 비속어들은 도
   태되기 마련이다. 이 경우 신진세대들은 선배세대들의 언어를 종
   종 비루한 것으로 취급하곤 한다. 예) EDPS, 여물통, 대갈장군 등
2. **존속**: 해당 어휘가 지시하는 상황이 이후에도 유지되고 기존 어
   휘를 대체할 만한 게 없으면 그대로 존속된다. 이때 새로운 세대
   들은 선배들로부터 전승된 언어의 역사적 기원에 대해서는 망각
   하기 일쑤다. 그래서 뜻도 모르고 사용하는 은어·비속어가 많아
   진다. 예) 떡, 엄창, 생까다 등.
3. **정상화**: 은어·비속어라 여겼을 정도로 비정상적이었던 시대적 상
   황이 세월이 흘러 정상적인 상황으로 추인될 경우 해당 언어도 정
   상언어로 인정받게 된다. 물론 이 경우에는 해당 어휘의 사회적
   위협수준이 낮아야 하고 다른 언어로 대체될 필요가 없을 정도로
   수월성도 갖춰야 한다. 예) 공갈, 빵, 왕따 등.
4. **신생**: 추가적으로 새로운 시대상황이 등장하거나 기존 어휘를 대
   체할 만한 좋은 표현이 창안될 경우 새로운 은어·비속어가 생성
   된다. 이때 10대들은 새롭게 만들어진 어휘를 통해 새로운 시대,
   또는 여전한 시대에 새로운 방식으로 대응해나간다.

요컨대 청소년들이 쓰는 언어란 시대의 산물이며 동시에 그들이
시대를 이해하는 방식이라 할 수 있다. 1970년대 예비고사에 탈락
한 청소년을 두고 왜 하필 '대마초 피웠다'고 하고, 까까머리 '고뻴
이'들을 일컬어 왜 하필 '유신머리'라 했을까. 5·18 이후 임산부를

'고기만두'라 하고, 고문이 비일비재하던 시절에 넥타이를 '개목
줄'이라 했던 걸 우연이라고만 할 수 있을까. 마찬가지로 영화「배
틀 로얄」에 버금가는 교실붕괴 상황에서 학교폭력에 관한 은어들
이 넘쳐났던 것도 결코 우연은 아닌 것이다.

그래도 욕은 문제다?

이쯤에서 청소년들이 은어를 쓰는 것은 그렇다 쳐도 욕을 하는 건
너무 심한 게 아니냐고 되물을 만도 하다. 그러나 청소년들의 욕하
는 문화에 대해서도 사정은 크게 다르지 않다. 옛날이라고 욕 안했
을까. 그리고 욕이라는 게 그저 도덕의 문제이기만 한 걸까.

　'한글을 창제한 세종대왕께서 살아오셔서 우리 청소년들의 욕 수준
　을 안다면 어떤 표정을 지을까?'[8]

　몇해 전 한글날에 즈음하여 발표된 어느 칼럼의 맺음말이었다.
실제로 근래 들어 한글날만 되면 교육계와 미디어는 청소년들의
언어문화에 포커스를 맞추곤 한다. 먼저 실태조사를 한다. '청소년
들 70%가 욕을 일상적으로 사용하며 하루종일 100번 이상의 욕설
을 내뱉는다고 한다.' 다음으로 진단이 나온다. '대다수는 욕의 언
어학적 기원에 대해 잘 모른다.' 따라서 처방이 내려진다. '교육과

8. 「욕 권하는 사회, 욕하는 청소년」, 『한국일보』 2011년 10월 8일자.

학기술부는 〈학생 언어문화 개선 프로그램〉이란 제하의 종합대책 (일선 학교 언어문화 개선 특별수업 실시, EBS 공중파 다큐멘터리 방영, 10대가 직접 참여하는 UCC 공모전 개최 등)을 발표했다.' 마지막으로, 이 일련의 '조사-진단-처방'을 정당화하는 수사가 붙는다. 한마디로 요약하면, '세종대왕이 아시면 얼마나 노하실까?'

삼척동자도 알듯, 욕이란 윤리적으로 옳지 못하다. 문화정치적인 해학성을 갖지 않는 한 욕은 잘못된 표현임이 분명하다. 물론 많은 사람들이 욕을 교양 없고 비속하다 해서 그릇된 것으로 보지만, 정확하게 말해 욕은 성적으로 그리고 인간학적으로 문제적인 발언이기 때문에 그릇된 것이다. '씨발'과 '졸라' 그리고 '니미 씨발'과 '병신' 등이 뜻하는 바가 무엇인지 우리들 대다수는 이미 알고 있다.

그런데 이런 말들을 여전히 그리고 종종 사용하는 사람들은 만약 이 말들이 없으면 미쳐버리지 않을까 싶을 정도로 답답함을 느낀다. 실제로 욕의 기능적 속성 중 하나는 개인이 느끼는 유무형의 압박을 언어로 내뱉음으로써 대상화하고 이를 통해 정서적 안정을 도모할 수 있다는 점이다. 육두문자가 종종 웃음의 소재가 되는 것도 이런 까닭이지 않은가.

욕의 기원을 이야기해주면 10대들의 반응은 대략 두가지 정도다. '그렇다면 써선 안되겠군' 하며 순응하거나, '나나 내 친구는 그런 의미로 쓴 말 아닌데' 하며 미심쩍어하는 게 보통이다. 이 미심쩍음의 이유는 무엇일까. 그것은 화자가 청자의 가족상황이나 신체상태를 가리켜 욕을 하는 것은 아니기 때문이다. 달리 말해, 청

소년들의 욕문화에서 관건은 욕 자체가 아니라 욕설이 사용되는
'맥락'에 있다. 그런데도 '조사-진단-처방-정당화'의 프로그램들
은 욕이 어떤 동기에서, 어떤 관계에서, 그리고 어떤 환경에서 사용
되는지를 전혀 묻지 않는다. 그들의 표적은 '욕하는 청소년'(또는 욕
자체)이지 '욕 권하는 사회'는 아니기 때문이다.

　역사적으로 보자면, 10대들의 욕문화가 사회적으로 주목되기 시
작한 것은 '요즘이 아니라' 이미 1980년대 초부터였다. 공교롭게도
때는 국민경제가 마이너스 성장을 찍은 직후였다. 다음은 당시 신
문에 실린 인터뷰 기사 중 일부분이다.

　"우리 아빠엄마요? 돈 없다고 늘 싸워요. 때리지는 않지만 말로요.
아빠가 화나면 '에이 빌어먹을 ×'이라고도 욕하고 '××년' '뒈져
라', 뭐 그런 거예요. 그런데 아저씨는 그런 거 왜 물어보세요. 잘못
한 것도 아닌데… 씨파."[9]

　그 당시 10대 욕문화에 대한 진단은 그레도 시러깊은 것이었다.
'이전에 욕은 어른들 고유의 문화였지만, 지금은 청소년들의 문화
로 전이되고 있다'는 판단이 대표적이다. 즉, 책임은 성인에게 있다
는 것이다. 또한 '핵가족화와 경제위기를 지탱해줄 만한 대안적 규
범이 없다'는 점이 지적되기도 했다.[10] 아노미에 빠진 건 10대 청소
년이 아니라 한국사회 전체였음을 정확히 진단한 것이다.

---

9. 「우린 욕하면 안 되나요?」, 『경향신문』 1981년 5월 18일자.
10. 같은 기사.

그렇다. 다른 은어나 비속어와 마찬가지로 애초부터 청소년 욕문화는 주류문화의 부산물이다. 그렇지만 지금 10대들의 욕문화를 둘러싼 사회적 담론은 전통적인 맥락에선 '금기를 통한 도덕률'(즉, 욕은 올바른 표현이 아니라는 것), 그리고 현재적인 맥락에선 '청소년의 무지'(즉, 욕의 뜻을 모르고 쓴다는 것)라는 두가지 근거에만 기초하고 있을 뿐이다. 그러니 자연스레 '캠페인'이 뒤따른다. 그러나 청소년은 절대 무지하지 않다. 정말로 개념없는 몇몇 녀석들을 제외한다면, 욕설은 또래 내의 관계에서만 나타날 뿐이지 또래 외부에서는 전혀 발화되지 않는다. 정확한 어원과 언어학적 의미는 모를지언정, 욕이 나쁘다는 도덕쯤은 이미 알고 있기 때문이다.

얼마 전 방영됐던 드라마 「뿌리 깊은 나무」에서 주인공 세종은 백성들을 살리는 군주가 되기로 마음먹고 그들의 언어를 배운다. 거기서 제일 먼저 학습한 단어가 바로 '지랄'이다. 드라마긴 하지만, 어쨌든 '한글을 창제한 세종대왕께서 살아오셔서 우리 청소년들의 욕 수준을 안다면 어떤 표정을 지을까?' 아마도 10대들에게 욕 권하는 사회를 보고 한마디 정도는 하지 않을까 싶다. "지랄."

솔까 뭐가 문제임?: 창조적 은어 게임

지금 필자는 10대들의 언어세계가 생각만큼 무서운 게 아니라고 강조하고 있다. 그런 맥락에서 10대들의 언어적 파괴성이 아니라 창조성에 주목해보길 권하고 싶다. 완고하기만 할 것 같은 언어학

에서조차도 축약어·혼합어·완곡어·역어(逆語)·역변어(逆變語)·
영어차용어 등을 진지한 학문적 대상으로 삼고 있는 현실을 감안
하자면, 청소년들의 은어에서 규범적 부도덕성만을 트집 잡을 게
아니라 언어적 창조성에도 주목하자는 게 단순한 몽니만은 아닐
것이다. 어쩌면 10대들은 권력관계를 내면화하고 복종심을 배우는
주입식 교육보다, 자신들이 이해하는 세계를 표현하고 그러한 세
계관을 어른들로부터 보호하고자 하는 '은어 게임'을 통해서 더 많
은 것을 익히는 것일지도 모르기 때문이다.

    이를테면 '금사빠'나 '답정너'(또는 답정녀) 같은 말이 있다. 금사빠
는 '금방 사랑에 빠지는 사람'의 줄임말로서 타인의 겉모습이나 작
은 호의에 마음이 움직여 쉽게 사랑에 빠지는 한편, 그만큼 감정이
빨리 식기도 하는 경우를 풍자하는 말이다. 이러한 조어는 인간관
계나 애정관계에 있어 현대인들이 감정적으로 얼마나 취약한 상태
에 있는지를 드러낸다. 무릎을 칠 정도는 아니더라도 이 정도면 은
어에 숨겨진 인간 세상에 대한 통찰력을 엿볼 수 있지 않은가. 답정
너는 '답은 정해져 있고 넌 대답만 하면 돼'의 줄임말로서 대회 상
황에서 종종 나타나는 일방적인 커뮤니케이션을 풍자하는 말이다.
인간관계를 맺다보면 대화를 통해 상대와 공감하고 함께 합리적
결론을 찾아가기보다 혼자 결론을 내버리고 타인에게는 그저 동의
만 구하는 사람들이 있지 않던가. 다음과 같은 답정너들에게 당신
은 뭐라 대꾸해줄 수 있을까. 둘 중 하나일 것이다. 이성적으로 응
대해주다가 그래도 말이 안 먹히면 정색하거나, 애초부터 말을 섞
지 말던가.

- 아, 내가 그렇게 이쁜가ㅠㅠ 아니 내가 노래방 갔는데 내가 노래 부를 때 자꾸만 남자들이 노래방 문으로 나 쳐다보자나ㅠㅠ 내 친구들한테 미안하게ㅠㅠ
- 아... ㅎ 나 오늘 설리 닮았다는 말 들엇는데 내가볼땐 설리 별로라...뚱뚱하자나
- 나 요세 살쪘어? 자꾸 오빠들이 살찌고나서 태연 닮았다 그래서
- 진지하게 나 현아 닮았니? 학원애들이 자꾸 닮았데 짜증 --

사실 금사빠나 답정녀 같은 사람들은 과거에도 있었다. 그런데 여기서 의미가 있는 것은 젊은 세대들이 모호한 관념 상태로 남아있던 어떤 현상들에 언어적 질서를 부여한다는 점에 있다. 기성세대가 보기에는 알아먹기 힘든 무분별한 약어로 보일 수도 있겠지만 자세히 살펴보면, 이러한 신조어들은 어휘의 생산자와 소비자들이 우리가 사는 세계를 이해하고 또 거기에 특정하게 대응한 결과물임을 알 수 있다. 역으로 이런 말들이 또래들의 세계관에 영향을 준다는 점을 생각해봐도 마찬가지다. 이들은 단순히 약어를 만들고 낄낄대는 것이 아니라 감정의 중립이라든가 양방향적인 커뮤니케이션을 자신들의 전망으로 삼는 세대들인 것이다.

그뿐만 아니라, 이미 기성세대에게도 친숙해진 용어 중에서 '지못미'나 '솔까말' 같은 말도 있다. 우리는 이 말들에서 특정한 정서 구조를 감지할 수 있다. '지켜주지 못해 미안해'의 줄임말인 지못미는 보통 친구가 곤란한 처지에 처했거나 망가진 표정 등이 캡처

됐을 때 동정반 조롱반으로 덧붙이는 말에서 비롯됐다. 그런데 이런 동정과 조롱이 '내가 널 지킨다'는 식으로 사회적인 것(the social)을 통해 표출된다는 점은 다분히 긍정적인 현상이라 할 수 있을 것이다. 요즘같이 개별화되고 파편화된 세상 속에서 서로가 서로를 지킨다니 얼마나 훈훈한 일인가.

각각 '솔직히'와 '솔직히 까놓고 말해서'를 뜻하는 솔삐나 솔까(말)도 마찬가지다. 이런 경우가 은어로 표현된다는 것은 그만큼 지금 10대들에게 '솔직히 말한다'는 맥락이 매우 중요하다는 점을 가리킨다. 현대문명을 살고 있는 우리네 대화의 대다수가 가면쓴 연기(演技)에 불과하다는 점을 반증하는 일종의 풍자적 은어가 아닌가. 솔삐나 솔까말은 바로 그 가면을 해제하고 투명한 소통과 관계를 지향한다는 일종의 비의도적인 선언인 셈이다.

뽐뿌는 개취?: 은어 게임에서 진짜로 봐야 할 것들

물론 창조적인 측면이 있다고 해서—또는 그렇게 해석할 여지가 있다고 해서—오늘날의 청소년 언어문화를 조급하게 과잉의미화할 이유는 없다. 실제로 10대들의 은어 게임이 언제나 창조적인 것만은 아니기 때문이다. 빛이 있으면 그림자도 있는 법. 은어 자체가 창조 활동의 산물이라 하더라도 거기에 열광만 하기에는 어려운 문제들이 널려 있는 것이 사실이다. 실제로 기존의 언어적·상징적 질서에 도전하는 창조적 미덕에도 불구하고, 10대들의 신조어들

상당수는 기성세대의 세계관에 담겨 있는 부덕이나 무지를 고스란히 빼닮았다.

앞선 시기 은어들의 특징을 선별적으로 계승한 2000년대 이후 청소년 은어 게임에서 눈에 띄는 것은 크게 세가지 정도로 정리된다. 다른 무엇보다도 축약형 은어가 월등히 많아졌다는 점, 미디어 영향력의 중심축이 TV와 PC통신에서 인터넷과 게임으로 바뀌었다는 점, 그리고 외모와 쇼핑에 관심이 많아진 만큼 소비문화적 은어가 많아졌다는 점 등이다. 여기서는 뒤의 두가지 정도만 검토해보도록 하자.

아 ㅅㅂ 엄마크리 강림 존나 컴질도 못하게 해 ㅋㅋㄷ 뭐… 파덜어택 걸린 것보다야 낫지만…

'엄마크리'는 엄크로 줄여 쓰기도 하고 마더크리로 쓰기도 하는데, 엄마 크리티컬, 즉 엄마의 치명타를 뜻한다. 집에서 게임이나 웹서핑을 할 때 엄마의 잔소리로 중단하게 되는 경우를 말한다(아빠크리나 파덜어택은 아빠가 나선 경우다). 이런 식의 게임용어를 통해 세상을 이해하다니, 지금 10대들을 한심하게 생각할 사람들이 있을지 모르겠다. 그러나 그렇게 염려할 일은 아니다. 1970년대에 도박용어로 청소년 은어가 만들어지던 것에 비해 사정이 얼마나 나빠졌는지 불분명할뿐더러, 세속적 기준에서 보자면 오히려 덜 나빠 보일 정도기 때문이다.

다만, 청소년들의 놀이문화가 주로 게임에 집중되어 있다는 건

곱씹어볼 필요가 있다. 게임의 중독성이나 사행성 때문이 아니라 그네들, 특히 10대 남성들의 여가문화가 유독 게임에만 치우쳤다는 사실 때문이다. 이는 무엇보다도 과도한 학습시간 때문에 여가 시간을 활용할 선택지가 부족해서일 텐데(3부 14장 참조), 한가지 확실한 것은 오늘날 10대들이 사회문화적 조건에 문제를 제기하는 식으로는 자신들의 창조성을 발휘하지 않는다는 사실이다. 그보다는 게임이 마련한 가상세계의 질서를 실제 현실에 그대로 적용하는 데 충실할 뿐이다.

이를테면, 마더크리나 파덜어택 때문에 대문 밖을 나서면 '초글링' 러시가 한창이고, 친구라도 불러낼라치면 녀석은 수능 '포텐' 터뜨려보겠다며 '쉴드' 치면서 '버로우' 타고 있으며, 나도 '열렙'해서 이놈의 세상에서 '만렙'이라도 찍어볼까 하지만, '현질'도 못하는 신세, '레어템' '득템'도 어려울 내 인생은 속절없이 '렉'만 걸려 있을 뿐이다…. 말인즉슨, 엄마 아빠 잔소리 때문에 밖으로 나오면 초딩들만 넘치고, 친구랑 어울리고 싶은데 정작 친구는 공부로 성공하겠다는 핑계로 두문불출이고, 열심히 노력해서 최고가 되고 싶다는 생각도 들지만 집안사정은 넉넉지 못하고, 그렇다고 운이 좋은 것도 아니기에 자기 인생은 뒤처짐의 연속이라는 것이다.

요새 정말 싫은 건 닭써가 너무 잘 보인다는 겁니다. 제가 원래 눈 주변이 좀 까만 편인데 닭써 때문에 팬더 눈이 됐다니까요.

'닭써'는 다크서클의 줄임말이다. 은어 게임에서도 외모에 대한 관심은 가장 '핫'한 범주 중에 하나다. 쌍테(쌍꺼풀테이프)·아라(아이라인)·화떡(화장으로 떡칠)처럼 미용에 관한 말, 빽치(몸에 붙는 치마)나 짧치(짧은 치마) 같이 패션에 관한 말, 쌍수(쌍꺼풀수술)나 의느님(의사+하느님)처럼 성형에 관한 말, 안여돼(안경 쓴 여드름 돼지)·안여멸(안경 쓴 여드름 멸치)처럼 인신비하적인 말, 간지(세련된 멋)·미존(미친 존재감)이나 잘생쁨(잘생기고 예쁨)처럼 분위기와 관련된 말에 이르기까지, 외모에 대한 관심은 이전의 그 어느 세대보다도 뜨겁다.

되짚어보면 앞에서 창조적 은어의 사례로 꼽았던 지못미나 답정녀 같은 말도 사실은 외모지상주의라는 제약조건 속에서 탄생한 것에 불과할 수 있다. 지못미가 지금에 와서는 친구의 곤란한 처지를 동정하는 친밀감을 표현하는 말이 되긴 했지만, 애초 그 어원이 외모의 우스꽝스러움을 조롱하는 맥락과 연결됐었다는 점을 생각해볼 필요가 있다는 것이다. 답정녀의 사례도 마찬가지다. 답정녀는 1990년대의 은어 '공주병'이 진화한 결과와 다를 바 없다. 예쁘지 않은 친구가 예쁘다는 말을 듣기 위해 애쓰고 또한 그런 노력이 풍자 대상이 된다는 것은 지금 젊은 세대들에게 외모라는 프레임이 그만큼 강력하게 자리잡았다는 사실을 암시한다.

나아가 소비문화에 관한 축약형 은어가 양산되고 있는 것도 우연만은 아닐 것이다. 외모와 위신에 대한 관심을 실현하기 위해선 돈이 필요할 터, 스타일에 대한 관심은 결국 소비대중문화와 연결되기 때문이다. 가까운 패마(패밀리마트)나 롯마(롯데마트) 또는 조금 먼 고터(고속터미널)에 들른다. 미피(미스터 피자)나 빠바(파리바게트)에서 허기를 달래고 베라(베스킨라빈스)에서 입가심한다. 그것도 아니면 김천

(김밥천국)에 빙바우(빙그레 바나나맛 우유)도 좋다. 어쩌다 고부(고기뷔페)
나 초부(초밥뷔페)에 가면 대박. 감기몰(현대 H몰), 공원몰(인터파크), 설탕
몰(CJ 홈쇼핑), 쥐가게(G마켓) 같은 온라인 쇼핑몰은 기본이고, 문상(문
화상품권)이라도 있을라치면 이보다 좋을 수 없다. 지름신도 옛말이
고 이제는 두근두근 뽐뿌(마음에 펌프)가 관건이다.

　이야기를 정리할 겸해서 다시 첫번째 지점(게임문화)으로 돌아가
보자. 문제는 세계에 대한 레토릭을 창조해내는 놀라운 생산력이
특정한 한계 내에서만 작동한다는 점에 있다. 게임을 통해 현실세
계를 유추해내는 능력은 자못 흥미롭다. 그러나 그 효과는 게임논
리 배후에 있는 메타구조(구조 이상의 구조)를 표적으로 삼는 쪽으로는
나아가지 않는다. 예컨대 영화 「매트릭스」에서 주인공은 세계의 배
치방식 자체를 바꿔냄으로써 자신의 포텐을 터뜨리는 데 반해 현
실세계의 수많은 주인공들은 포텐 터짐을 세계의 배치 내에서 만
렙 찍는 정도로만 제한하고 있다는 것이다. 이러한 구도는 오늘날
청소년 은어세계에 대해 하나의 질문을 품게 한다. 이 친구들, 현실
의 규칙 내에서만 창조적일 뿐이고 규칙의 배후에 대해서는 비판
력과 창의력을 전개할 의사가 없는 게 아닐까.

　이번엔 두번째 측면을 다시 보자. 스타일에 대한 민감성은 한
마디로 규정하기 어려운 문제다. 어떻게 보면 외모지상주의와 소
비풍조에 빠져 내면의 아름다움에 소홀한 풍조가 안타깝기도 하
고, 다르게 보면 시각성과 상징에 대한 감각 덕분에 삶의 풍요로움
이 더해지는 것 같기도 하다. 한가지 명확한 것은 오늘날 청소년들
이―어쩌면 이미 오래전부터―소비대중문화를 통해서만 능동적

체험을 할 수 있다는 데 있을 것이다. 진정한 논점은 바로 이 지점에서부터 나와야 한다. 오늘날 청소년들이 특정한 방식으로 길러지고 있다는 건 분명하다. 그런데 소비대중문화는 그러한 현실을 망각하게 해주는 일종의 마취제 역할을 하는 게 아닐까. ⑴생산체계에 갇혀 사는 대다수의 시간 동안은 사육당하는 삶에 굴종하면서도 소비자가 되는 순간 '나는 능동적 인간이야'라고 자위하는 방식으로 말이다. 이러한 의사-능동성(pseudo-activeness)은 궁극적인 의미의 능동적 체험을 구조적으로 불가능하게 만드는 문제일 수 있다.

요컨대 그들의 언어세계는 지금 그들이 상징세계에 갇혀 있고 의사-능동성에 묻혀 자기를 기만하고 있음을 반영한다. 따라서 그같은 은어 게임의 절반은 창조적일 수 있을지언정 나머지 반은 퇴행적이라는 비판에 직면할 수밖에 없다. 그렇다면 어떻게 해야 이 같은 난점을 피할 수 있을까. 물론 우회로가 없진 않다. 다음과 같이 쉴드를 치면 손쉽기 때문이다.

우리 중 누구에게도 타인의 라이프스타일을 두고 왈가왈부할 권리는 없죠. 어차피 개취(개인 취향)의 문제고 케바케(case by case) 아닌가요.

"너 왜 게임(또는 소비)에 빠져 있니?" 공격이 들어왔을 때 쉴드칠 언어를 갖지 못한 청소년들은 당황할 법도 하다. 아마도 "그냥요." 라든가 "재밌잖아요."라는 말로 얼버무릴 수도 있을 것이다. 그러나 조금 더 영민한 10대들이라면 모든 논란을 피하는 가장 간편한 해법이 따로 존재한다는 것을 이미 알고 있다. 개취나 케바케 같은 축약형 은어가 만들어지고 통용되는 것은 결코 우연이 아니다. 축약형 은어란 그 집단 내에서 적잖은 동의를 얻고 자주 사용되는 말들을 간편하게 줄인 것일 텐데, 결국 이런 말들은 청소년들에게 다원주의나 상대주의 논리가 광범위하게 퍼져 있음을 암시하는 것이라 할 수 있다.

세상에 정답이 존재하지 않는다는 사유방식은 꽤나 유용한 측면이 있다. 주어진 모든 것들을 의심할 수 있으며 따라서 기성세대의 가치관이나 언어들을 논박할 가능성이 열리기 때문이다. 게임 중독이라니? 게임도 문화예요! 개인의 취향을 존중해주세요! 소비에 빠져 있다니? 우리 세대 모두가 다 그렇진 않아요! 케이스 바이 케이스 아니겠어요! 이 정도면 못 막을 공격이 없을 것 같다. 그러나 상대성 논리는 '그냥'과 '재미'만큼이나 소통 가능성을 억제하는 부작용을 동반한다. 물론 이것은 단순히 세대간에 소통이 단절된다는 순진한 이야기가 아니다. 상대주의 원리에 의해 토론 자체가 무신되는 것과 동시에, 새로운 쟁점들이 발생하기 때문이다.

게임문화 관련 은어들이 현실의 복잡성을 지나치게 단순화하는 문제, 그리고 소비대중문화 관련 은어들이 10대들을 특정한 주체로 사육하는 데 일조하는 문제 등은 상대성 논리의 폐쇄회로 덕분에 인지적 프레임의 바깥으로 밀려나게 된다. 쉽게 말해, 은어 게임에서 일차적으로 은폐되는 쟁점들이 이중적으로도 배제된다는 것이다. 혹여 10대 당사자가 게임논리로 현실을 파악하기 어렵다는 것을 자각하게 되더라도, 또한 소비대중문화로는 진정한 능동적

체험이 불가능하다는 것을 깨닫게 되더라도, 상대성 논리의 메타 구조는 이 꺼림칙한 상황을 순식간에 봉합해버린다. 어차피 이것 도 옳고 저것도 옳은 것 아니겠어? 그 순간 모든 의심은 미심쩍게 사라지고 현실은 단순해지며 주체는 능동적인 것처럼 오인된다.

까다로운 은어 게임

우리는 언어가 부과한 한도 내에서만 사고하고 행동한다. 그렇기에 청소년들의 은어는 그들이 세상을 어떻게 이해하고 있는지, 그리고 어떻게 생각하고 움직이는지를 보여주는 중요한 지표일 수밖에 없다. 게다가 그네들이 쓰는 언어가 난해하고 종종 위협적이라는 사실 때문에라도 촉각을 곤두세울 수밖에 없다. 여기서 우리는 적어도 두가지 사실을 명심할 필요가 있다.

먼저, 10대들의 언어문화에 대해 예의 도덕적 판단을 중지시킬 필요가 있다. 이 친구들의 되바라진 말본새는 사실 심각한 문제가 아니다. 실제로 그네들을 손가락질하는 어른들조차 청소년 시절 무수한 은어 게임을 펼치지 않았던가. 역사적으로 보더라도 유별난 문제가 아니라는 이야기다. 그보다는 은어나 욕 없이 버티기 힘든 사회적 환경에 주목할 필요가 있다. 개별적인 은어들이야 만들어졌다가 사라지기도 하지만 지금 같은 사회구조가 존치되는 한 은어 자체는 일종의 보편적 상수기 때문이다. 국어니 표준어니 하는 잣대를 들이대더라도 마찬가지다. 청소년들의 은어는 단순한 언어파괴라기보다는 오히려 풍자를 비롯한 창조적 산물로서의 측면이 더 강하다.

둘째, 그렇다고 해서 은어 게임이 언제나 창조적이기만 한 것은 아니다. 이 친구들의 창조성을 과잉의미화하기에는 주저할 만한 맹점들이 도사리고 있다. 어쩌면 이를 두고 은어 게임의 재귀적(reflexive) 퇴행이라 부를 수도 있을 법하다. 창조의 방향으로 급진화하다가도 종국에는 스스로가 쳐놓은 결계에 갇혀 어떤 테두리 내에서 맴돌게 되기 때문이다. 바로 앞에서 설명했던 2000년대 이후 은어 게임의 상징성, 의사-능동성, 그리고 이 모두를 확정짓는 상대성 논리가 대표적 논거라 할 수 있을 것이다.

물론 그 묘사력의 탁월성은 부정할 여지가 없다. 뉴비(new beginner)로부터 만렙(또는 빵셔틀에서 일진)에 이르는 위계, 존잘(존나 잘생김)과 존예(존나 예쁨)를 위해 뽐뿌하는 감수성 등등은 그들이 사는 세상이 어떤 이치로 구성되었는지 그리고 거기서 어떻게 해야 성공적으로 적응할 수 있는지를 적확하게 표현해내고 있다. 그래서인지 때로는 이런 생각이 들 때도 있다. 어른들이 청소년들의 은어를 불편하게 여기는 건 어쩌면 자기들이 만든 세계를 너무나 잘 간파하고 있다는 데서 오는 불안감에서 비롯된 게 아닐까 하고 말이다.

물론 이런 유의 탁월성을 두고 앞선 세대와 질적으로 다른 세대가 강림했다든지 나아가 이들이 전적으로 옳다든지 하면서 부산떨 생각은 전혀 없다. 그네들의 창조적 간파는 특정한 제약조건 속에서 이뤄진다는 사실 때문이다. 이 친구들이 어른들의 세계를 파악했다는 것은 문제의 끝이 아니라 그 자체로 새로운 문제의 시작일지 모른다. 실제로 10대들이 창조한 은어는 규범에서 벗어나 있긴 하지만 주류 언어의 변종, 즉 닮은꼴을 창조했을 뿐 신뢰할 만한 대안을 창조했다고 볼 순 없다. 오히려 그들은 소비주의라든가 상대주의같이 우리 시대의 지배적 에토스를 적극적으로 끌어들이면서 자신들의 가능성을 스스로 봉합하는 것이 일반적인 것 같다.

바로 그런 까닭에 표준말을 타고 달리는 이 '은어 게임'의 진실은 여전히 까다롭다. 한편으로는 꼰대들의 엄숙한 시선과 싸워야 하고, 다른 한편으로는 10대들의 내면에 자리한 어른의 흔적 또한 경계해야 하기 때문이다. 무엇이 대안이고 무엇이 정답일지는 우리 중 그 누구도 알 수 없다. 다만 한가지 확실한 것은 우리에게 더 많은 언어, 더 멀리 가는 언어가 필요하다는 사실일 것이다. 앞으로의 은어 게임은 얼마나 더 급진적일 수 있을까.

4장

입시사회에서 주체로 살아가는 법

창의적이지 않은 창의형 인재, 반사회적인 사회형 인재

필자는 2005년부터 약 3년 동안 논술강사로 일했고, 최근에는 어떤 학교에서 방과후 수업으로 학생들의 논문작성을 지도한 적이 있다. 나름대로 입시전쟁의 최전선에 있었던 셈이다. 사실 그런 시도의 배경에는 금전적 문제도 있었지만 무엇보다 논술과 면접 그리고 논문이라는 과목 특성상 학생들과 살아있는 지식을 나눌 수 있을 것이란 기대감이 더 크게 작용했다. 물고기를 주는 게 아니라 물고기 잡는 법을 가르쳐준다는 시쳇말처럼, 내가 논술강사 등으로 일하면 새로운 세대들이 좀더 능동적인 주체가 되는 데 기여할 수 있을 것이라 생각했던 것이다. 그러나 현실은 진창이었다. 발등에 불이 떨어진 학생들은 물고기 잡는 법이 아니라 물고기 먹는 법을 알려달라 했고, 동료 강사들이나 주위환경 모두 응당 그럴 수밖에 없다는 눈치였다.

그래도 최근의 입시체제는 수험생들의 자율성을 높이는 방식으로 전개돼온 게 사실이다. 적어도 겉으로 보기엔 그렇다. 필자도 우리에게 주어진 기회구조가 열려 있고 그래서 그 자유를 공유할 수 있다고 생각했다. 하지만 현실은 전혀 녹록하지 않아서 입시사회에서 성장하는 10대들은 높아진 자율성에도 불구하고 기꺼이 체계에 예속되는 모순을 보여주고 있다. 어쩌다 이런 블랙코미디가 가능해진 것일까. 이번 글은 제한된 선택지에서 몸부림치는 10대들이 '선택의 자유'라는 환상 속에서 어떤 역설을 경험하는지에 대해 말하고자 한다.

"물은 셀프라고 생각합니다.": 노무형 인재에서 창의형 인재로

초등학생에서 고등학생은 물론이거니와, 심지어는 취업준비생에 이르기까지 논술과 면접 준비에 여념이 없다. 입시생들은 입시 때문에, 취업준비생들은 취업 때문에. 이제 인간을 가늠하는 가장 중요한 척도는 글을 얼마나 잘쓰고 말을 얼마나 잘하느냐에 달린 듯하다. 4지선다와 5지선다가 인간 능력의 유일한 척도였던 이전에 비하자면, 주체성과 창의성을 발휘할 수 있는 글쓰기와 말하기 문화는 흐뭇한 세태로 이해될 수도 있다.

어느 면접관이 물었다. "자네는 물이 뭐라고 생각하나?" 학생이 대답했다. "물은 H_2O입니다" 또는 "물은 최고의 선과 같습니다." 그러나 그런 학생들은 별 특징이 없다. 줄줄이 탈락. 이때 어떤 학

생이 무심한 듯 시크하게 답했다. "물은 셀프(서비스)라고 생각합니
다." 그 학생이 최고점으로 합격했다.

　이런 식의 에피소드들은 주입식·암기식 교육이 발을 붙이지 못
할 것이라는 믿음을 심어주기에 충분하다. 그런데 의아한 것이 있
다. 우리 사회의 철옹성 같던 객관식 시험 체계가 어찌하여 이토록
한순간에 변모할 수 있었는가 하는 점이다. 일견 이것은 하나의 혁
신일 수 있다. 논술과 구술 시스템은 우리 생애 전반에 걸친 노동하
는 삶과 문화적인 감수성에 중요한 계기가 될 수 있기 때문이다.

　분명 인재를 재는 준거로서 시험의 성격이 변했다. 이제는 입시
전형에 따라 논술과 구술이 당락을 결정짓는 요소로까지 부각되고
있다. 2008학년도부터 수능시험이 등급제로 바뀌면서 일종의 자격
시험으로 변모했고, 입시생들을 변별하는 시험은 대학별로 치러지
는 논술과 면접의 몫이 되었다. 자기표현을 얼마나 능수능란하게
하느냐, 과제 발표를 얼마나 능숙하게 수행하느냐, 집단토론에 얼
마나 활력있게 참여하느냐에 따라 소위 '글로벌 인재'로서 평가받
는 상황이다.

　진학 현장에서 우리 사회는 유사 이래 전례가 없는 활력과 역동
성을 보이고 있다. 게다가 일선 교사나 입시전문가들조차 다 알지
못할 정도로 입시전형이 다변화되면서 이런 추세는 극에 달하고
있다. 학생들 입장에서 보자면 분명히 선택의 폭이 점점 늘어나는
상황이다. 이런 변화의 추세를 일별해보면 대강 이렇다.

　수능시험 도입: 1994년 수능 체제가 시작되면서 '현재의 실력'을 평

가하는 암기식 4지선다 시대가 끝났다. 이제는 '미래의 능력', 즉 대학에서의 수학능력을 평가하는 5지선다의 시대다. 학생들로서는 선택지가 하나 더 는 셈이다.

논술전형 도입: 그리고 이때부터 논술을 위시로 하여 대학별 고사가 시행되었다.[1] 단답형의 '죽은 지식'이 아니라 체계적인 사고능력을 요하는 '산 지식'이 강조된 것이다. 논술고사는 2005년도 서울대를 정점으로 본격 부활했고, 2008년도부터는 여러 영역을 혼합해 종합적 사고능력을 요구하는 통합교과형으로 발전했다. 그러다 2015년부터 서울대가 정시논술을 폐지하기로 하면서 부침이 예상되고 있다.

면접전형 도입: 면접은 2002년부터 시행됐다. 대학의 학생선발 자율권을 확대하는 추세 속에서 도입된 신종 입시전형이었다. 그전에도 대학별 면접이 있긴 했지만 이미 합격한 수험생들을 대상으로 한 것이었고, 이때부터는 면접 점수에 따라 실제 당락이 갈렸다. 세상을 살며 다들 알게 되는 사실이지만, 글 잘쓰는 것만큼 아니 그 이상으로 말 잘하는 것이 중요하기 때문이다.

입시전형 다변화: 2008년도부터는 대학별로 입시전형이 (거의) 자율화됐다. 여기에 맞물려 학교생활기록부 비중이 확대됐고, 수능이 등급제로 변모했다. 무엇보다 특징적인 것은 모집단위의 특성에 따라 전형을 얼마든지 개발할 수 있게 되었다. 그에 따라 입학사정관제를 도입하고 사회통합 전형을 유도하는 등의 새로운 조치

---

1. 1986~7년도에도 논술을 시행한 적이 있었다. 그러나 당시의 학력고사 체제와 어울리는 평가방식도 아니었고 문제의 질적 수준마저도 떨어져서 곧바로 폐지된 바 있다.

들이 뒤따랐다.

이러한 진풍경을 어떻게 이해해야 할까. 한가지 확실한 것은 이와 같은 변화가 사실상 산업구조와 노동시장의 성격 변화와 맞물려 있다는 점에 있다. 주지하다시피 1997년 이래로 우리 사회의 산업구조에는 작지만 중요한 변화가 있었다. 노동시장의 수요가 급감한 가운데 노동생산성을 높이기 위한 목적으로 '기업문화'(corporation culture)라는 담론, 즉 경영에서 문화주의적인 관점이 도입되기에 이른 것이다.

이러한 변화는 의미심장하다. 왜냐하면 그로 인해 노동자와 예비노동자들도 '경영자 마인드'를 가지게 되었기 때문이다. 특별수당 없는 야근에도 불구하고, 노동자들은 '난 프로페셔널(전문직)이니까' '내가 일 안하면 우리 회사가 망하니까' '회사가 망하면 내가 가진 주식도 떨어지니까' 등등의 언술로 스스로를 위안한다. 물론 이러한 자기기만에는 몇가지 보상도 뒤따랐다. 평사원 자신이 '우리사주'라는 예쁜 이름으로 스톡옵션을 가질 수 있었고(물질적 보상), 경영자 마인드가 공유됐기에 직장문화 역시 상명하달식의 위계질서로부터 벗어날 수 있었다(정신적 보상). 실제로 테헤란 밸리의 몇몇 기업에서는 "사장님, 결재 부탁드립니다" 대신에 "님아, 결재 점여"라는 말로 조직이 굴러가기도 한다.

또한 이 문제는 노동자 개인에 대해서는 업무처리 능력을 재정의하는 계기가 되기도 한다. 주입식·암기식 교육체계에서 성장한 이른바 노무형 인재는 새로운 기업문화에 적합하지 못하다는 평가가 지배적이었다. 단순업무에나 적합한 노무형 인재로는 노동시장에서 더이상 경쟁력을 가질 수 없게 된 것이다. 전문직이든 서비스직이든 새로운 인재는 무엇보다 일을 즐길 줄 알아야 하고(이것은 정말 무시무시한 말일 수 있다), 창의적이어야 하며, 리더십(더이상은 카리스마나 보좌능력이 아니다)이 있어야 한다. 오늘날은 누구나 리더가 되는 세상이 되었으며, 기업은 적어도 명목상으로는 그러한 인재를 채용하고자 한다.

이미 경쟁체제에 돌입한 대학들은 그러한 고용체계를 선도하거나 그에 적응하기 위해 '창의적이고 리더십 있는' 인력을 양성하는 데 몰입한다. 실제로 각 대학들은 자체적으로 '리더십전형'이나 '글로벌인재전형' 등을 기획하면서 그러한 붐에 일조하고 있다. 논술이나 면접이 강화됐던 것도 바로 이러한 흐름의 일환이었다. 세상을 얼마나 주체적으로 직시할 수 있느냐, 스스로 숨어 있는 문제들을 탐색할 수 있느냐, 그리고 이를 능숙하고 원만하게 해결할 수 있느냐 하는 항목들이 새로운 인재들의 필수요건이 된 것이다. 이제부터는 '태정태세문단세'나 원소의 주기율표가 아니라 그러한 지식을 통해 무엇을 창달해낼 것인가로 초점이 옮겨진다.

"선생님, 이 문제 어떻게 풀어요?": 문제해결에서 문제풀이로

문제는 논술이나 면접이 교양과 덕목의 차원이 아니라, 사실상 '생산성의 향상과 제고'에 초점이 있다는 점이다. 사실상 세상에 대한 주체적 경험, 문제설정과 문제제기의 능력, 그리고 문제해결 능력과 같은 것은 우리 시대를 살아가는 그 누구도 거부하기 힘든 덕목들이다. 그런데 실상을 꿰뚫어보면 전혀 주체적이지 못한 주체적인 경험, 획일적인 문제설정과 문제제기 능력, 그리고 진부한 문제해결 능력만이 강조되고 있음을 알 수 있다.

예컨대, 출제자들은 세상의 문제를 이해하라는 차원에서 논술문제를 출제하겠지만, 입시생과 학원강사들은 여기서 세상의 문제를 끄집어내기보다는 '논술 문제'에 집중한다. 논술강사로 일하기 시작하던 초짜 시절, 필자를 '멘붕'에 빠지게 했던 질문을 잊을 수가 없다. "선생님, 이 문제는 어떻게 풀어요?" 이 한줄에 모든 것이 응축되어 있다. 이러한 사례는 논술 교육이 이중적으로 비주체적이라는 점을 의미한다.

즉, 첫번째 비주체성은 학생들이 교사나 학원강사의 문제풀이 방식을 '암기'한다는 것이다.[2] 가령, '글 〈가〉와 〈나〉가 공유하는 문제의식이 무엇인지 설명하고, 글 〈가〉의 관점에서 글 〈나〉가 옹호하는 역사관의 단점과 한계에 대하여 논술하시오'라는 문제가 있을 때, 학생들은 자기 논술문 첫번째 단락에는 '〈가〉와 〈나〉의 주제 요약', 두번째 단락에는 '두 지문이 공유할 수 있는 문제의식', 세번째 단락에는 '〈가〉의 입장에서 〈나〉의 단점과 한계 지적' 등으로 개요를 짜도록 지도받는다. 그렇게 하면, 맨 앞과 맨 뒤에 서론

---

2. 언젠가 서울대 논술고사에서 절반에 가까운 학생들이 거의 동일한 답안을 제출해 세간에 화제가 된 적이 있었다. 공교롭게도 그 학생들 대다수가 어느 유명 강사의 수업을 들은 바 있었다고 한다.

과 결론을 첨부하여 대략 800~1200자의 논술문이 완성되기 때문이다. 이러한 주입 방식이 언론에 회자되곤 하는 '천편일률적인 답안'을 만드는 첩경이다.

두번째 비주체성은 학생이 가리키는 '이 문제'가 출제자가 의도한 '세상의 문제'가 아니라 '논술 문제 그 자체'라는 데 있다. 이것은 입시교육이라는 구조적인 문제 때문에, 출제자의 출제의도가 입시생들에게 전혀 스며들 수 없음을 알려주는 대목이다. 출제자의 의도가 '한·중·일 역사분쟁'에 대한 창의적인 문제해결 능력에 있다손 치더라도, 학생들이 일차적으로 체감하는 것은 사회적인 문제가 아니라 그저 '시험'문제일 뿐이다. 실제로 학생들은 '문제를 해결한다'는 말의 정확한 의미를 알지 못한다. 그들에게는 '문제를 푼다'라는 말만이 의미있기 때문이다. 일선의 몇몇 뜻있는 교사나 학원강사들이 '시험을 시험으로 대하지 말라'는 비법을 아무리 강조하더라도, 우리의 입시사회에서는 속수무책일 뿐이다.

이러한 풍경은 면접에서도 마찬가지다. 구술면접을 지도받는 학생들은 제일 먼저 면접 당일의 차림새, 면접실의 문 여는 방법, 면접관에게 인사하는 방법, 면접관을 쳐다보는 방법부터 교육받는다. 실제로 오늘날 면접을 보는 거의 모든 학생들은 면접관의 인중을 쳐다본다. 그래야만 손윗사람에 대한 대응력과 동시에 겸손함을 보일 수 있기 때문이다. 집단토론을 하는 경우에도, 학생들은 토론 주제를 심화시킴으로써 더 깊은 질문을 이끌어내기보다는 다른 학생들보다 나은 언변과 카리스마로 경쟁에서 이기는 데 집중한다. 토론 공간에 입시라는 요소가 끼어들자마자, 그 토론은 더이상

대화가 아니라 언쟁으로 변질된다.

이러한 문제점은 입시전형이 다변화된 최근에도 다르지 않다. 대학을 들어가는 관문이 많아지면 그만큼 학생들의 선택의 폭이 넓어져 좋은 게 아니냐고 생각할 법하지만 실제로는 그만큼 준비할 게 많아져 피로도가 높아지는 게 현실이다. 필자가 지도했던 논문쓰기반이 대표적이다. 입학사정관제가 실시되면서 전쟁터에 나가야 할 입시생들로선 하나라도 무기를 더 들고 싶은 게 자연스러운 심정이다. 그게 바로 이른바 스펙이고 이로써 학생들은 '다양한 포트폴리오를 갖춘 고등학생'이 된다. 그중에 그럴 듯한 논문실적이 있다면 굉장한 일이 아닌가.

사실 논문작성 자체가 가진 학문적 개방성은 여태껏 있어온 어느 입시전형보다도 강력하다. 개방성 수준에서 보면 대강 '학력고사〈수능〈논술〈논문' 정도가 되지 않을까 싶다. 논술만 해도 주어진 문제를 해결해야 하는데, 논문은 스스로 문제를 만들어 그 답을 구하는 과정이니 얼마나 매력적인가. 논문의 정석이란 연구질문을 잘 짜는 데서부터 시작한다. 좋은 답은 좋은 질문으로부터 니오는 법이니까. 그 다음은 자기 연구를 잘 설계해야 한다. 연구질문이 나오면 가설을 만들어 그 가설을 검증하거나, 본인의 궁금증을 해소할 수 있는 유의미한 가설들을 도출해낸다. 이러한 논리적 과정 자체가 논문의 몸통이 된다. 그리고 마지막으로는 자기가 수행한 연구과정들을 성찰해서 자기 이야기를 정리하고 한계점도 적시해서 겸양을 지킨다. 이렇게 보면 논문쓰기만큼 좋은 교육방법도 없는 것 같다.

　실제로 진중한 문제의식으로 깜짝 놀랄 만한 질문을 던지고 신중한 방식으로 논의를 풀어가는 친구들도 더러 있었다. 이를테면 "학교폭력의 피해자가 왜 나중에 가해자가 되는 걸까"라든가 "시험 당일에 '나 공부 하나도 안했어'라고 말하는 심리는 무엇일까" 같은 질문들은 놀랍기 그지없다. 그러나 대개는 안타깝게도 질문 만들기부터 버거워하곤 한다. 스무살 가까이 되도록 남들이 만든 질문에 앵무새처럼 답하는 데 길들여졌으니 이해 못할 일도 아니다. 정작 문제는 시간이 턱없이 부족하다는 데 있다. 평상시에 문제의식이 별로 없었더라도 약간의 시간만 있다면 이번 기회에 질문 하나쯤은 품어볼 수도 있을 텐데, 학교-학원-집을 왕복하는 일정 때문에 자기 마음으로부터 창의적인 질문을 끌어낼 만한 절대적 여유가 부족한 것이다.

　때로는 질문을 잘 던졌더라도 문제가 잘 풀리지 않을 수 있다. 그래서―자연과학뿐만 아니라 인문사회과학에서도―연구에 실패할 수도 있다. 그리고 경우에 따라서는 연구실패가 하나의 논문이 될 수도 있다. 이렇게 저렇게 했더니 어떤 결론도 얻어낼 수 없더라는 것도 학문적으로는 의미가 있을 수 있기 때문이다. 즉, 중요한 것은 성공이냐 실패냐가 아니라 어떻게 실패할 것이냐 하는 데 있을 것이다. 그러나 이 친구들의 강박적 시간은 실패를 결코 용납하지 않는다. 실패를 통해서도 배울 게 있다는 것을, 때로는 그러한 시행착오야말로 가장 값진 경험일 수 있다는 것은 애초부터 상상 불가능한 일이다.

"저는 다른 사람들을 돕고 있습니다."
: 창의형 인재에서 사회형 인재까지

최근의 입시 이야기까지 왔으니, 내친 김에 입시다변화 시대의 깊은 곳까지 들여다보자. 우선 다음의 대화 내용을 훑어보시라.

1. 내신과 스펙 중 어느 것이 더 중요할까. 답: 둘 다 중요하다.
2. 교내 상(賞)과 교외 상 중 어느 상이 더 좋은 평가를 받을까. 답: 어느 것이 됐든 적성과 꿈에 관련된 구체적 노력이 중요하다.
3. 봉사활동 누계시간이 63시간 정도면 괜찮을까. 답: 이 세상을 구제할 수 있고 도와줄 수 있고 배려할 수 있는 인성과 가치관의 측면에서 내가 어떠한 사람인가를 드러내야 한다.

EBS 「TV 입학사정관」에서 오가는 문답들이다. 학생들은 궁금해하고 일선의 입학사정관과 장학관들은 고민을 해결해준다. 카메라는 각종 상장과 표창장, 그리고 증명서들을 훑는다. 학생들은 '체계적으로' 독서활동을 하고 봉사활동을 하며 동아리활동을 한다. 자기 홍보도 빠지지 않는다. "저는 월드비전을 통해 아프리카의 어린이들을 돕고 있습니다." 어떤 학생은 자신이 후원하는 어린이의 사진을 들고 나와 '인증'을 받고자 한다. 뭔가 조짐이 이상하지 않은가.

'잘나가는' 10대들에게 스펙쌓기는 가장 중요한 화두다. 토익이나 토플 점수가 몇점인지, 각종 대회에서 수상경력은 어떠한지, 희

망 전공과 관련된 자격증은 있는지, 이런 고민거리들은 취업을 앞
둔 20대만이 아니라 대입을 앞둔 10대들에게도 일상의 문제가 되
고 있다. 입시문화가 바뀌고 있기 때문이다.

10대 사이에서 스펙의 시대가 도래한 것은 입학사정관제의 도
입, 그리고 그 이전에 대학별로 전형이 다변화된 시점부터였다. 그
때부터 글로벌인재전형이니 리더십특별전형이니 하면서, 입시생
들을 평가하는 독특한 기준이 마련됐다. 영어점수, 수상경력, 자격
증, 동아리활동, 각종 포트폴리오 등으로 대변되는 스펙이 바로 그
것이다. 10대들로서는 그들 삶의 대부분을 차지하는 입시의 일상
을 재조직할 수밖에 없다.

입학사정관제의 특별한 점은 스펙의 목록에 이전과는 색다른
것, 즉 '사회통합'을 유도한다는 점에 있다. 무엇보다도 1순위는 덕
성의 함양이다. 여기서 지표가 되는 것은 바로 자원봉사 경력이다.
입시생들은 자원봉사를 하고 증명서를 발급받은 뒤 자신의 경력사
항에 덧붙인다. 그리고 입학사정관의 마음을 살 내러티브들을 구
축한다. 대개는 이런 식으로 표준화된다. 어렸을 때 아버지가 사업
에 실패했고, 집안의 화목이 깨진 데다 병마가 겹쳤으며, 이때 뜻하
지 않게 주위 분들로부터 도움을 얻었는데, 은혜를 갚고자 시작했
던 봉사활동이 결식아동, 독거노인, 저소득 청소년 돕기 같은 것이
었고 결과적으론 남에게 도움을 줬다기보다는 내가 더 큰 깨달음
을 얻게 되었다….

2순위는 참여정신의 발현이다. 세세하게는 동아리나 학생회 임
원 경력부터 시작하는 게 보통이다. 스펙 경쟁이 치열해지다보니

참여의 장은 학교 바깥으로까지 확장된다. 각종 시민사회단체 자원활동은 물론이고 선거관리위원회나 청소년정책 학생참여위원회 등에 참여한 경험까지 말이다. 여기서는 한두 가지 정도의 에피소드를 곁들여 자신이 얼마나 참여의식이 강했는지, 그리고 주도성있게 조직력을 발휘했는지 등등이 내러티브의 중요한 구성요소가 된다.

그렇게 봉사와 스펙, 그리고 참여와 스펙이라는 두마리 토끼 잡기는 10대들의 가장 중요한 성공지침이 되고 있다. 게다가 이런 식으로 '사회적 자본'을 축적한 10대들은 또래들 사이에서 그리고 전체 사회에서 이른바 '개념' 있는 인재로 인정받곤 한다. 그렇다. '불편한 진실'의 실체는—단순히 아프리카 어린이의 얼굴이 스펙의 일부라는 사실을 넘어—봉사와 참여라는 덕목이 스펙이라는 상징적 자본과 결합했을 때에만 비로소 의미를 갖는다는 것이다.

애초에 순수한 것이었고 또한 당위적으로 그래야 할 '사회적'인 봉사와 '정치적'인 참여가 어떻게 해서 스펙과 같은 '자본'으로 치환되는 것일까. 여기에는 쉽지만은 않은 문제가 도사리고 있다. 지금의 입시 규율은 과거와 같이 학생들을 그저 무한경쟁의 세계로 몰아넣지만은 않는다. 그것은 사회적 덕성과 정치적 참여를 강조하는 점을 봐도 알 수 있다. 이들 일부 '잘나가는' 10대들은 자신의 사회성과 시민성에 자긍심을 가지며 아마도 평생을 그렇게 살아갈 수도 있을 것이다.

그러나 이 과정에 참여하는 10대들은 일종의 연기(演技)를 하는 것일 수 있다. 결국 중요한 것은 '내가 어떠한 사람인가를 드러내야 한다'는 것. 봉사활동을 비롯한 여러 사회참여는 결국 대학에 들어가기 위한 수단과 짝을 이룬다. 물론 그 경계는 모호하다. 배우가 자신이 연기를 한다는 걸 알면서도 연기하는 그 순간은 캐릭터에 빙의하다시피 일체를 이루는 것처럼, 또는 몰입이 지나치게 잘될 경우에는 일상생활에서조차 실제 자신과 캐릭터를 구분하지 못하는 것처럼, 사회참여 캐릭터를 연기하는 10대는 일정 정도 그 자신의 실제 모습이 되기도 한다.

그래서 바로 그 순간 그/녀는 스펙을 쌓고 있는 것인지 다른 사람을 돕고 있는 것인지 스스로 혼란에 빠지곤 한다. 그와 동시에 대학에 진학할 수 있는 소중한 아이템을 획득하기도 하지만 말이다. 물론 별다른 혼란 없이 그저 스펙만 쌓는 녀석들이 부지기수다. "정말 별 생각 없이 보험처럼 스펙 쌓는 애들이 대부분이에요." 얼마 전 그 자신이 수험생이기도 했던 청소년 신문기자가 필자에게 이런 말을 했다. "어디 센터나 그런 데 가서 그냥 시간만 가길 기다리다가 증명서 발급 받고 땡…."

입학사정관제가 도입되면서 생겨난 아이러니라고 그저 혀만 차기엔 사안이 무거운 감이 있다. 왜냐하면 이 와중에 사회적인 것이라든가 정치적인 것이 일련의 과정들을 통해 축소되고 물화되는 현상이 발생하기 때문이다. 무슨 말인가 하면, 이런 식의 경험을 한 10대들이 앞으로 사회형 인재로서, 즉 사회참여적인 주체로 쭉 성장하면 어떤 일이 벌어질까 하는 예측을 해볼 때 회의적일 수밖에 없다는 것이다. 사회적인 것이 63시간이라는 수치로 환산될 수 있는 걸까. 정치참여 활동이 어느 조직 어떤 자리에 있어봤다는 경험으로 치환될 수 있는 걸까.

  게다가 한가지 놀랄 만한 사실은 중고등학생들의 자원봉사라든
가 사회참여가 사실은 체계적으로 조직된 문화라는 점에 있다.[3] 이
렇게 생각해보자. 사회서비스 수요가 늘고 있는데 정부는 행정적
으로나 재정적으로 이를 감당할 수 없다. 그렇다면 어떻게 해야 할
까. 여러 출구 중에 하나로 자조적인 시민사회를 동원하는 길이 있
다. 여기서 우리의 10대들은 '스펙=나한테 이로운 것'이라는 명분
으로 원래 국가가 해야 할 일의 일부를 떠안는 셈이 된다. 결국 사
정이 이러하다면, 덕성과 참여를 진작한다고 하지만 정작 사회성
과 시민성은 더욱 나락으로 떨어지는 것이 아닐까. 물론 그 어떤 질
문의 여지도 없이 스펙은 계속해서 '적립'되고 있지만 말이다.

"죽을 것 같아요. 어떡해야 할까요?": 결국엔 블랙코미디로

입시전형이 변해오면서 10대들이 특정한 인재로 길러지는 방식도
조금씩 변화를 겪어온 게 사실이다. 교육공학적으로 말하자면 노
무형 인재에서 창의형 인재로 그리고 사회형 인재로 변화하고 있
는 셈이고, 좀더 사실적으로 말하자면 복종적 인간에서 자기-예속
적 인간으로 그리고 유사-사회적 인간으로 강조점이 이동한 형국
이다. 물론 그 변화의 와중에 결코 변하지 않는 사실도 있다. 10대-

---

3. 이에 대해서는 졸고, 「사회적인 것의 재-구성―사회자본론, CSR, 자원봉사활동 담론들
   의 접합」, 『진보평론』 2011년 여름호(40호)에서 좀더 자세히 설명한 바 있다.

청소년-학생이 체계에 예속되는 메커니즘은 여전하다는 것이다. 겉으로는 과거에 비해 10대들의 운신의 폭이 넓어진 것처럼 보일 수 있고, 일정 정도는 그게 사실이기도 하다. 그러나 그들에게 주어진 자유를 그들 스스로 자유롭게 헌납한다는 점이야말로 진실에 가깝다.

이러한 사실을 에둘러 입증하는 징후 가운데 하나가 바로 '1타 강사⁴ 신드롬'이다. 입시를 준비하는 10대들에게 인강(인터넷 강의)은 꽤나 친숙한 문화다. 스마트폰에 동영상을 넣고 수강하는 모습이 이제는 전혀 낯설지 않다. 그러면서 새롭게 등장한 풍경이 있으니, 이른바 1타강사, 즉 특A급 스타강사들의 탄생이다. 국어 이근갑·최인호, 영어 김기훈·로즈리, 수학 삽자루·신승범, 사회 최진기 등등. 물론 과거에도 007 가방에 현금 쓸어담는 스타강사들은 즐비했다. 그렇지만 오늘날 인강 1타강사들의 위력에는 비할 바가 못 된다. 이들은 100억에서 200억 원대에 이르는 어마어마한 연매출 규모를 자랑한다. 심지어는 전임연구원, 연구조교, 알바생까지 고용하는 일종의 걸어다니는 기업이다.

미래에 잘나가고 싶어 현재를 담보잡힌 입시생들에게 이들 1타 강사는 어떤 존재일까. 한가지 확실한 점은 저들이 과거처럼 단지 잘 가르치는 학원강사만은 아니라는 사실이다. 1타강사로서의 성공조건 중 하나는 수강생과의 친밀감 넘치는 대화와 의사소통이다. 강의 도중 학생들이 지칠 때쯤이면(그들은 그 포인트를 정확히 알고 있

---

4. 정확하진 않지만, 1타 강사라는 말은 수강신청에서 마감이 제일 먼저 되는 경우를 1타라고 하는 데서 유래됐다는 얘기가 있다.

다) 강사는 연애나 음주 같은 입시생들의 일상적 고민은 물론이고 사회정치적인 시사문제까지도 섭렵하면서 대화를 시도한다. 바로 이 개념 충만한 순간에, 1타강사는 단순한 강사가 아니라 진정한 '선생'으로서의 의미를 획득한다. 일종의 가상적 멘토 역할을 하는 셈이다.

이러한 정서적 교류를 통해, 1타강사와 그들의 '커리를 타는'(강의를 지속적으로 듣는) 수강생 사이에는 스타와 팬에 필적하는 관계가 형성되기에 이른다. 아이돌 팬들이 아이돌의 음악과 그 너머의 어떤 것을 구매하면서 그들만의 세계를 구축하는 것과 마찬가지로, 입시생들은 1타강사의 강의와 더불어 그 이상의 어떤 것을 구매하고 교류한다.

강사의 게시판에는 학습정보에 관한 문답만 오가는 게 아니다. '오늘 이러저러한 일이 있었어요'라든가 '죽을 것 같아요. 어떡해야 할까요?' 같은 고백성사와 심리상담도 이뤄진다. 오프에서 1타강사를 볼 일이라도 있으면 사인을 요청하는 학생들도 있다. 선생의 사인과 격려가 직지 않은 힘이 되기 때문이다. 만약 누군가 사신이 커리 타는 선생의 라이벌 강사를 지지할라치면, 당장에라도 라이벌 강사를 비판하고 자기 선생을 옹호하고자 달려든다. 이 정도면 열 아이돌 안 부럽지 않은가.

이런 일도 있었다. 얼마 전 대선 레이스가 한창일 때, 인강을 통해 여당과 현체제에 대해 비판적인 발언을 해오던 어느 1타강사가 마카오 원정도박 혐의로 입건되었다. 그의 커리를 타는 친구들은 당연히 정치탄압이라면서 거세게 반응했다. 이후 해당 강사는 무혐의로 풀려났는데, 세간의 소문에 의하면 입시 시즌을 앞두고 경쟁 학원업체에서 조직적으로 음해공작을 펼친 것이라고 한다. 그는 학원계로 복귀하면서 이런 글을 남기기도 했다. "이제는 무섭지 않습니다. 저에게는 저를 지켜주는 여러분들이 있으니까요! 묵묵히 저의 길을 가겠습니다. 감사하고 감사하고 또 감사하고 고맙습니다. 여러분 너무 너무 사랑하고 사랑합니다. 잊지 않겠습니다."

얼핏 보면 훈훈한 풍경이다. 전쟁과도 같은 입시사회에서 그 어디 맘 편하게 기댈 곳 없지만 학원강사라도 나서서 든든한 멘토 역할을 자처하고 우울한 10대들을 '힐링'해주고 있지 않은가 말이다. 하지만 개운치만은 않다. 이것은 하나의 블랙코미디기 때문이다. 사실은 녀석들도 이 요상한 스타덤이 아이러니할뿐더러 문제적일 수 있다는 것쯤은 다 알고 있다. '인터넷 게시판의 상담글 대부분은 사실 알바생이 올렸다' '입시 강사한테 나는 수십만 수강생들 중 하나일 뿐이다' '갈수록 산업화되는 사교육 시장은 한국의 진정한 교육문화에 위해가 된다'는 사실 등을 그들이라고 왜 모르겠는가. 그렇지만 이들은 이 모든 걸 다 알면서도 그렇게 한다. 지옥과도 같은 고통의 바다에 별다른 출구가 없어서 그런 것일까. 어쨌든 그들을 지배하는 것은 사실관계를 넘어서는 어떤 것인 듯하다.

블랙코미디에는 속편도 있다. 1타강사에 더 심하게 매료된 몇몇의 경우에는 장래 희망을 아예 학원강사로 삼기도 한다. 아마도 선생들에 대한 정서적 동일시와 더불어 경제적 성공신화로 인한 (비)현실적 고려 때문일 것이다. 1타강사 스타덤, 나아가 한국의 사교육 문화가 어디까지 갈지는 실로 예측하기가 어렵다. 어쨌든 지금 우리가 보는 현주소는 입시지옥에서 자유의 틈새가 생기더라도 우리의 10대들에게 그 자유는 고스란히 자유가 전도된 장소, 즉 사교육이라는 입시의 최전선으로 변질된다는 것이다.

　논술 세대, 입학사정관 세대, 인강 세대⋯. 장황하게 스케치를 늘어놓긴 했지만, 한가지 확실한 것은 10대들이 주체적으로 살아간다는 게 여간 어려운 일이 아니라는 사실이다. 하긴, 입시체제에 참여해서 규범적인 생애경로를 좇는 대다수에게서 능동성을 엿보고자 한다는 게 애초에 무리였을 수 있다. 요컨대, 우리가 발견한 역설은—타율에 의해서가 아니라—자율적으로 체계에 적응하는 비창의적인 창의형 인재 그리고 유사-사회적인 사회형 인재들이었다. 생각하면 생각할수록 입시라는 영역은 하나의 알 수 없는 '무언의 강제'와도 같다. 빈 공간이 보여 발을 내딛더라도 결국엔 입시라는 영토에서 벗어날 수 없으니 말이다. 어쩌면 바로 그런 이유 때문에 규범적인 패턴을 벗어난 친구들에게 자꾸만 시선이 가는 건지도 모르겠다.

5장

입시가족 잔혹극

너무나 비교육적인 너무한 교육열

채문석의 솔직한 심정으로는 경애가 좋은 대학에 꼭 들어가야 할 이유가 없었다. 하지만 자식이 어느 대학 학생이냐 하는 것이 부모에게는 사회적 지위나 가정교육의 척도로, 주위 사람들에게는 한 가정의 성공 여부로 간주되는 세상이라는 사실을 인정하지 않을 수 없었다.

—홍상화 소설 『입시가족』 중에서

매년 수능 즈음이면 고3들의 자살 소식을 접하곤 한다. 어떤 이는 생각보다 낮은 성적에, 어떤 이는 시험을 앞둔 극도의 스트레스로 자살한다. 그럴 때마다 우리는 '입시 지옥'으로 요약되는 교육제도의 병폐와 그로 인한 수험생 스트레스를 언급하곤 한다. 그러나 시각을 좀더 확장하면 입시 스트레스는 수험생 당사자만의 문제가 아니다. 다소간 차이는 있겠으나, 오늘날 한국사회에서 입시문제는 명백히 가족의 문제다.

평균적인 중간계급 가족을 예로 봤을 때, 입시생을 중심으로 온

가족의 대소사가 돌아가는 상황은 그다지 낯설지 않다(물론 몇몇 문제 가족의 경우엔 가족 자체가 입시생의 공부에 방해가 되기도 한다). 내내 말썽 부리던 녀석이라 하더라도 고3이 되어 공부 시늉이라도 시작하면 상전 대우 받는 것쯤은 어렵지 않다. 사춘기를 틈타 그렇게 짜증을 내고 반항을 해도 받아주지 않던 부모였는데, 이상하게도 고3이 되니까 다 들어준다. 어디 그뿐일까. 원서 마감시간에 가까스로 마우스를 클릭하고 온가족이 안도의 한숨을 내쉬는 것도, 그리고 합격자 발표시간을 가슴 졸이며 기다리는 것도 입시가족에겐 중요한 의례 중 하나다.

입시가족의 탄생과 진화

어째서 입시가 입시생의 문제를 넘어 가족의 문제가 된 것일까. 대개의 사람들은 입시+가족이라는 현상을 자연스럽게 받아들일 수도 있을 것이다. 그러나 세상에 '원래 그렇다'는 말만큼 기민적인 말도 없다. 모든 사회적 현상에는 역사적 경로가 존재한다. 생각해보자. 아들을 위해 세 번이나 이사했다거나 떡 썰기 달인이 됐다는 어느 엄마의 이야기들이 무엇을 의미하겠나. '교훈'이라는 탈을 쓴 이런 이야기들은 자녀의 입신양명이 가족 전체의 명운과 직결된다는 점을 자연스러운 것으로 받아들이게끔 한다(물론 궁극적으로는 어머니의 희생이 필수적이라는 교훈을 동반한다).

여기에는 자녀교육을 수단으로 가족 전체가 계급상승을 이룩할 수 있다는 믿음, 그게 아니라면 적어도 성공한 자녀를 통해 가족 전체의 복지를 기대할 수 있다는 신화가 얽혀 있다. 농담삼아 말하자면, 자녀교육에 대한 투자만큼 확실한 노후보장 대책도 없다. 사실양상만 다를 뿐 입시가족 현상은 어제오늘의 일이 아니다. 아마도, 근대화와 더불어 신분제가 철폐되고 사회질서 자체가 불확실해지기 시작한 시점을 떠올려야 하지 않을까 싶다.[1] 구한말과 일제강점기에 이르러 교육을 통해 가족 전체가 계급이동을 할 수 있다는 사회적 신화가 형성되었고 이로써 성년을 앞둔 '그/녀의 현재와 미래'는 곧잘 '가족의 현재와 미래'에 동일시되었다. 그/녀의 성적은 가족의 현재를 평가하는 지표가 되며, 그/녀의 학력과 학벌은 가족의 미래를 가늠하는 잣대가 된 것이다.

　물론 근대화 초기의 입시문화는 그 이후로도 꾸준히 변모해왔다. 교육의 궁극적 목적은 입신양명에서 출세로 바뀌었고, 수험생은 남성에서 모든 성으로 보편화됐으며, 수험생을 돌보는 주체 또한 어머니에서 전체 가족으로 확대됐다. 다른 말로 하자면, 모자관계에 근거했던 입시문화가 세월을 거치면서 점차적으로 가족 전체의 문제로 확장된 것이다. 이런 변화들은 ① 현대사회에서 어떠한 인재를 원하는지 ② 산업구조와 고용구조가 어떻게 달라졌는지 그리고 ③ 사회의 하위체계로서 가족의 위상이 어떻게 변화했

1. 한국의 가족적 향학열(교육열)은 문화적으로는 자아실현의 의미가 유교적 입신양명에서 세속적인 출세지향으로 변모한 데서 기원을 찾을 수 있다(최봉영, 「교육열의 역사적 전개와 성격」, 오만석 외, 『교육열의 사회문화적 구조』, 한국정신문화연구원 2000). 물론 이러한 근대교육의 대중적 열망은 일제강점기에 이르러 시행된 초등교육 확대정책을 통해서야 실현될 수 있었다(윤해동, 「식민지 인식의 '회색지대'」, 윤해동 외, 『근대를 다시 읽는다 1』, 역사비평사 2006, 56쪽).

는지 등의 문제와 관련이 있을 것이다. 실제로 ① 비판적이 아니라 기능적인 인재를 원하는 사회 ② 자본집약적인 산업구조로 바뀌면서 서비스산업 부문에 고용이 확대되는 사회, 그리고 ③ 가족이라는 최소 단위가 아니면 복지나 사회보장을 기대하기 어려운 사회가 바로 한국사회 아니던가. 결국 입시가족이라는 형상은 불안한 세계에 적응하기 위해 1백년이라는 장구한 과정에 걸쳐 집합적으로 고안된 결과물인 셈이다.

아울러 최근의 입시가족이 보이는 극명한 특징에 대해서도 생각해볼 수 있다. 그 특징은 입시를 둘러싼 모든 양상의 저변에 계산적 합리성과 같은 속류경제학의 원리가 자리잡고 있다는 점이다. 단적인 예로 대학과 학과를 고르려면, 과거엔 강한 신념으로 소신지원을 하거나 아니면 정반대로 복채를 들고 점집을 찾는 게 고작이었지만, 요즘은 학원이나 입시설명회를 찾아가 '온가족이' 철저히 분석하고 최종 결정을 내리는 게 상식이다. 실제로 엄마-고3 커플이 도사가 아닌 입시전문가 앞에 앉아 학과 배치표를 놓고 계산기를 두들기며 '불확실한 미래'를 결정하는 일은 흔한 풍경이 됐다.

과학이 예상 외로 20점이나 올랐지만 과학을 쓸 수 있는 곳은 없었다. 나는 언어와 외국어 점수가 좋았고 수학이 평균이었기 때문에 언어 가중치를 주는 곳으로 지원하려 했다. 이 시기에 나와 우리 가족은 모두 입시전문가가 되어 있었다. 우선 학교와 충분히 상담해 내 위치를 파악했다. 대학별로 입시요강을 뽑아 나에게 유리한 대학이 어디인지 조사했다. 매일 저녁 하는 일이 배치표를 펴두고 안전하게 지원 가능한 대학을 검색하는 것이었다. 그래서 좁혀진 것이 이화여대 초등교육과와 서울대 외국어교육계였다.[2]

어디 이뿐일까. 입시가족의 전반적인 풍토 자체가 경제학적이기까지 하다. 자녀교육을 위해 기꺼이 기러기나 노래방 도우미로 변신하는 아빠와 엄마는 가족의 '기대주'들에게 실로 아가페적인 '투자'를 쏟아붓는다. 물론 이러한 '비용'은 자녀가 학력과 학벌을 확보하고 '고소득'을 얻게 될 것이라는 '기대수익'으로 벌충되거나 배가된다. 시쳇말처럼 가장 확실한 '노후보장'인 셈이다. 나아가 자식이 입신-출세한다면 운명공동체로서 가족 전체의 '계급상승'도 노려볼 만하다.

그렇다면 이 틈바구니에서 10대들은 어떤 삶을 살게 될까. 단정적으로 말하는 것은 무리겠지만 그들은—지금의 20대가 그러한 것처럼—부모에 대한 경제적·정서적 '채무'의식에서 자유롭지 못할 것이다. 부모로부터 받은 지원의 대가로 자신의 청춘을 '저당' 잡히고 그런고로 가족이라는 '헷지'(hedge, 울타리) 바깥으로 탈출하는 '리스크'는 전혀 상상하지도 못하는 것이다. 어디, 경제적 측면에서만 그러겠는가. 심지어는 부모들이 기러기 날고 노래방 뛰는 마당에, 10대들이 느낄 정서적 부채감은 따로 말할 필요도 없을 것이다. 이상의 두 문단에서 따옴표 속 단어들은 단순한 은유가 아니라 엄연한 진실이다.

---

2. 고우리, 『원하는 대학 가는 공부기술』, 휴먼앤북스 2004, 24쪽. 강조는 인용자.

입시지옥으로부터의 '엑소더스'

그런데 이러한 세태를 단순히 비웃기만 할 문제는 아닌 것 같다. 오늘날 입시가족의 굴곡진 문제는 하루가 다르다 싶을 정도로 심화되고 있기 때문이다. 일각에서는 글로벌 중간계급(global middle class)이라고도 하는데, 중간계급 가족을 중심으로 조기유학을 보내는 '교육 엑소더스' 현상이 나타난 것이다. 유학생 통계에 따르면 지구적 금융위기 직전인 2006년에 총 2만 9511명이나 되는 초중고생이 조기유학을 떠나면서 엑소더스의 정점을 찍었다.

시장규모 또한 천문학적이다. 조기유학생의 3분의 1 이상이 미국으로 가고 있는데, 공식 통계는 없으나 미국에선 한국인 조기유학생의 시장 규모를 2004년 1/4분기에만 무려 20억 달러로 추산한 바 있었다. 그 당시 조기유학생 숫자가 2006년의 절반 정도였다는 점과 하반기 등록자까지 감안해보면, 2006년 이후 미국에서만 매해 대략 50억 달러가 교육비로 반출되고 있는 셈이다. 게다가 조기유학생의 나머지 3분의 2에 해딩하는 다른 나라들까지 어림히면 최소 60억 달러는 된다고 볼 수 있다. 이는 2008년도 세계 경제 151위 스와질란드의 GDP 규모(약 59억 달러)보다도 많은 액수다.

사정이 이러니 이제 chogi yuhaksaeng(조기유학생)이나 kirogi kajok(기러기 가족) 같은 말들은 영어권에서조차 하나의 고유명사가 되고 있다. 세계의 중심부 언어로는 도저히 포착할 수 없는 신기한 현상이기 때문이다. 미국인들은 궁금해할 것이다. 대체 이들은 왜 이렇게도 많은 아이들을 우리나라로 보내는가, 그리고 왜 그렇게도 많은 돈을 쓰는가, 그리고 아버지들은 아이와 부인을 떨궈놓고 가서는(drop and run) 대체 뭘 하는가. 이러한 이상 징후는 송도를 중심으로 국제학교가 들어서면서 다소 주춤하고는 있으나,[3] 교육 자체는 물론이거니와 경제 및 문화 등 다양한 측면에서 여러 문제의식들을 불러일으키기에 충분해 보인다.

먼저 그 원인부터 살펴보자. 무엇이 엑소더스를 부추기는 걸까. 당연히 단일한 요인만 생각할 수는 없는 일이다. 계산적 합리성에 근거하여 '지구적으로' 움직이는 입시가족 문화에는 우리 사회에서 어떠한 변화가 있었는지(구조적 변화), 그리고 사람들이 그 상황을 어떻게 이해하고 그에 대해 어떤 전략을 취하는지(전략적 선택) 하는 문제들이 얽혀 있기 마련이다. 그래서 우리는 다음과 같은 사정들을 고려해볼 수 있다.

구조적 변화의 측면들: 국가와 시민들이 동참했던 한국 특유의 공격적인 세계화, 이른바 IMF 위기의 여파에 따른 중간계급의 쇠퇴와 위기의식의 고조, 그리고 IMF 위기에 대응했던 한국 사회경제의 급격한 신자유주의화.

전략적 선택의 측면들: 글로벌 시티즌십 획득에 따라올 이익을 노리는 한국 중간계급의 상향 욕망, '국내'에 잔존할 경우 사회경제적 미래가 불안하다는 시민들의 믿음, 우월하기는 하지만 고도로 경

---

3. 국제학교 설립에는 조기유학생 유출을 방지하고 거꾸로 유학생 유치를 유인함으로써 경제적 효과를 가질 수 있다는 의도가 깔려 있다. 「명품 사학(私學) 150개 만들면 조기유학생 1만 5000명 U턴 효과」, 『한국경제』 2010년 10월 18일자.

쟁적인 한국교육에 대한 거부, 그리고 (자녀 유학에 따라가는 엄마를 필
두로 하는) 부모들의 글로벌 시티즌십 프로젝트.[4]

 학술논문이 아닌 이상 이러한 요인들이 서로 어떻게 얽혀 있는
지를 논증하는 것은 무리겠지만, 적어도 교육 엑소더스로 인한 사
회적 효과에 대해서는 몇가지 추론이 가능하다. 첫번째 문제는, 사
실상 신분사회에 가까운 한국에서, 사회적 신분상승으로 이어질
(것으로 기대되는) 학력과 학벌이 국내적 수준을 넘어 지구적 차원에서
배분될 것이라는 점이다. 이제는 교육을 통한 인적 자본의 정점이
SKY가 아니라 아이비리그로 조정(fix)되는 것이다. 둘째, 학벌이라
는 상징자본 외에도 글로벌 시티즌십이라는 문화자본의 중대한 역
할을 빼먹을 수 없다. 세계화 국면을 맞아 가족의 미래는 지구적 감
각을 얼마나 체득하느냐에 따라 좌우될 수 있기 때문이다.
 물론 앞으로 이런 세상이 올 것이니 대비하라는 차원에서 하는
말이 절대 아니다. 이 지점에서 세번째 효과를 생각해봐야 한다. 그
것은 지구적인 학벌과 감각에서 파생되는 다차원적인 사회경제적
이익들이 차등적으로 배분된다는 사실이다. 즉, 입시가족이 지금 같
은 방식으로 입시지옥 바깥으로 탈출하려 하면 할수록 '교육으로
인한 사회적 불평등' 문제는 줄어들기는커녕 오히려 커질 수밖에
없다. 엑소더스는 해답이 아니라 그 자체로 문제인 것이다.

---

4. 이상의 내용은 2008년 3월 일리노이대학교 어바나-샴페인 캠퍼스에서 열린 심포지
  엄 "South Korea's Education Exodus"를 참조했다(http://www.asianam.illinois.edu/
  events/archive/exodus/background).

끝내는 비극으로

- 부인과 두 아들을 외국에 남겨둔 채 국내에서 외롭게 홀로 '기러기 아빠' 생활을 하던 촉망받는 40대 서울대 교수가 자택에서 숨진 채 발견됐다(『경향신문』 2003년 3월 27일자).
- 딸들을 캐나다로 유학 보낸 40대 '기러기 아빠'가 집에서 숨진 채 발견된 사실이 28일 뒤늦게 밝혀졌다(『동아일보』 2003년 10월 29일자).
- 자녀 둘이 미국에서 유학중이고 부인은 그 뒷바라지를 위해 나가 있는 50대 '기러기 아빠'가 집에서 숨진 채 17일 뒤늦게 발견됐다(『매일경제』 2005년 10월 20일자).

기러기 아빠의 연쇄 사망사건들을 보고 있노라면, 입시가족 스토리에서 희극적 결말은 거의 상상하기 힘들다. 오히려 우리가 접하는 현실은 비극이거나 부조리극 쪽에 훨씬 가깝다. 어느 기러기 아빠의 외로운 죽음, 노래방 도우미로 일하는 엄마의 고단한 삶, 심지어는 전국 1등 강요에 내몰린 자식의 모친 살해 같은 사례가 그 예다. 이 같은 비극은 가족의 미래를 위해 행하는 결단이 사실은 가족의 현재를 헌납함으로써만 가능하다는 역설을 보여준다. 가족의 계급상승과 경제적 복지를 위한 선택이 거꾸로 가족을 비탄에 빠뜨린 것이다.

이러한 리스크를 감내해야만 이상화된 가족을 꾸릴 수 있다는 점에서, 그리고 리스크의 범위가 지구적 차원으로까지 확장된다는 점에서 비극의 골은 갈수록 깊어만 간다. 미래의 불확실한 행복을

위해 리스크를 감수할수록 현재의 불행은 더욱 확정적이다. 이른
바 '정상가족'이 되기 위해 취했던 선택이 거꾸로 비정상적인 가족
으로 귀결되는 현실은 확실히 아이러니하다. 아비는 처자식과 떨
어진 채 현금지급기로 살아야 하고, 어미는 이웃 커뮤니티와 단절
된 채 자식새끼를 위해 자신의 인생을 헌납해야 한다.[5] 자식은 자식
대로 이질적인 문화에 적응하기 힘들고 양친의 돌봄을 받지 못하
니 '정상'적인 정서상태를 유지하기 쉽지 않다.

　형식적인 차원에서 보자면, 이러한 부조리극이 해외로 나가는
입시가족에게만 해당되는 건 아니다. 모두들 알다시피, 대학입시
는 초등학교 운동회 이후로 온가족이 하나가 될 수 있는 중요한 이
벤트다. 국내에 잔류하는, 혹은 잔류할 수밖에 없는 가족들은 입
시 시즌을 통해 강하든 약하든 나름대로 결속을 경험한다. 그렇지
만, "이 치열한 수년간의 입시준비와 입시라는 가족 최대의 이벤트
가 끝나면 아버지와 자녀의 의사소통도, 부부의 의사소통도 허무
하게 막을 내린다. 그후로 자녀에게 있어 아버지는 '쓸모없는 아저
씨' 같은 존재로 전락한다. 자신의 이상을 아이가 이루어주길 바라
며 피와 땀과 눈물이 뒤섞인 전쟁을 치르고 난 뒤에는 너무나 허무
하고 가혹한 현실이 기다리고 있다."[6]

　그러나 무엇보다 중요한 사실은 바로 여기에 있다. 입시가족이
지금의 현실에 순탄하게 적응해서 비극적 결말의 가능성을 최소

---

5. 외도 등으로 인해 가족 자체가 해체되는 경우도 있다. 홀로 남은 기러기 아빠들이 국내
　에서 외도 유혹에 시달리는 경우도 빈번하고, 뒷바라지중인 기러기 엄마들은 외로운 삶
　을 견디다 우울 증세에 빠지는 건 기본이고 심지어 부적절한 관계를 경험하기도 한다.
6. 맥켄에릭슨 재팬, 정영교 옮김, 『그 남자가 지갑을 여는 순간』, 우듬지 2010, 163쪽.

화한다면 이 모든 문제가 해소될까. 불행히도, 그렇게 보기는 어렵다. 왜냐하면 입시가족 문제는 결코 지양될 수 없는 정치적인 부조리의 요소들도 포함하기 때문이다. 부모들은 유치원부터 대학까지 물질적·정신적으로 자식에게 투자한 만큼, 혹은 그 이상으로 보상받고 싶어하고 자연히 자식에게 집착할 수밖에 없다. 그 때문에 10대들이 아빠와 엄마에 대한 부채를 평생에 걸쳐 갚으려 할수록, 그들 자신은 가족이라는 인큐베이터 안에 갇히게 되고, 그럼으로써 울타리 바깥을 향해 창조적으로 도약할 가능성은 점점 좁아진다. 아무리 글로벌 시티즌십 운운하더라도, 더 넓은 세계와 연결된 주체가 될 가능성보다는 오히려 가족이라는 소집단에 매몰된 왜소한 주체로 전락할 개연성이 더 크다는 것이다.

정말로 아이러니하지 않은가. 교육을 위한 투자와 헌신이 역으로 가장 비교육적인 효과를 낳다니 말이다. 더 많은 교육을 받을수록 자신의 이성을 공적으로 사용하는 법보다 사적으로 사용하는 데 익숙해진다는 역설은 오늘날 입시가족 현상의 기착점이라 할 수 있다. 누군가의 말마따나, 가족주의는 야만에 불과한 것일까. 어쨌든 10대들은 자기 자신과 가족 사이에서 끊임없이 동요할 수밖에 없는 환경으로 내몰리고 있다. 가족과 구성원 개개인의 차원에서도 마찬가지고, 사회 전체적으로 생각해봐도 입시가족은 불행으로 가는 지름길일 수밖에 없다.

2부 일탈 기록

6장

은밀한 저항 또는 어른-되기의 의례들

위조 민증, 전자담배, 그리고 화장

10대들이 기존의 규칙을 위반하는 풍경은 그다지 새로운 것이 아니다. 지들 멋대로 교사에게 별명을 붙여 몰래 시시덕거리는가 하면, 1970년대 '얄개'들은 만우절을 핑계로 교사에게 칠판지우개나 물 양동이를 떨어뜨렸고, 1980년대 '써니'와 '품행제로'들은 칠공주다 뭐다 해서 술담배를 달고 살았으며, 1990년대 '서태지의 후예들'은 옥상에서 종이비행기를 날리며 두발과 교복 자율화를 외쳐대곤 했다. 이제 와 되짚어보면 낭만적 영웅담의 단골소재겠으나, 어느 시대나 어른들 보기에 식겁할 만한 행동을 일삼는다는 건 분명한 사실인 듯하다.

10대들은 다양한 방식으로 권위에 도전한다. 그 대상은 부모가 될 수도 있고, 교사가 될 수도 있으며, 심지어는 세상 그 자체가 될 수도 있다. 그 조롱이란 게 직접적인 해코지로 나타날 수도 있겠지만 그렇다고 해서 굳이 직설적일 필요는 없다. 넓게 보자면, 청소년들에게 기대되는 사회적 규범, 즉 '모름지기 청소년은 이러저러해야 한다'는 식의 규범은 그 자체로 상징적이기 때문에 그에 맞서는 위반행동도 보통은 상징적으로 일어나는 경우가 많다. 교복을 리폼하고 머리에 염색물을 들이고 수업시간에 '땡땡이'를 치며 그들은 소망한다, 자신들에게 금지된 것을.

주류의 규범적 문화의 이면에서 탄생하는 10대들만의 문화, 우리는 그것을 하위문화라 부른다. 보수적인 사람들은 10대 하위문화가 사회질서를 위협한다고 말하고, 좀더 개방적인 사람들은 하위문화가 체계에 저항한다고 말한다. 전혀 다른 말 같지만 사실 동일한 현상을 두고 하는 말들이다. 10대들이 기존의 사회질서에 도전한다고 보는 견해는 똑같기 때문이다. 물론 그런 도전적인 행동을 하는 10대 당사자들을 만나면 의외로 생각이 별로 없는 경우가 많다. 위협? 저항? 아니다. 그들은 단지 '그냥' 행동할 뿐이다. 물론 그 그냥이 그냥만은 아닐 것이다. 그러나 '그냥'이라는 말 자체가 의미하는 대로 그들의 행동은 대개 의식적인 차원과는 거리가 멀다. 학습, 조직, 선전을 거치지 않은 저항을 저항이라 할 수 있는 걸까? 그래서 때로는 이런 식의 도전들을 일컬어 특별히 '상징적 저항'이라고도 한다.

이번 글에서는 2010년대 10대 하위문화의 대표적인 상징적 저항 세가지를 소개하고자 한다. 어른들 눈에는 아주 불온해 보이고 불편할 수도 있다. 하지만 고대 어느 벽화에도 이런 글귀가 있었다고 하지 않은가. '요즘 애들은 버르장머리가 없어!' 사실 어른들의 규범을 일찌감치 내면화한 착해빠진 청소년들이 아니라면, 이제부터 이야기할 전자담배, 위조 민증, 화장 같은 의례(ritual)들은 너무나 일상적인 일에 속한다.

전자담배: '난 니들처럼 무기력하지 않아'

2009년부터 슬금슬금 등장한 '전자담배'가 교실문화의 새로운 풍경으로 자리잡는 데는 오랜 시간이 걸리지 않았다. 지금은 발암성 물질이니 부작용이니 해서 일부 제품의 판매가 금지되긴 했지만, 전자담배는 일반담배를 다시 피울 때 거부감이 생긴다고 해서 애초에는 금연보조제로서 각광을 받았다. 일반담배와 달리 담배 특유의 타르와 악취가 없는 것도 이용자들의 관심을 끌었다. 신체를 건강하고 청결하게 관리하는 게 사회적 윤리로 통용되는 이 마당에 희소식이 아닐 수 없었다.

　그런데 이것이 10대들의 손에 들어갔다. 과연 이떤 일이 벌어질까. 10대들 중 '얼리-어댑터'들도 아마 이런 기능성 때문에 전자담배를 찾지 않았겠나 싶다. 얼리-어댑터라 해서 거창한 것은 아니다. 신문물을 빨리 접하고 이를 또래들 사이에 전파시키는 역할이라 보면 된다. 대개는 부모나 형제자매를 통해 직접적으로 혹은 어깨 너머로 문화적 경험을 습득하는 것으로부터 시작한다. 포르노처럼 말이다. 또래 내로 확산되는 건 시간문제다. 굉장하다 싶으면, 어김없이 퍼진다.

10대 시절 담배는 보통 이게 뭘까 하는 호기심이나 왠지 멋있어 보이는 '간지' 때문에 시작하곤 한다. 그러나 호기심에서 시작했건 그놈의 간지 때문에 시작했건, 흡연은 신체뿐 아니라 정신건강에도 해롭다는 게 자명한 사실이다. 그런데 전자담배는 타르 같은 유해물질이 없다니 세대 막론하고 매력적일 수밖에 없다. 담배 냄새가 적은 것도 강점이다. 골초 같은 악취로 '찌질함'을 노출하는 것보다야 깔끔하게 사는 게 훨씬 '있어 보인다.' 우리네 사회적 정상성(normality)이란 이미 '흡연=야만'이다. 여러모로 전자담배는 최적화된 선택인 셈이다.

그런데 이 물건이 하나의 유행으로 자리잡아가면서 이색적인 풍경이 등장했다. 금연을 목적으로 전자담배를 구입하는 것이 아니라, 흡연을 계속 하면서도 전자담배를 피우는 것이다. 게다가 교실 안에서, 그것도 수업시간에 전자담배를 피운다. 마치 선생님 놀리기 놀이처럼 교사가 판서를 하기 위해 학생들에게서 등을 돌릴 때 흡연자는 한모금 빨고 숨을 내뱉는다. 이윽고 '키득키득.' 특히나 일진(이고 싶어하는) 남학생들에게 전자담배는 매우 매력적인 물건이다.

예전 10대들이 도시락을 몰래 까먹었던 것만큼이나 흥미롭고도 위험한 게임이다. 배가 고파서 도시락을 먹을 수밖에 없었던 것처럼, 전자담배는 니코틴이 부족해서 혹은 그에 준하는 간지가 부족해서 피워야만 한다. 왠지 법망을 피해가는 무법자가 되는 것 같은 느낌 역시 도시락 까먹기와 비슷하다. 아니, 전자담배는 오히려 더 극적이다. 애매하긴 하지만 그래도 담배 아닌가. 교실에서, 그것도

수업시간에 담배라니, 최소 정학 감이다. 어쩌면 도시락 문화를 급
식 문화가 대신하게 된 요즘, 10대들은 몰래 먹는 도시락보다 훨씬
더 진귀한 물건을 발견한 건지도 모르겠다.

　전자담배의 날숨이 뿜어지는 순간, 또래들 사이에서는 다양한
의미가 생산된다. 보통 '통판'(통신판매의 준말)을 통해 구매하는 전자
담배의 가격은 대략 15만원 정도다. 그렇기에 전자담배를 구입한
다는 것만으로도 재력의 상징으로 통할 수 있다. 어떤 언론보도에
의하면 전자담배는 특히 "서울 강남과 목동 학생들 사이에서 들불
처럼 번지고 있다." 이것은 자신의 용돈 수준을 보여주는 것이거
나, 아니면 '엄카'나 '아카', 즉 엄마카드나 아빠카드 정도는 원하
는 대로 동원할 수 있는 수완을 보여주는 것이기도 하다.

　용돈이나 엄카, 즉 주어진 돈에 의해 구입한 게 아니라면 과시적
소비의 효과는 질적으로 전혀 다른 차원이 된다. 적어도 알바를 하
고 있다는 것, 그러니까 또래와 달리 경제활동을 하고 있다는 것을
의미하기 때문이다. 이것은 자기 나이에 비해 더 성숙했다는 우월
감을 제공해주기도 한다. 그게 아니라면 '삥 뜯어서' 구입을 한 경
우가 되는데, 이 경우에도 전자담배는 또래들 내부에서 물리적 힘
을 과시하는 상징물이 될 수 있다. 게다가 이 '아이템'을 수업시간
에 장착한다는 것은 기성세대의 권위에 균열을 내고 조롱하는 의
미마저도 획득한다. 군이 요약해서 번역하자면 전자담배를 통해
그들은 이렇게 커뮤니케이션하고 있는 셈이다. "난 니들처럼 무기
력하지 않아."

　전자담배의 최적성은 이 물건이 전혀 노골적이지 않다는 데서

나온다. 오늘날 10대 문화를 '자연 상태'에 견줄 수 있다면, 전자담배는 일종의 은밀한 무기와도 같다. 이 주술적 아이템은 여타의 일탈적이고 반항적인 행위들보다도 더할 나위 없이 안전하다는 이유로 선택되었다. 마치 다이어트 콜라나 디카페인 커피처럼, 전자담배는 신체적으로 위험하지 않으면서도 담배의 진정한 효과를 내는 것으로 인식된다. 즉, 진짜 같지만 진짜는 아닌 어떤 것. 게다가 모양새가 만년필 같아서 필통에 넣고 다니기에 안성맞춤이고 흡연할 때 시각적으로나 후각적으로 알아채기 어려워서 교사들의 눈을 피하기에도 제격이다.

실제로 전자담배가 교실에서 유행하기 시작할 무렵, 이 물건을 발견한 대다수 교사들은 당황스러운 상황에 직면해야 했다. 10대들의 이 신종 아이템이 담배지만 담배가 아니기도 하다는 점, 또한 담배지만 담배를 끊기 위한 것이라는 점 때문에 해당 학생을 쉽사리 처벌할 수 없었기 때문이다. 단속된 학생은 그저 조금은 퉁명스럽게 "이거, 담배 아닌데요"라거나 "담배 끊으려고 피우는 건데요"라고 대답하면 자신의 물리적 신체뿐만 아니라 자존심이라는 사회적 신체를 보전할 수 있었다. 담배가 아닌 담배, 끊기 위해 피우는 담배의 등장, 이 창의적 역설에 직면하여 자존심의 상처를 입은 건 교사들 쪽이었다. 저 녀석이 날 무시하는 것 같은데 뭐라 할 수도 없고. 괜히 뭐라 했다간 사달만 날 것 같고….

물론 최근에는 대다수 학교에서 전자담배를 단속 대상으로 삼고 있다. 전자담배의 유해성이 교육현장에 알려지자 단속과 처벌의 대상이 된 것이다. 그런데 저간의 사정은 어딘지 불분명하다. 전자담배의 '유해성'이 문제가 되었는지 아니면 '위법성'이 문제가 되었는지 그것도 아니면 '불온성'이 문제가 되었는지는 아무도 모른다. 말로는 청소년의 건강권을 보호하기 위해 처벌 대상으로 삼았다고들 하는데 정말로 그럴까 하는 의문이 남는다.

실제로 전자담배의 유해성은 2010~11년에 들어서야 인구에 회자되기 시작했을 뿐이다. 그에 반해 청소년이 전자담배를 피우는 현상이 나타났으며 그래서 위험하다는 식의 논의들은 2009년부터 시작됐다. 네이버 뉴스라이브러리에서 '청소년+전자담배'로 검색해보면, '전자담배 만들었더니 애들까지 피워대네'를 시작으로 '니코틴 없는 전자담배, 미성년자에게 담배 권장?' '전자담배 〈의약품〉이라 청소년도 구매가능?' 등과 같은 식으로 전자담배 자체의 보건적 유해성보다 청소년에 대한 문화적 금지 담론이 먼저 있었음을 확인할 수 있다.

우리들 대다수는 전자담배가 청소년들에게 유해해서 금지했다고 믿고 싶겠지만, 사실을 뜯어보면 전자담배를 문 10대들이 불온해서 금시했다고 보는 편이 옳다. 다시 말하자면, 전자담배를 피우는 10대의 불온함 때문에 흡연 금지라는 규칙을 적용하고 그리고 이 금지를 정당화하기 위해 사후적으로 건강 담론을 동원했다는 이야기다. 그렇다면 한가지 사실이 분명해지지 않는가. 전자담배를 꼬나문 10대들의 상징적 저항이 매우 유효적절했다는 것이다. 그들은 '청소년다움'에서 바로 그 '~다움'을 어떻게든 지워내려 무진 애를 쓰고 있다.

위조 민증: 매직카드로 어른-되기

기존의 권위에 반항하는 일탈 관행은 '~다움'이 아니라 '청소년'
을 지워내는 방식으로도 나타난다. 그중에서도 주민등록증 위변
조는 10대들 사이에서 가장 일상적인 문화적 관행 중 하나가 되었
다. 실제로 몇년 전 배우 이준기가 「무릎팍 도사」에 나와서 고교 졸
업 후 유흥업소 취업을 위해 주민등록증을 변조했다고 고백한 적
이 있었다. 마치 어린 시절의 무용담처럼 덤덤하게 뱉은 말이었지
만 명백한 공문서 위변조에 해당하는 중범죄다. 보통의 시청자라
면 경악을 금치 못했을 일이다. 그러나 오늘날 10대들에게 그 정도
는 주야로 마주하는 일이다.

　주체가 아닌 존재, 즉 비주체(the abject)로 살아가는 10대들은 어른
처럼 맘놓고 술을 마시고 담배를 살 수 있기를 바란다. 그러나 청소
년을 하등인간으로 간주하는 우리 사회는 그들에게 욕구의 직접적
실현을 절대 허용하지 않는다. 바로 이때 '만 19세 성년'이라는 규
범적 기준, 그리고 이를 증명하는 주민등록증이라는 기술적 장치
는 욕망의 허용과 금지를 가르는 바로미터가 된다.

　그럼 이제 어떤 풍경이 펼쳐지게 될까. 10대들은 금지된 욕망을
실현하기 위해 주민등록증을 벗기고 파내고 덧붙임으로써 상상적
으로나마 '정상' 인간이 되고자 한다. 규범적인 시각에서야 성년에
이른다는 건 말 그대로 어른이 된다는 것이고 일반적인 사회인이
된다는 걸 의미하지만, 이들의 세계에서 성년에 이른다는 건 별다
른 구속 없이 자기 마음대로 생활할 수 있다는 걸 의미한다. 그래서

주민등록번호의 앞자리 6개 숫자들은 20세라는 미래의 시간을 현재로 끌어올 수 있는 상징적 의미를 가진다.

주민등록증 위조. 어쩌면 이것은 정상성이라는 범주 자체에 대한 도전을 의미하는 것일지 모른다. 그들이 성인인 체하면 할수록 성년-미성년이라는 분할선은 교란될 것이기 때문이다. 일단 여기에는 몇가지 테크닉들이 동원된다.

첫째, 고전적인 방식으로 예전에는 '민증'의 비닐 코팅을 벗겨 사진을 바꾸었다. 성인의 주민등록증을 어디서 줍든 훔치든 해서 본인의 사진으로 교체하고 다시 코팅을 입힌다. 그러면 어떤 청소년이라 해도 감쪽같이 성인으로 대우받을 수 있다. 이런 친구들과 마주한 성인이라면 주민등록증 사진을 보고 그저 그/녀의 '동안'을 부러워할 것이다. 마치 영화 「엽기적인 그녀」의 한 장면처럼 교복을 입은 채로 민증을 꺼내 보이며 주인장을 멘붕(멘탈 붕괴)에 빠뜨리는 쾌감마저도 얻을 수 있다.

두번째로는 가장 흔한 방식인데 '번호 파기'가 있다. 자신의 주민등록번호 앞자리를 바꿔서 만 19세 이상으로 고치는 방식이다. 예를 들어 숫자가 961005라면 '6'자를 파낸 후 '3'자를 끼워 넣으면 별탈 없이 성인 행세를 할 수 있다. 식품위생법이 됐든 청소년보호법이 됐든 이 순간에는 무력해질 수밖에 없다. 또래들 사이에서는 한 학년에 2~3명씩 민증 '파는' 것을 전문적으로 하는 작업자가 있을 정도다. 이 친구들은 주문자의 부탁을 받으면 수작업을 거쳐 매당 1~2만원의 가격으로 부수입을 올리기도 한다.

그런데 주민등록증이 플라스틱으로 바뀌면서부터 재코팅에 의존하는 고전적 수법은 쓸모가 줄게 됐다. 그러나 궁하면 통하기 마련이다. 자신의 플라스틱 민증을 스캔하고 포토샵으로 숫자를 바꾼 후 컬러로 인쇄하면 만사형통이기 때문이다. 오히려 더 손쉬워졌다. 물론 진짜 민증에 비해 컬러 인쇄물은 위변조라는 게 들통 나기 쉽지만, 위변조한 민증을 지갑에 넣은 채 보여주면 십중팔구 무사통과다.

만약 친구가 민증을 위조한 사실을 알게 된 당사자는 어떻게 반응할까? 경찰에 신고할까? 친구를 신고할 리 만무하다. 불법이니까 당장 버리라고 할까? 그건 그들의 세계에서 너무나 '찌질'한 행동이다. 정답은 다음 중 하나인데, 내심 부러우면서도 무심한 척하든가, 박수쳐주며 나도 하나 만들어달라고 하든가…. 그것도 아니라면, 더 훌륭하게 위조한 내 것을 꺼내는 방법도 있다. 양심의 가책? 그건 그리 중요한 게 아니다. "관건은 운이에요." 그렇다. 중요한 것은 경찰 등등에게 적발되느냐 아니냐 하는 운의 문제다. 그들은 참으로 솔직하기까지 하다.

이렇게 민증 위변조는 널리 전파된다. 그것은 매우 유용한 매직카드 아닌가. 궁지에 몰렸을 때 꺼내들 수 있는 조커와도 같다. 그렇다고 해서 이런 마술이 음주가무에만 사용된다 생각하면 안된다 (물론 대개 그렇긴 하다). 위변조한 민증은 청소년인 '주제'에 오후 10시가 넘어도 그 어디에나 있을 수 있다는 특별통행증이며, 나아가 그 나이에 비해 최저임금을 웃도는 보상을 받고 알바를 할 수 있다는 고용허가증이기 때문이다.

혹자는 이렇게 반문할지 모르겠다. 그렇게 하고 싶은 대로 살 거

면 청소년으로서의 사회적 혜택도 포기해야 하는 것 아니냐고 말
이다. 그렇지만 10대들의 민증 위변조라는 관행은 자신도 인간의
범주에 넣어달라는 '상징적' 요구이자, 더 많은 권리를 향한 의지
의 '소극적' 실현으로 이해할 필요가 있다. 이를 고깝지 않게 보는
어른들도, 청소년에게 억눌림을 감내하거나 혜택을 버리라고 강요
할 게 아니라, 자신들 역시도 청소년과 동일한 혜택(예컨대 공공할인이
나 장기휴가 등등)을 바란다고 솔직하게 요구하는 것이 더 합당할 것이
다. 그러면 어른뿐만 아니라 우리 모두 '인간'이 될 수 있을 텐데 말
이다.

소녀들의 화장: 세상을 향한 무장

10대 청소년, 그중에서도 여성들에게 뷰티 문화(메이크업, 헤어디자인, 네
일케어 등)는 패나 익숙하다. 심지어 최근 몇년 사이에는 초등학생들
에게조차 메이크업 바람이 불고 있다. 쉬는 시간 화장실은 문자 그
대로의 제기능을 하고 있고, 화장하는 학생들이 넘치다보니 일선
교사들은 '클렌징'에 애를 먹고 있다고 한다. 방과 후 라이너와 비
비크림은 기본이고, 우스꽝스러울 정도로 '떡칠'을 하는 친구들도
있을 정도다. 이제 교복 차림에 색조화장을 한 10대 여성들을 마주
치는 게 낯설지만은 않은 일이 되었다.
　이런 풍조가 염려스러웠던지, 각종 언론에서는 걸그룹의 복색
을 추종하는 10대들의 모방심리를 질타하기 급급하다. 또한 치장

을 해봤자 머릿결이나 피부가 빨리 상할 뿐이라며, 제 몸관리 하나 못하는 그녀들을 보고 혀를 차기 일쑤다. 그러나 그녀들도 다 안다. 어른들 역시도 술·담배가 몸에 해롭다는 것쯤은 다 알면서 하지 않는가, 그런데도 왜 술 마시고 담배 피우나. 건강을 넘어서는 뭔가가 있기 때문 아닌가. 같은 사람인 이상 10대들도 마찬가지다. 그녀들에게도 건강과 맞바꿔도 무방한 뭔가가 있다. 피부와 머릿결 손상, 즉 미래의 불행이 앞당겨지더라도 화장과 미용을 통해 이룰 수 있는 현재의 행복이 그녀들에겐 더 소중하다.

그런데 여기, 주목할 만한 사실이 하나 있다. 최근 뷰티산업계의 연구 결과에 의하면, 뷰티 열풍은 10대 여성의 학업성적과 관계가 있다고 한다. 성적이 낮을수록 화장이 짙어진다는 것이다. 그러나 이 사실을 공부 못하는 아이들이 말썽 부린다는 식으로 이해해선 곤란하다. 통계학적으로 화장과 성적 사이에 상관관계가 있다는 결과일 뿐이지, 화장과 성적 사이에 직접적인 인과관계가 있다는 이야기는 아니기 때문이다. 그런데도 '성적 나쁜 애들이 꼭 쓸데없는 데 관심을 쏟는다'는 식으로 바라본다면 이만큼 어리석은 생각도 없다. 실제로 성적이 나쁜데 왜 굳이 화장을 하는지, 또는 화장을 하면 왜 학업에 소홀해지는지에 관한 문제, 즉 화장과 성적 사이에는 제3의 변수가 숨어 있다는 점에 주의할 필요가 있다.

물론 그녀들에게 확산된 최근의 뷰티 열풍을 또래 내의 유행 정도로 '퉁치고' 설명할 수도 있을 것이다. 그렇지만 유행이 애초에 나타났던 기원에 대해서도 고려해보도록 하자. 또래 내에서 잘나가는 친구의 스타일이 전체의 스타일을 선도하는 것쯤은 자연스러

운 일이다. 성격이 털털해서 인기도 있고 심지어는 시각적인 매력
조차 갖춘 친구 말이다. 단순히 '애들이 다 그렇지 뭐'라는 자세를
넘어 우리가 궁금해해야 할 것은 바로 그 '매력'에 있다. 저마다 개
인적 사정은 모두 다르겠지만, 더 나은 처지를 바라는 희망 속에서
'하얀 피부는 물론 트러블 케어까지 해주는' 뷰티 제품들은 '머스
트해브'(must-have) 아이템일 수밖에 없다.

대체 왜 그녀들이 그 '무기'를 장착하는지를 묻기 전에 그 누구
라도—심지어는 10대 당사자들조차도— 학교 내에서 그리고 그 외
의 공간에서 이 친구들이 어떤 경험을 하는지 눈여겨본 적이 있나
묻고 싶다. 학업 부진(또는 무관심)이나 모방은 뷰티 열풍의 원인이라
기보다는 그저 부수적 현상에 지나지 않을지 모른다. 그녀들이 머
리 가꾸고 손톱 손질하고 화장을 하는 이유는 지레짐작만으로 알
기 어렵다. 심지어 그녀 자신들조차 이유를 추궁당하면 대답하기
가 만만치 않다. "화장을 왜 해요?" 돌아오는 대답 역시 "그냥"이
다. 그녀들은 자신에게 금전이 주어지는 한 거의 자동적으로 곳곳
에서 정보를 수집하고 상품을 구입한다.

만약 20대 이상의 성인이 화장을 했다면 우리는 그 행위가 의미
있는 타자들, 나아가 사회적으로 일반화된 타자로부터 인정을 받
기 위한 어필이라고 해석할 것이다. 그렇다면 10대 여성들도 그런
해석에서 예외일 리 없지 않겠는가. 어쩌면 그녀들도 지금쯤 누군
가와 커뮤니케이션을 하고 있는 것일 수 있다. 다만 그 대상이 모호
할 뿐이다. 현재 교제중인 이성 친구? 혹은 언젠가 이뤄질지 모르
기 때문에 잘 보여야 할 누군가? 그러나 이렇게 이성 친구라는, 즉

직접적으로 대면하고 있는 누군가만을 이유로 삼기에는 여전히 설명이 미덥지 않다. 이성 친구가 없더라도 그녀들은 계속 치장할 것이기 때문이다.

비밀은 우리 모두가 알고 있지만 애써 꺼내지 않으려는 그것에 있다. 단도직입적으로 말하자면, 그녀들에게 화장은 10대라는 피부에 20대라는 가면을 쓰는 행위다. 물론 피부 색조를 화사하게 하고 잡티를 가리는 소극적 행동으로부터 쌍꺼풀수술에 앞트임을 하는 적극적 행동에 이르기까지 화장은 아름다워지고자 하는 인간 본연의 욕망일 수 있다. 그러나 지금의 10대들에게 화장은, 학생이자 청소년으로서 규율받고 있는 실제의 자기 자신과는 다른, 20대라는 능동적인 미래의 시간을 끌어당기는 창조적 행위에 가깝다.

빨리 어른이 되고 싶다는 것은 또래 내의 보편적 욕망으로 보인다. 이것 말고 우리가 무엇을 더 이야기할 수 있을까. 다만, 여기에 한가지 더 공격적인 설명을 덧붙일 수도 있다. 어른-되기의 욕망에 모방심리를 더해 뷰티 행동을 하는 여느 또래들과 달리, 이른바 '위험 청소년'군에 속하는 친구들에게는 화장이 좀더 특별한 의미가 있기 때문이다.[1] 이 친구들에게는 또래의 어떤 무리들에 비해서도 뷰티 문화가 훨씬 더 일반적이다. 그건 더 잘나가거나 미용에 관심이 더 많다는 뜻 이상이다. 사정을 듣노라면 학교에서나 집에서나 화장이 좀더 절실한 측면이 있기 때문이다.

다들 알다시피, 입시체제 그리고 그 대리인으로서의 교사들이

1. 화장하는 10대 여성들의 학업성적 평균이 낮은 건 바로 이 친구들 때문이다.

성적 하위권 학생들에게 반(反)인간적 보상을 확실히 한다는 점에
주목할 필요가 있다. 그것은 이 친구들이 그만큼 욕설과 체벌에 자
주 노출된다는 사실을 뜻한다. 작은 잘못에도 뇌리에서 떠나지 않
을 모욕을 당하기 일쑤라는 것. 거기에 덧붙여, 그녀가 가족으로부
터도 문화적 위안을 받지 못하고 설상가상으로 가부장주의적인 억
압과 고통마저 받는다면 결과는 명약관화하다. 적어도 그들의 주
관적 의미에서, 학교는 사회화 기관이 아니라 이데올로기 국가장
치거나 심지어 억압적 국가장치며, 집은 집(home)이 아니라 그저 살
고 있는 집(house)일 뿐이다.

따라서 이 모든 상황을 피하거나 그에 맞서기 위해 그녀는 '무
장'을 해야만 한다. 학교로부터 벗어나 학생이 아닐 수 있는 길, 집
으로부터 벗어나 성인으로 인정받을 수 있는 길로 가야 하기 때문
이다. 할 수 있는 한 최선을 다할 수밖에 없다. 교복 치마길이가 짧
아지고 화장이 짙어지기 시작하는 것이다. 물론 그녀는 사회적으
로 미성년이지만, 화장을 해서 20대의 가면을 쓴다면 문화적으로
그리고 심리적으로 충분히 성인이 될 수 있다.

요컨대, 소녀들의 뷰티문화가 숨겨둔 블랙박스 속에는 당대의
현실들이 복잡하게 얽혀 있다. 그녀들은 유행의 무비판적 추종자
라기보다는 현실을 살아내고 있는 사람들일 뿐이다. 그런 까닭에,
더 나은 삶을 위한 문화적 무장이 계속되는 게 아닐까.

결론을 빙자한 사족

그들은 연기(演技)한다. '청소년다움'에 대항해서 청소년답지 않게,
그리고 가급적이면 청소년이지 않은 척 위장한다. 여기에는 일정
한 소품이 필요하다. 담배, 민증, 화장품 등은 어른들이 사용하는
것이지만, 그들이 이 소품을 집는 순간 여기에는 성인들에게서 발
견할 수 없는 문화적 의미들이 생겨난다. 어른들에 대한 반항, 금지
에 대한 위반, 규율에 대한 상징적 저항 같은 것들 말이다. 문화이
론에서는 이렇게 주어진 상징을 비틀어서 재활용하는 행위를 '브
리콜라주'(bricolage)라고도 한다. 주어진 대상을 재정렬해서 전혀 새
로운 의미를 획득하는 것이다. 이렇게 10대들은 대항 공간이 조금
이라도 열리면 어김없이 고개를 쳐들기 마련이다. 그것이 굳이 전
자담배, 주민등록증, 화장이 아니더라도 말이다.

 마지막으로, 여기에 사족 하나만 붙여보겠다. 일체의 규범적 판
단은 일단 뒤로 물리고 질문 하나만 던져보자. 10대들의 반항이 왜
하필 전자담배와 위조 민증 그리고 화장품이라는 아이템으로 귀결
된 것일까. 전자담배 등의 상징성은 일견 반항적이지만 비교적 안
전 '빵'이고 자기보존적이기까지 하다. 다시 말해, 이들의 저항이
권위를 조롱하되 치기어린 반항 정도로만 보이는 것은 그들의 대
항이 지극히 상징적 차원에 국한되는 데 반해 자기파괴적일지라도
실제적인 저항은 좀처럼 보이지 않기 때문이다. 그렇다면 지금 10
대들의 선택은—예전의 10대들도 마찬가지겠지만—불온해서 문
제가 아니라 오히려 덜 위험해서 문제가 아닐까. 위조 민증이나 소

녀들의 화장도 마찬가지다. 그들은 자신이 원하는 권리를 직접적
으로 요구하기보다는 상징적 차원에서 마술을 부려 어른이 되는
상상을 영유하는 데 만족하는 것 같다.

7장

그와 그녀의 은밀한 성

레이더에서 벗어난 성문화, 프레임에 갇힌 성의식

'성욕 보존의 법칙'

조금 철지난 이야기이긴 하지만, 10대 남성들의 성문화를 다룬 영화 「몽정기」에 이런 장면이 나온다. 컵라면의 밑바닥을 뚫는다. 그 구멍에 끓는 물을 붓고 면발이 불어터지길 기다린다. 이윽고 컵 용기가 다 찰 정도로 면이 분다. 그 다음엔 구멍 사이로 성기를 넣고 자위행위를 한다—다만, 면이 아직도 뜨겁다면 대략 난감하다. 아마도 「아메리칸 파이」의 '파이'를 모방했을 이 장면은 우리에게 이렇게 말하고 있다. '10대에게 성은 더이상 외설이 아니다.' '성은 일상이다.' '그들에게 성을 허하라.'

각종 실태조사에 따르면, 1318 청소년 중 3~5%가 삽입섹스로 추정되는 성관계 경험이 있고, 그 밖의 성적인 접촉도 13~17%에 이른다고 한다. 거짓 응답하거나 응답을 피한 경우까지 고려해보

면 그 '실태'는 상상 이상일 것이다. 심지어 어느 편의점 업체에 따
르면 14~20세 연령층의 콘돔 구매비율이 지난 2년간 2배나 증가
했다고 한다.[1] 게다가 첫 삽입섹스를 하는 시점이 남자는 15.7세(학
생의 경우 대략 고1 때) 여자는 14.7세(대략 중3 때)라고 하니, 이제 10대의
성행동이란 어엿한 정상문화로 자리잡은 셈이다.[2]

　여기서 잠깐. 기우일지 모르겠는데 10대 여성의 성경험이 남성
보다 조금 빠르다고 해서 신기하다느니, 되바라졌다느니, 말세라
느니 하는 판단은 삼가도록 하자. 성관계란 말 그대로 관계적인 법,
남자들이 또래보다 어린 후배들과 관계를 맺곤 해서 나온 수치일
뿐이다. 그녀들의 조숙함은 관계 속에서만 만들어진다는 이야기
다. 굳이 누군가를 비난하고 싶다면 나이에서 오는 권력관계로 여
자 후배를 꼬드기는 남성들한테나 뭐라 하도록 하자.

　이런 이야기들이 낯 뜨거운가. 하지만 성문화라는 게 성관계에
만 그칠 리 없다. 말이 나온 김에 앞에서 인용했던 여성가족부의
2012년 보고서를 좀더 들여다보자. 유해매체라 일컬어지는 성인
용 매체들은 10대에게 필수코스라 할 만하다. 체험 비율 순으로 인
터넷 게시물(45.5%), 간행물(40%), 게임(32.3%), 영상물(27.5%) 등등 종
류도 각양각색이다. 조심조심 답하는 응답자들의 성향을 생각하
면 실제는 그 이상일 것이다. 불타는 금요일이면 이른바 유해업소
는 문전성시다. 노래방(90.9%), PC방(85.8%), 전자오락실(60.6%), 만화

1. 「청소년 콘돔 구매비율 2년만에 2배 늘었다」, 『헤럴드경제』 2013년 10월 18일자. 물론
　이러한 증가는 청소년 성교육의 효과일 수도 있다.
2. 여성가족부, 『2012년 청소년유해환경 접촉 종합실태조사』, 2012.

방(29.9%) 같은 도무지 왜 유해한지 모를 업소들은 기본이고, 멀티방·룸카페(24.4%), 주점(13.8%), 비디오·DVD방(12.3%), 무도장(1.9%) 정도는 옵션이다. 오히려 무도장 같은 데는 돈이 없어서 못 간 경우마저 있을 성싶다.

그런데도 우리 사회는 10대의 성을 자꾸만 규제하려고 한다. 가까운 예로 최근에 화제가 됐던 멀티방을 들 수 있다. 예전의 비디오방처럼 청소년 탈선을 조장한다고 해서 언론·학계·정치인들은 2012년 6월부터 멀티방에 대한 청소년 출입을 금지시켰다. 그러나 그와 그녀에게 '멀티방'은 비교적 저렴한 노래방+DVD방+게임방일 뿐이란 사실을 왜 모를까. 물론 업소에 따라 은밀한 만남 후에 샤워까지도 할 수 있다지만, 어른들은 자신들이 침소봉대하고 있단 사실은 모른 채 호들갑만 떤다. 게다가 언제나 그렇듯 규제의 표적은 업소가 아니라 애꿎은 청소년이 되고 있다.

한발 양보해서 3~5%의 청소년들이 그런 곳에서 성생활을 즐긴다고 쳐보자. 청소년들의 멀티방 출입을 금지시킨다 한들, 10대의 '탈선'(?)은 정말 끝날 수 있을까. 그들의 성욕이 효과적으로 억제될 수 있을까. 답은 물론 '아니오'다. 은밀한 어떤 것을 목적으로 멀티방을 내왕하던 10대들은 출입이 금지되자마자 진작부터 두가지 꼼수를 내놓았다. 방법은 어렵지 않다. "그냥 빼대거나 딴 데 가면 되죠." 말인즉슨, 조금의 공을 들여 민증을 위조하거나, 대실료 2만 원 정도의 무인모텔을 이용하면 된다는 것이다. 물론 최적의 장소는 두말할 나위 없이 식구들이 출타중인 빈 집이다. 할 만한 녀석들은 어떻게든 다 한다.

게다가 업소라고 해서 가만있을 턱이 없다. '복합유통게임제공업'으로 등록하는 멀티방 대신, '일반음식점'으로 등록하는 룸카페로 간판만 바꿔 달아도 단속망을 피할 수 있기 때문이다. 이제 10대들은 지극히 손쉽게도 버전업된 멀티방, 즉 룸카페를 출입할 수 있게 됐다.[3] 1인당 6천원에서 8천원의 비용으로 2~3시간 동안 그와 그녀는 뭐든 할 수 있다. 하도 소문이 자자하길래 필자도 은근슬쩍 한번 가봤다. 두 명이 누워도 넓은 소파, 잠금장치가 없어 불안하긴 하지만 커튼을 치거나 문을 닫으면 완벽히 밀폐된 공간, 몰래 반입만 하면 얼마든 즐길 수 있는 음주·흡연·야겜(야한 게임), 그리고 은밀한 그것. 이용층이 너무 어려서 심지어 내가 낯이 뜨거울 정도였다. 가히 '고딩 모텔'이라 할 만하다.

말인즉슨, 그들의 성문화는 절대로 억압되지 않는다. 10대의 성문화란 기실 기성세대의 그것과 다를 바 없기 때문이다. 단지 나이에서 밀려 양태만 다르게 형성된 하위문화일 뿐이다. 캬바레에서의 불륜이 문제시되자 묻지마 등산이 유행하는 것처럼, 멀티방·룸카페를 단속해도 또다른 대체업소가 만들어지지 않겠는가 말이다. 그들의 성적 욕망이 꿈틀대고 업자들의 생계가 걸려 있는 이상 접선 장소는 사라지지 않는다. 그런 까닭에, 그와 그녀의 성에 대한 문화적 권리를 침해하려는 시도는 우리 사회가 얼마나 우스꽝스러운지를 스스로 고백하는 것에 불과하다. 말하자면, 진짜 문제는 어른한테 있는 셈인데 실망스럽게도 어른들은 그 사실을 전혀 모른다.

3. 「"룸카페서 뭐든 다해요" 청소년 탈선 온상 어쩌나 …」, 『한국일보』 2013년 8월 13일자.

그녀들의 포르노, 야오이

유해매체 유해매체 하는데, 이번에는 진짜 그 내용에 대해서도 살펴보자. 덮어놓고 유해하다고만 했지, 언제 제대로 한번 들여다본 적도 없지 않은가. 여기서 「누가 음란을 두려워하랴」라는 글을 추천해볼까 한다.[4] 이 글의 요지는 이렇다. 속칭 음란물을 보고 음란하다고 생각이 된다면 그건 그 사람의 생각이 음란해서라는 것이다. 통하지 않고서야 어떻게 알아챌 수 있겠는가. 마찬가지다. 어떤 매체가 유해하다는 생각이 든다면 그건 그 매체를 보는 당신의 시선이 유해해서 그런 것일 수 있다.

일례로 동인녀문화(혹은 동인문화)라는 걸 참조해보자. 동인녀문화란, 아이돌 · 만화 · 애니메이션 · 게임 등의 문화상품을 '동성애' 코드로 재배치하여 팬들이 2차 저작물('동인물' 혹은 '야오물')로 재창작하거나 이를 향유하는 문화를 일컫는다. 대개의 경우, 내러티브가 동성애에 기초하고 거기에 여성들('동인녀' 혹은 '야오녀')이 성적 욕망을 투사해서 감상하기 때문에 사회적으로는 잘 알려지지 않은 문화 중 하나다. 남성성이 우세한 이성애 사회에서 동성애, 그리고 여성의 성적 욕망이 위험하다는 것쯤은 그녀들 모두가 알고 있다. 그럼에도 요즘 10대 여성들이라면 동인물을 직접 봤거나 아니면 또래 사이에서 동인녀를 접해봤을 정도로 제법 일반적인 현상이 되고 있다.

4. 강내희, 『한국의 문화변동과 문화정치 : 문화사회를 위한 비판적 문화연구』(문화과학사 2003)에 수록되어 있다.

  국내에서 동인녀문화의 시초는 H.O.T.로 대변되는 1세대 아이돌
팬덤문화로 꼽는다. 그 시절 각광받던 것 중 하나가 바로 팬이 직접
쓰는 파생-소설, 즉 팬픽이었다. 팬픽을 통해 여성팬들은 '톤혁'(토
니-우혁)이나 '준혁'(희준-우혁) 같은 식으로 '커플링'을 하면서 가슴
설레 밤잠을 설치곤 했던 것이다. 이를테면, 밤새 몸살을 앓았던 토
니가 아침 새소리에 잠을 깼는데, 우혁이 침대 맡에 엎드려 자고 있
다면, 토니는 아마도 이렇게 뇌까릴 것이다. '이 녀석, 날 지켜주었
구나.'

  최근의 현상을 팬픽문화라 하지 않고 동인문화라 하는 이유는 2
차 창작과 향유의 저변이 다양한 문화상품들로 확대됐기 때문이
다. 예컨대, 소년 어드벤처 만화 「원피스」나 영웅 액션 게임 「전국
바사라」는 원작의 세계에 국한되지 않고 동인녀들에 의해 주요 캐
릭터끼리의 연애를 소재로 재해석된다. 또한 재창작을 하지 않는
다 하더라도, 원래 내러티브에는 없었던 동성애 코드를 스스로 발
굴해서 상상하고 '오덕' '씹덕' '백덕'거리는 건 얼마든지 가능하
다(오타쿠 행동의 강도는 대략 이러하다. 오덕〈씹덕〈백덕).

  심지어는 주류 문화산업조차 1차 저작물 생산과정에 '거의 의도
적으로' 동인녀문화 코드를 배치하곤 한다. 예컨대 「커피프린스 1
호점」 「미남이시네요」 「성균관 스캔들」 「응답하라 1997」 등에서
이른바 'BL'(boys' love) 코드를 확인하는 건 전혀 어렵지 않다. 물론
이들 드라마가 TV라는 매체 성격 때문에 이성애 내러티브로 회귀
하긴 하지만, 적어도 사회적 금기에 마주한 남자주인공이 내면적
갈등을 겪고 마침내 극복하는 과정('니가 외계인이어도 괜찮아. 갈 데까지 가

보자')은 BL물 같은 동인녀문화에선 꾸준히 반복돼왔던 극적 장치 중에 하나다.

남성 동성애물을 보면서 '우쭈쭈'하고 심지어 '하앍하앍'하다니 '이 무슨 변태들인가?' 하고 이상히 여길 법도 하다. 그렇지만, 10 대 남성들이 포르노를 보면서 성에 눈을 뜨는 것과 비슷한 이치라고 생각하면 되겠다.[5] 처음 접했을 땐 거부감이 들지만 왠지 자꾸 찾게 되고 심한 경우에는 과몰입하는 것과 같다. 또한 야동에 장르와 수위가 있는 것처럼, 동인물도 SM급의 하드코어에서 '달달물' 같은 소프트코어에 이르기까지 다양한 종류가 있다. 그런 면에서 동인물을 두고 여자들의 포르노라 일컫는 게 틀린 말만은 아닌 셈이다.

물론 다른 점은 있다. 동인물을 통해 성에 눈을 뜰 때, 10대 남성과 달리 여성들은 동성애적 관계를 목도한다는 사실이다. 이런 과정은 기존의 통념들을 넘어서는 최소 세가지 이상의 결과를 낳는다. 첫째, 오늘날 여성들은 청소년기부터 남자를 대상화하면서 성적 욕망의 주체가 된다. 더이상 그녀들은 남성들에 포획된 성적 시선의 대상이기만 한 게 아니다. 둘째, 여성들일수록 동성애에 대한 태도가 더 개방적이다. 이를 두고 걱정할 사람도 있겠지만 적어도 이성애주의로 인한 문화적 폐쇄성과 독단으로부터 그녀들은 거리를 둘 수 있다. 셋째, 과몰입하는 경우에는 자기 스스로를 동성애자로 동일화할 개연성도 있다. 실제로 그런 점들 때문에 동인녀문화는 성정치의 측면에서 굉장한 급진성을 보이는 셈이다.

5. 엄기호, 『포르노, All boys do it!』, 우리교육 2000.

어떤가. 만약 그녀들의 문화를 보고 '왜곡된 성' '도덕적 타락' '몹쓸 대중문화' 같은 식의 생각이 든다면, 조금은 다른 방식으로 생각해보길 권하는 바이다. '음란하고 유해한 생각'을 버린다면, 그녀들이 다른 범생이나 찌질이들과 달리 자기들끼리의 문화적 의례를 만들고 전혀 새로운 문화적 주체성을 창조하고 있음을 알아챌 수 있을 것이다. 퇴폐, 타락, 음란이라지만 몸을 사랑하고 욕망하는 것이 왜 문제인가? 이들의 코드가 주류 대중문화로까지 전파되는 마당에 언제까지 고리타분한 생각으로 스스로 발목을 붙잡을 셈인가? 게다가 성적 소수자를 인정하고 배려하는 높은 수준의 윤리의식을 보고 있노라면, 사태는 점점 더 확실해진다. 혀만 차고 있을 게 아니다. 우리가 배울 게 더 많다.

억압된 성, 왜곡된 성

다만, 이렇게 '쿨'하게 글을 쓰고 있는 필자로서도 종종 판단이 어려운 대목이 있다. '10대의 성을 해방시키자,' 한걸음 더 나아가 '당사자인 10대들이여, 당당히 권리를 외쳐라'라고 권하는 게 만사 형통만은 아니기 때문이다.

이를테면, 동인녀문화에 전복성이 있는 건 사실이지만, 여기에는 기존의 남성성-여성성의 위계를 재생산하는 역설도 포함되어 있다. 실제로 이를 '공수법칙'이라 하는데, 동인물에선 사실 시각적 대상만이 생물학적 남자 형상일 뿐, 공격적인 '남성적 역할'과

수세적인 '여성적 역할'이 반복되곤 한다—종종 등장하는 성폭행 시퀀스 역시도 사정은 같다. 결국 동인녀문화란 이성애주의를 전복시키는 쾌락을 미덕으로 삼지만 지배적인 성역할을 재생산하는 또하나의 아이러니를 제시하는 셈이기도 하다. 마침, 요즘 도는 팬픽에 이런 구절도 있다. '룸을 들어서자마자 ○○을 소파에 내동댕이쳤다.' 아쉽지만, 내동댕이쳐야 할 건 아이돌 그룹의 '총수'(어떤 커플링에서도 '수'〈당하는〉 역할만 맡는다는 뜻) 아무개가 아니라 바로 그 '내동댕이'일 텐데 말이다.

심지어 낯 뜨거운 막장 요소까지 갖추는 경우가 다반사다.

그 말에 종현은 할말을 잃었다. 하지만 이내 평정심을 되찾고선 다시 가만히 앉아 손만 만지작거리는데 태민이 말을 걸었다.

"집, 이사 갔더라. 돈을 좀 모았나보네. 신문배달하면서 말야. 그래도 사창가와는 떨어지지 못한 것 같네."

"그 돈으로 딱 그 정도 거리 안에 있는 집만 구할 수 있었으니까."

"엄마가 계셨던데. 돌아가셨나보네. 나도 아빠가 죽었는데."

"그게 엄마랑 무슨 상관이야?"

"모르나보네. 니네 엄마, 우리 아빠가 첩으로 삼았던 거."

"!!!!!!!!!!!"

이와 같은 내러티브들은 10대들이 새로운 문화적 양식을 창조해내더라도 기성문화의 프레임에서 온전히 벗어나기 힘들다는 점을 보여준다. 우리가 의심해야 할 것은 그녀들의 성적인 되바라짐이 아니라, 어떤 권력관계를 뚫고 나가는 듯하면서도 다른 권력관계로 예속되는 바로 이 지점이다. 물론 나로서도 궁극의 비답 같은 건 없다. 때로는 주류문화의 매체적 특성이나 내러티브 요소 등을 차용해서 새로운 문화를 형성하는 게 놀랍기도 하고, 또 때로는 전혀 새롭지 않은 문화적 코드들로 회귀하는 게 미심쩍을 따름이다.

　실제 성행동의 차원으로 넘어오면 문제의식이 더 뚜렷해지기도 한다. 10대의 억압된 성만큼이나 왜곡된 성도 문제기 때문이다. 그들의 성관념과 성행동이 어른들을 빼다 박았다는 점에서, 유독 10대 여성들의 신체는 폭력과 갈취 그리고 그로 인한 2차 피해에 노출되기 쉽다. 불행하게도, 그녀들은 또래 남성에 비해 강제에 의한 성관계나 원조교제를 통한 성관계 경험이 많은 게 사실이다. 실제로—성경험이 있는 10대 남녀 공히 또래의 이성친구와 관계를 하는 경우가 대다수긴 하지만—남자들이 본인보다 나이 어린 후배와 관계하는 비중이 13.4%고 여자들이 20세 이상 어른과 관계하는 비중이 18.3%라는 사실에 주목할 필요가 있다.[6] 이런 사실은 연령주의에 의해서든 성인 남성의 성관념에 의해서든 상대적으로 10대 여성들의 성이 왜곡될 개연성이 높다는 사실을 방증한다. 원치 않는 임신이라도 하게 된다면, 다소 미심쩍은 표현이긴 하지만 그야말로 '위기 청소년'(소위 청소년문제로 인해 소년원이나 쉼터에 머무르는 청소년들을 말한다) 신세가 되기 십상이지 않겠는가.

　그와 그녀는 어른들이 밉고 싫겠지만 묘하게도 어른들을 닮는다. 벗어나고 싶어도 정작 보고 배울 게 어른들 말고는 없어서일까.

6. 여성가족부, 2012, 앞의 책.

어쩌면 '엄마 아빠처럼 살지 않겠어!'라고 다짐하던 우리가 어느새 당신들의 모습을 닮아 있는 것과 비슷한 이치일지 모르겠다.

성교육 또는 페미니즘교육

근자에 들어 성교육에 대한 사회적 요구가 빗발치는 것에 일정 정도 수긍이 가는 것도 이러한 맥락 때문이다. 물론 그때의 성교육은 ① 갈수록 개방화되는 청소년 성문화의 속도에 부응하는 것이어야 하고, 아울러 ② 그들 스스로가 부끄러워하지 않을 성관념을 갖게 하는 것이어야 하며, 나아가 ③ 윤리적·정치적으로 가치를 인정받을 수 있는 것이어야 한다. ④ 심지어 기존의 젠더적 권력관계에도 영향을 줄 수 있을 정도로 말이다. 그런데 다들 알다시피 우리의 현주소는 난감하기 이를 데 없다. 성교육 시간은 한해 평균 5.17시간에 불과하다. 교사는 동영상만 틀어주고 궁금한 게 있으면 물어보라는 식으로 핵심을 피해간다. 학생들이 성교육의 필요성을 절감하지 못하는 건 당연지사다. 그 사이에 성교육에 반비례해서 성폭력은 증가한다.[7]
　사정이 이렇다보니 최근에는 중상층 주거지역을 중심으로 성교육을 아예 사교육(?)에 의존하는 현상이 나타나기도 한다. 학교 교사들이 성교육 커리큘럼 마련에 어려움을 겪으면서(생각해보면 그들조차도 제대로 된 성교육을 받아본 적이 없는 것 같다) 성교육 전문기관에 강의를

---

7. 「서상기의원, 성폭력은 '급증' 학교 성교육은 '급감'」, 『뉴시스』 2012년 10월 5일.

위탁하는 경우가 늘고 있기 때문이다. 학교에서 일부 분담하고 학부모들이 추렴해서 교육비용을 충당하면서 말이다. 물론 이런 사례가 그렇게 많은 것도 아니다. 경제수준이 상대적으로 낮은 대개의 지역에서는 학교교육에 성교육을 의지하는 수밖에 없다. 그러나 알다시피 학교에서의 성교육은 답보상태다. 이제는 성교육에서마저도 계급차이를 걱정해야 할지 모르겠다. 균형잡힌 성의식을 갖춰가는 중간계급 출신의 청소년과 갈수록 성의식의 균형이 지체되어가는 노동계급 출신의 청소년.

  그렇다면 10대의 성이 타자로부터 억압받지 않는 성, 그리고 스스로 왜곡하는 성이 되지 않기 위해선 어떤 묘수가 있을까. 우리가 기댈 데라곤 '보편적인 페미니즘교육'밖에 없지 않을까 싶다. 무턱대고 연소자를 단속하면서 성을 억압하지도 않고, 인간을 성적 대상으로 삼으면서 성을 왜곡하지도 않는, 그런 대안적 윤리 말이다. 그리고 그에 대한 교육은 당연히 보편적이어야 할 것이다. 지금으로선 이 정도가 상상 가능한 거의 유일한 대안일 듯싶다. 물론 한가지 단서조항을 반드시 염두에 둘 필요가 있다. 페미니즘 교육의 우선적 대상은 그 어떤 10대들보다도 어른들이어야 한다는 점이다.

8장

가출팸, 가출 이후 생존의 법칙

언제나 가족이 문제지만 정작 가족 없인 살 수 없다는 문제

10대들의 가출. 대개는 치기어린 마음에 집을 나섰더라도 하루 이틀 만에 돌아오는 게 보통이다. 그렇지만 어떤 경우에는 영영 돌아오지 않은 채 '유령'처럼 곳곳을 배회하고 사람 사는 세상에 출몰하는가 하면 해를 입히기도 한다. 가출 청소년에 대한 이야기들은 일종의 괴담과도 같아서 하나같이 무섭다. 동트기 전 신촌 어딘가 놀이터에 가면 목격할 수 있다, 누군가는 떼지어 나타난 유령들한테 금품을 뺏겼다더라…. 물론 그 유령들에게 한서린 사연이 있다는 뒷이야기도 빠지지 않는다. 가정폭력에 시달렸다든지 부모와 다툼이 잦아서 견딜 수 없었다든지 등등. 사람들은 불쌍한 마음에서든 겁이 나서든 이들 유령이 제자리로 갔으면 한다. 구천을 떠돌지 말고 원래 자리로 돌아가라고. 그런 노래도 있지 않던가. 컴 백 홈(come back home).

"집에 들어가는 건 자살행위": 가출 청소년의 유령학

공식적으로 가출 청소년은 '실종자'로 기록된다. 부모 입장에서 집
나간 자식이란 실종 상태기 때문이어서 그럴 것이다. 그러나 가출
청소년 당사자 입장에서 보자면 억울한 말일 수도 있다. 남들 보기
에 어떻든 엄연히 살아 있고 집에서 지내던 시절에 비하자면 행복
하기까지 한데 실종자라니 말이다. 따라서 '가출 청소년⊂실종자'
라는 분류방식은 단순히 부모 속상한 마음에서 나오는 정서적인
차원만을 의미하는 게 아니다. 실종이란 원래 있어야 할 곳에 없는
상태를 가리키는 말이다. 이 같은 분류 방식은 청소년들의 가출이
정상적인 생활패턴이 아님을 뜻한다. 그렇기에 사람들은 가출을
대표적인 경로이탈, 즉 일탈이라 부르곤 한다.

 그렇지만 통계적으로 보더라도 가출은 유별난 이상행동이라 볼
수 없을 정도로 일반적이다. 성별이나 계층 구분 없이 전체 청소년
중 10%나 되는 2만여명이 매년 가출을 감행한다. 그것도 열세살이
되면서부터.

 2만명: 매년 가출하는 청소년들의 대략적인 숫자다. 이마저도 경찰
  청에 실종자로 신고된 경우니 전체 규모는 이보다 더 클 것으로
  추정된다.
 13세: 가출한 청소년들이 최초로 가출을 경험할 때의 평균 나이다.
  평균 연령대가 매해 낮아지고 있다. 실제로 최근 1년간 가출경험
  이 있는 친구들은 고등학생보다 중학생인 경우가 많다.

10%: 전체 청소년 중 가출을 경험한 경우다. 2011년도 여성가족부 조사결과에 의하면, 남자의 10.6%, 여자의 9.6%가 가출 경험이 있다. 그래도 10년 전에 비해 3.5% 포인트나 감소한 것이라고 한다.

11.4%, 9.0%, 12.3%: 경제적 사정별로 본 가출경험 수치다. 상층 가정 청소년이 11.4%, 중간층이 9.0%, 하층이 12.3%라는 이야기다. 중간층보다는 상층 가정의 가출 비율이 더 높다는 사실이 특징적이다. 그런 점에서 보자면 빈곤은 청소년 가출에서 그저 여러 이유들 중 하나일 뿐이다.[1]

조금이라도 양식이 있는 사람이라면 이들이 왜 가출을 시도하는지, 게다가 집에 돌아왔다가도 왜 다시금 나가는지 궁금할 것이다. 이유는 특별할 것도 없이 이미 우리가 짐작하는 선에서 크게 어긋나지 않는다. 집에 문제가 있어서, 학교에 문제가 있어서, 또는 자유를 찾고 싶어서다. 2011년도 실태조사[2]에서도 가출 이유는 크게 다르지 않았다.

첫째, 집에 문제가 있는 경우다. 부모와의 갈등, 부모의 신체적 학대, 계부모가 싫어서, 가정형편이 어려워서…. 부모와의 갈등이 제일 큰 비중을 차지하는데, 보통은 남성보다 여성들이 더 심각한 갈등을 겪는다(무려 16% 포인트나 더 많다). 아무래도 또래 남자보다 가부장적 억압에 더 민감하기 때문인 것으로 볼 수 있다. 둘째, 학교

---

1. 이상의 통계는 여성가족부, 『2011년 청소년 유해환경접촉 종합 실태조사』, 2011에서 인용했다.
2. 같은 책.

에 문제가 있는 경우다. 성적에 대한 부담감, 학교 공부가 싫어서, 친구나 선후배 문제, 교사와의 갈등, 학교의 규율과 통제가 싫어서…. 학교 문제는 여성에 비해 남성들이 조금 더 민감한 것으로 나타났다. 이것은 학교에서 수업태도의 성별 차이 때문인 것으로 추측된다.[3] 셋째, 독립적인 생활을 꿈꾸는 경우다. 놀고 싶어서, 자유로운 생활을 하고 싶어서, 가출에 대한 호기심으로, 다양한 사회경험을 얻고 싶어서…. 그 외 친구에게 동조해서 가출하는 경우도 있는데 우정이나 의리라는 정서에서 보자면 나쁘다고만은 볼 수 없는 경우다.

이 이유들이 각자 엄격히 구분되는 건 아니다. 그보다는 서로 얽혀 있다고 보는 편이 옳다. 사회적 개인으로서 자신의 신체적·정신적 자유를 추구하는 건 지극히 당연한 일인데, 문제투성이 집이나 학교에서 아무런 전망을 가질 수 없는 데다가 억압적 분위기가 지속된다면 가출은 지극히 당연한 수순이다.

물론 가출은 현명한 선택이 아닐 수 있다. 집과 학교에서 안정적인 삶을 영위하는 대다수 친구들의 눈에도 가출한 또래가 위태해 보이긴 마찬가지다. 가출하면 뭐하겠나. 그저 떠돌면서 여기저기 '삐대거나' 술·담배처럼 건전하지 못한(?) 유혹에 빠지기 십상이다. 생활비는 또 어떻게 하나. 집에서 모아놨던 돈은 금세 바닥나

<hr />

3. 최근 선진국에서는, 남학생들이 사내다움(laddism)을 표방하며 교육과 학습을 찌질한 (uncool) 것으로 여김으로써 적대적 태도를 띠는 데 반해, 여학생들은 언어적 활동을 통한 관계맺기를 중시하면서 계획성 및 학습의욕이 상대적으로 높게 나타난다. 물론 졸업 후 일자리가 남성 위주로 공급된다는 문제는 여전하지만 말이다. 앤서니 기든스, 김용학 외 옮김, 『현대 사회학』(6판), 2011, 724쪽.

기 마련이고 친구나 선배한테 손내미는 것도 한계가 있다. 공부 대신 알바를 전전해야 하고, 노동 규율에 익숙하지 못한 녀석들은 생계를 위해서 금품을 '쌔비거나'(절도) '삥'을 뜯어야(강도) 할 정도로 궁지에 몰린다. 집 나가면 개고생이라고, 눈붙일 곳도 마땅치 않다. 친구 집도 하루이틀이지, 찜질방이나 사우나에서 버티다가 결국엔 길거리, 빈집, 건물 계단, 역 주변에서 쪼그린 채 잠을 청할 수밖에 없다.

그러나 가출 청소년들이 '미련'한 선택을 했다고 판단할 근거는 어디에도 없다. 특히 가출이 장기적이고 반복적인 경우일수록 그들의 선택은 나름대로 최적화된 합리적 선택으로 볼 수도 있다. 우리가 생각하는 것처럼 집이 스위트 홈이 아니라 지옥과 다를 바 없고, 학교도 배움의 터전이 아니라 사실상 복종의 훈련소라면, 이야기는 전혀 달라진다.

"집에 다시 들어가라는 건 자살행위예요. 여기가 훨씬 편해요. 자유, 해방 같은 느낌이에요."[4]

집에서의 '죽음'이 단지 수사적인 표현만은 아닐 것이다. 그것은 무엇보다도 정신적 죽음이며 때로는 가정폭력 상황 속에서 마주할 수밖에 없는 신체적 죽음(의 위협)까지도 내포한다. 가족과 학교가 사회화기관이고 따라서 가출이 사회화를 거부하는 일탈이라지만, 이들에게 가족과 학교는 사실상 억압적 · 이데올로기적 장치며 가

---

4. 「가출 청소년들의 생활 밀착 취재」, KBS 〈추적 60분〉 2012년 7월 방영.

출은 그로부터 벗어날 수 있는 거의 유일한 수단이다. 이렇게 보면 위와 같은 상황에서 가출 한번 못해본 친구들이야말로 가장 미련한 선택을 한 것일 수 있다.

'함께 가출할 친구 구함': '가출팸'의 등장

청소년들의 가출 규모와 원인은 과거와 크게 다를 바 없다. 성장과 더불어 독립적 신체와 정신을 꿈꾸는 그들 자신의 바람('편하게 살고 싶어요'), 이를 억제하거나 지연시키는 사회적 장치들('어른이 될 때까지 조금만 참고 견디렴'), 그리고 이 둘 사이에서 동요하다가도 어느 순간 최종 선택을 내리는 나름대로의 평형감각('그래, 결심했어'), 이러한 형식은 예나 지금이나 매한가지다. 솔직히 필자 입장에선 바로 앞에서 가출 현황과 원인을 열거한 것이 무슨 의미가 있겠나 싶을 정도로 청소년들의 가출은 절대로 새로운 현상이 아니다. 가출 청소년들이 근 십여년 동안 적당한 관심과 무관심 사이에 놓여 있었을 뿐이다.

　그런 맥락에서 보자면, 최근 미디어에서 가출 청소년을 우려하는 보도가 많아진 건 비교적 의미심장한 일일 수 있다. 〈그림 1〉에서 보듯이 증면 경쟁이 절정을 이뤘던 1997년[5]부터 주요 일간지에서 가출 청소년을 다룬 경우는 2004년(122건)과 2011년(119건)을 제

---

5. 홍은희, 「신문 증면과 문화저널리즘의 변화」, 『문화경제연구』 2012년 4월(15권 1호) 148쪽.

외하면 100건을 넘긴 적이 없었다. 그러다 2012년 들어 무려 223건의 기사에서 가출 청소년이 언급됐다. 여기서 흥미로운 것은 2012년 가출 청소년에 대한 폭발적 관심의 배경에 '가출팸' 현상이 있었다는 사실이다(2010년에 1건, 2011년에 2건, 그리고 2012년에는 24건이나 소개됐다).

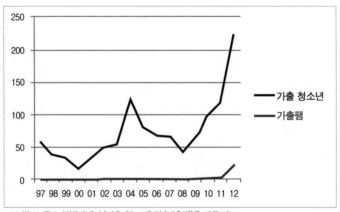

〈그림 1〉 주요 일간지에서 '가출 청소년' 및 '가출팸'을 다룬 빈도
* 출처: 네이버 뉴스 검색

가출팸이란 가출한 녀석들끼리 모여 원룸이나 모텔 등 살 집을 구한 뒤 집단으로 거주하는 형태를 가리킨다(팸은 패밀리의 약어다). 적게는 서너명에서 많게는 예닐곱명이 동거한다. 요즘에도 새벽녘이면 번화가의 24시 패스트푸드점이나 커피전문점에서 반(半)노숙하는 10대들을 볼 수 있는데, 그에 반해 이들 가출팸은 엄연히 살 집(house)을 마련하고 그곳을 살 만한 집(home)으로 꾸미고 있다.

일단은 가출 청소년들이 왜 '팸'을 결성하는지에 대해 살펴보자. 만약 당신이 이러저러한 이유로 가출을 했다고 쳐보자. 그렇다면 어디서 지내게 될까. 교우관계가 제법 된다면 친구 집을 전전할 것이고, 운이 좋다면 좋은 알바 자리를 얻어서 숙식을 제공받을 것이다. 그게 아니라면 가출 청소년 쉼터? 그렇지만 쉼터 공간이 절대적으로 부족하거니와, 그곳의 규율 그리고 생면부지들과의 부대낌 등은 영 마뜩치 않다. 물론 그런 곳이 있다는 사실조차 잘 모르는 경우가 다반사다. 나아가 청소년 가출이 반복적이고 장기화되는 추세까지 감안한다면 현실은 만만치가 않다. 오늘날 이 바닥에선 갈 곳이 없는 것이다.

그래서 바로 지금 이 시간에도 인터넷 커뮤니티나 채팅방에는 가출팸을 구하는, 혹은 가출팸을 만들자는 글들이 속속 올라오고 있다. '17남 재워주실 분' '잘 곳 없어 힘드신 분들만 보세여' '경기도 룸메 구하거나 남녀무관 2명까지만 재워주세요' 등등. 그러면 댓글을 달면서 대화에 응한다. '안녕, 너랑 동갑이라서 말 놓을게. 나 서울인데 나 좀 도와줄 수 있겠냐?' 같은 식으로. 자유로운 영혼들이 모여 사는 바야흐로 가족의 탄생이다.

최근에는 아예 가출을 결행하기 전부터 가출팸을 결성하는 경우도 빈번하다. '동반 가출' '일행 구함' '96(년생인데), 함께 가출할 친구 구함'…. 인터넷 가출 커뮤니티나 소셜미디어 채팅을 통해 친구들을 모은 후 디데이를 정하고 동반 가출하는 것이다. 이처럼 가출팸은 선가출 후팸을 넘어 선팸 후가출의 추세로 나아가며 이제는 청소년 가출에서 일종의 필수 코스가 되고 있다.

그렇다면 이렇게 구성된 새로운 가족은 어떻게 유지되는 것일까. 이들한테 가출팸이 유용한 이유는 무엇보다 경제적 문제에 있다. 각자 알바를 뛰면서 수입 중 일부를 비교적 공평하게 모아 주거비를 해결한다. 또한 자유로운 가출 생활을 위해 모여든 녀석들이지만 이 자유를 지키기 위해선 나름대로 규칙을 정해야 한다. 설거지는 이틀에 한번씩, 씻는 것은 여자 먼저, 청소는 매주 화요일과 토요일, 세탁기 빨래 돌리는 건 순번대로….

어쨌든, 최근 들어 가출 청소년에 대한 관심이 급증하게 된 배경에는 가출팸이라는 신종 현상이 결정적인 역할을 했다. 새로운 양상이 나타난 이상 이를 묘사하고 해석하고 대처해야 할 필요가 있기 때문이다. 그리고 무엇보다도 가출팸의 생태계가 사회적 시각에서 보자면 자극적이고 선정적이라는 사실도 빼먹을 수 없다.[6] 한 집 한방에서 과년한 남자와 여자가 혼숙을 하다니! 생활비 마련을 위해 사기는 물론이고 성매매까지 일삼다니!

가출팸의 사회학: 범죄 또는 새로운 가족

이렇게 되면 실종자였던 가출 청소년은 이내 잠재적 또는 실질적 '범죄인'(犯罪因)으로 '상상'된다. 부적응→가출→범죄의 일반화된 수순을 밟게 되는 것이다. 가출 청소년들이 범죄 환경에 연결될 수 있다는 건 부인할 수 없는 사실이다. 실제로 범죄의 대상으로 노출되거나 직접 범죄에 나서며 '비행 청소년'으로 부상할 가능성이 확

---

6. '가출 청소년' 보도가 2004년 한해에만 122건으로 급증한 것도 상당수 가출 청소년들이 성매매에 종사하고 있다는 사실이 알려졌기 때문이다.

실히 크다. 특히 한국사회에서는 여성들의 문제가 더 민감하게 받아들여진다. 각종 포털 사이트에서 '가출팸'으로 검색을 해보면 연관 검색어로 '가출 여고생' '가출 여중생' '가출 소녀' '가출녀' '몸빵' '가출 소녀 집으로 불러들이는 방법' '가출 소녀와의 동거' 등이 나온다. 이러한 언어들은 가출 청소년들 중에서도 여성들이 '더 위험'하다는 사실을 가리키고 있다. 즉 그녀들은 말 그대로 스스로 위험에 처해 있고, 다른 한편으로 그녀들 자신이 지배질서에 위험요소로 작용한다는 의미에서 또한 위험에 처해 있다.

- 천안에 사는 한 남성은 '재워줄게 일단 바바'라는 글을 올려 함께 살 여자를 구한다고 했다. 그는 '현재 22살 남자 둘과 여자 하나가 살고 있는데, 얼굴 이쁘장하면 샵 모델 겸해서 용돈 식으로 챙겨준다'라는 미끼까지 던져놓고 있다. 여기에 15세 여자아이가 '나는 괜찮냐'라며 댓글을 달아놓았다.
- 이들은 돈이 떨어지면 범죄에 나선다. 청소년 쉼터에서 만난 가출 청소년들은 한결같이 앵벌이, 삥치기, 삥뜯기, 아리랑치기, 소매치기, 절도, 차털이 등의 경험이 있다고 들려주었다. (…) 이순형 군(가명 · 19)은 배가 고프면 대형 마트의 시식코너에 가서 음식을 먹는다. 또 "식품에 부착된 바코드를 떼거나 마크를 뗀 후 몰래 가지고 나오기도 했다"라고 말했다.[7]

─────────────

7. 「'팸' 만들어 위험한 동거까지―가출 청소년 24시 동행 취재/흡연 · 음주에 본드 흡입도 수시로…범죄의 유혹에도 쉽게 넘어가」, 『시사저널』, 2012년 3월(1118호).

이 책을 읽고 있는 독자들이라면 짐작하겠지만, 필자는 가출 청소년들이 일탈행위를 하고 있으므로 문제가 심각하다느니 보호·단속해야 한다느니 하는 이야기를 할 생각이 전혀 없다. 그보다는 그들을 바라보는 사회적 시각이 어떻게 구성되어 있는지를 먼저 점검하고 싶다. 다시 말해 이들을 범죄담론과 연결시키는 현 상황 자체가 필자에겐 더 문제적으로 보인다. 특히 가출팸 현상이 뜻하는 사회문화적 의미는 간과해버리고 거의 자동반사적으로 도덕적 판단을 앞세우는 것은 그들에 대한 인간적 마음가짐도 아닐뿐더러 교양인으로서의 태도와도 거리가 멀어 보인다.

가출팸 현상에서 주목할 부분은 이들이 가족으로부터 이탈하자마자 또다른 가족(패밀리)을 꾸려나간다는 데 있다. 물론 이로 인해 가출 청소년의 범죄 형태가 과거와 달리 집단화되는 경향이 나타나는 것은 사실이다. 새로 사귄 친구들과 노래방과 당구장을 돌아다니고 흡연, 음주, 성관계, 본드 흡입까지 함께한다. 뿐만 아니라 ─대다수 미디어가 좋아하는 현상이기도 한데─ '남자애'들이나 '언니'들이 포주 노릇을 하는 등, 팸 내에서 역할을 분배하고 성매매를 통해 생활을 이어가는 방식은 사람들을 더욱 기겁하게 만드는 요인이라 할 수 있다.

그러나 적어도 한가지 측면에 대한 고려는 놓치지 말기로 하자. 가출팸 현상은 오늘날 10대들에게 부과되는 지배적인 라이프스타일과는 전혀 상반된 측면이 있다는 것이다. 대다수 10대들은 어떻게 살고 있던가. 무한경쟁에 내몰린 그들의 현재적 삶은 부박한 교우관계 속에서 사회적으로 고립되어 있고, 미래에 대한 비전 역시 세속적 성공 외에는 별다른 선택지가 없는 듯하다. 그에 반해 가족과 학교를 뛰쳐나와 제 나름대로 가족을 만들어 생활하는 모습들은 분명 새롭고도 의미있는 현상이다. '꿀림방'[8]에 몰려사는 형편이 찌질해 보일지언정 자신을 옥죄는 물리적·정신적 환경으로부터 자유로워진 것만으로도 '쿨'한 생활이 아닐 수 없다.

그런 맥락에서 그들이 지배적인 관계 형식과 다른 형태, 즉 가출팸이라는 자기들만의 사회를 구축한다는 것은 대단히 놀랄 만한 일이다. 이러한 조직화는 무엇보다도 생존전략의 일환이라 볼 수 있다. 경제적 생존의 필요성은 말할 것도 없다. 꿀림방이라 하더라도, 또는 미성년 성매매를 빌미로 구매자를 등쳐먹고 모텔을 전전하더라도, 가족과 학교로부터 벗어나 혼자 지내는 것보다야 경제적 비용이 덜하기 때문이다. 그렇지만 다른 어떤 이유보다도 이들에게는 '팸'이라는 언어가 의미하는 대로, 유대를 통한 정서적 생존의 문제가 결정적인 것으로 보인다. 이때 팸이라 함은 단순히 취향공동체를 넘어서는 상징적 의미를 가진다. 가족이 문제여서 가족을 벗어났지만 정작 기족 없이는 살아갈 수 없다는 것, 바로 그러한 근본적 역설 때문에 탄생한 사회문화적 산물이 가출팸이기 때문이다.

그렇다면 우리는 가출 청소년, 그리고 비교적 최근의 현상으로서 가출팸을 도덕적 문젯거리가 아니라 하나의 진지한 질문으로 받아들일 필요가 있지 않을까. 물론 지금 필자가 이들을 두고 대안

---

8. 10명 안팎의 가출 청소년들이 수개월 이상 함께 사는 그들만의 아지트를 이르는 은어다. 원래는 초라한 하숙방을 뜻하는 말이었는데, 가출 청소년들이 자신이 사는 곳을 이렇게 부르면서 널리 퍼지기 시작했다.

적인 가족 형태를 창출했다는 둥 이상화하려는 것은 절대 아니다. 가출팸이라는 새로운 답이 생겨난 순간 새로운 문제도 나타날 것이기 때문이다. 예상 가능한 걸림돌은 역시 경제 문제다. 일자리가 없을 경우, 거기에 덧붙여 자유생활에 대한 희망이 지나쳐 일할 의지도 별로 없을 경우에는, 팸의 규범적 균형상태가 무너질 수밖에 없다. 실제로 대다수 가출팸들은 돈벌이가 시원찮은 구성원들에게 성매매를 비롯해 금품갈취와 절도, 폭행 등을 강요하기도 한다. 공교롭게도, 가족의 이름으로 말이다.

가출팸의 상황을 요약하자면 이렇다. 상징적인 의미에서 '아버지'로부터 벗어나 진짜 '집'을 만들기는 하지만, 그곳에는 또다른 '아버지'가 있어서 고통과 환난의 굴레가 완전히 멈추진 않는다는 역설이다. 그렇지만 생각을 좀 달리 해보면, 가출팸이라는 현상이 가리키는 진짜 아이러니는 좀더 구조적인 차원에 있지 않을까 싶기도 하다. 오늘날 한국사회에서 정상가족 신화가 이미 한계상황에 다다랐다는 사실 말이다. 생물학적 가족도, 그리고 이를 모방한 가출팸도 말이다. 그러니 녀석들은 부유할 수밖에 없다. 유령이 머물 곳은 보이지 않는다.

9장

알몸졸업식

결국엔 때려잡힌 그들만의 아방가르드 퍼포먼스

그때 그 사건[1]

2010년 2월. 인터넷과 SNS를 중심으로 세상이 들썩였다. 경기도 고양시 일산의 A중학교가 난데없이 세간의 주목을 받았던 것. 한해 앞서 졸업한 고등학생 선배들이 학교 근처로 찾아와 이제 막 졸업식을 마친 후배들의 교복을 찢고 알몸을 만들어 얼차려를 가한 것이 발단이었다. 이 사건을 신고하고 싶었는지 아니면 기록하고 싶었는지 어떤 학생이 '알몸졸업식' 현장을 동영상과 사진으로 찍어 인터넷에 올렸다.

놀라운 광경이었다. 중고등학교 졸업식이면 후배들이 찾아와 밀

1. 「알몸 졸업식 뒤풀이 그때 그 학교는? 그때 그 아이들은?」, 『중앙일보』 2011년 2월 9일자 기사를 필자의 시각과 본문 흐름에 맞게 재구성했다.

가루와 계란세례를 퍼붓는 건 으레 있는 일이었다. 강한 멤버십을 가진 무리들끼리 유사-폭력을 통해 그동안 선배들에게 묵혀왔던 감정을 털어내면서 끈끈한 유대관계를 확인하는 일종의 의례였기 때문이다. 그런데 교복이 찢긴 채 알몸으로 얼차려를 받으며 인간 피라미드를 쌓는 장면은 확실히 충격적이었다. 게다가 이미 졸업한 선배들이 찾아와 그 같은 일을 벌이다니. 대다수 사람들이 개탄을 금치 못했다.

세상이 들썩였는데 일산의 해당 학교도 예외는 아니었을 게다. 설 연휴를 앞두고 교사들 사이에선 긴급호출이 오갔다. "학교 홈페이지 자유게시판에 '알몸졸업식 뒤풀이' 사진이 올라왔는데 우리 학교 학생이다." 확인해보니 사진에는 학생부를 들락날락하던 녀석들이 있었다. 그래도 순수한 아이들이었는데…. 학교 측은 홈페이지를 차단하고 경찰에 연락해 유포중인 사진을 삭제해달라고 요청했다. 그리고 사진에 등장한 학생들과 그들의 학부모를 불러 자체 진상조사에 나섰다. 피해 학생들의 안위와 더불어 학교의 명예가 달린 일이기도 했다.

피해 학생은 여학생 5명에 남학생 7명. 이 중 한 여학생은 "앞으로 어떻게 학교를 다니고, 어떻게 살아야 할지 모르겠다"며 통곡했다고 전해진다. 전국적으로도 그렇지만 주변에서도 알 만한 사람들은 이미 다 아는 일이 됐기 때문이다. 실제로 어떤 학생은 대인기피증까지 생겨 누구도 만나려 하지 않았다고 한다. 15명의 가해자 중 13명은 기소가 유예됐지만 2명은 법원으로 송치되기까지 했다. 독후감 과제를 내기로 하면서 소년원까지 가는 사태는 일어나지 않았지만 어떤 식으로든 처벌은 받은 셈이었다.

진상조사 초기에는 가해 학생들 대다수가 "매년 되풀이되는 건데 왜 우리한테만 그러느냐"고 되물었다고 한다. 문제의식이 있었을 리 없다. 당연하지 않은가. '왜 나한테만?', 즉 그냥 재수가 없었다고밖에는 생각할 도리가 없었을 것이다. 어쩌면 영상 유포자를 잡아 '족칠' 생각에 여념이 없었을지 모른다. 그렇지만 이 사건이 학교폭력 문제와 결부되어 여론이 악화되고 조사기간까지 길어지자 가해 학생들도 사태의 심각성을 깨닫기 시작했다. "이런 모습 보여드리기 싫었는데 죄송하다"는 반성은 당연한 수순이었다. 철없이 태연자약하다가 끝내 참회하는 모습에서는 권선징악 내러티브의 전형이 묻어났다.

모든 일이 해피엔딩으로 마무리된다면 그보다 좋은 일은 없을 것이다. 그런데 흥미로운 것은 가해 학생들의 다분히 히스테릭한 반응이다. "매년 되풀이되는 건데 왜 우리한테만 그러느냐." 질문 그대로 알몸졸업식이 자기들만의 문제가 아니라는 항명이다. 알몸졸업식이 모두의 일이라는 주장은 지금이 아니라 과거에도, 그리고 여기만이 아니라 모든 곳에서 일어난다는 뜻을 담고 있다. 그리고 여기에는 '뭐가 문젠지 모르겠다. 이게 대체 뭐가 문제란 말인가'라는 의미도 숨어 있다. 어쩌다 잡혀서 추궁을 받기는 하지만 내가 범죄를 저질렀다고는 절대 생각되지 않는 것이다.

정말 그들은 참회했을까. 그랬을 수도 있다. 독후감으로 위장된 적지 않은 반성문을 쓰면서 그들은 자신이 몰랐던 잘못을 깨달았을 것이다. 믿기 때문에 무릎 꿇고 기도하는 것이 아니라, 무릎 꿇고 기도하면 믿게 된다. 이러한 수행적 규율은 이들이 교사와 경찰이 가진 권력에 복종함으로써만 가능한 일이기도 하다. 조사 초기에는 팽팽한 권력게임을 벌이기도 했겠지만(왜 우리한테만 그러느냐), 처벌의 공포가 엄습하자 결국에는 어른들이 강제했던 사태의 문제화 방식(알몸졸업식=폭력)을 수용할 수밖에 없었던 것(죄송하다)은 아닐까. 이들이 실제 어떤 깨달음을 얻어 참회했는지에 대해서는 여전히 의문이 남는다.

아방가르드 퍼포먼스

그러면 이번에는 사건을 문화론적으로 재구성해보자. 사회학적으로 그리고 인류학적으로 봤을 때, 졸업식과 입학식 사이의 며칠은 굉장히 의미심장한 시간이다. 그 시간은 교도소 수감자가 사회에서 감옥으로 들어가기 전의 시간과 흡사하다. 왜냐면 그 동안에는 사회인도 아니고 죄수도 아닌, 동일성(identity)이 지워진 존재가 되기 때문이다. 물론 알바를 하고 있다면 불안정 노동자일 테고 집에 있다면 가족구성원의 일부일 테지만, 적어도 학교 시스템이라는 사회-공간에서 졸업 시즌의 그들은 어떤 속성으로도 동일화 (identification)되지 않는 존재들이다. 그런 맥락에서 중학생과 고등학생 사이, 혹은 고등학생과 성인 사이에서 그들은 일종의 정지된 시간을 보내게 된다. 이것은 자본주의 학교 시스템이 의도하지 않았던 시간적 공백인 셈이다.

그래서 교복을 벗고 알몸으로 자기들만의 졸업식을 치른다는 건 단순히 병리적인 현상이 아니라 상징적 의미가 충만한 사건이라 할 수 있다. 밀가루, 계란, 가위, 식용유, 간장, 연겨자 등은 그동안의 동일성을 부정하기 위한 가장 필수적인 아이템이다. 그리고 상차림을 마무리하기 위해 그들은 '의례'(ritual)를 치를 비교적 인적이 드문 곳을 물색한다. 이제부터는 의례의 성스러움을 위하여 그들만의 목욕재개에 돌입한다. 가위로 옷 찢기, 드러난 알몸에 밀가루와 계란 퍼붓기, 간장과 겨자로 범벅 만들기. 심지어는 그 몰골로 인간 피라미드를 쌓고 그 유명한 '13인의 아해'처럼 도로를 질주하기도 한다. 무서운 아해들과 무서워하는 아해들이 무섭다고 그리면서 막다른 골목에서 뚫린 골목으로….

이들 교복 2세대들에게 알몸이란 다분히 상징적인 의미일 수밖에 없다. 우리는 집에서 교복을 벗고 평상복으로 갈아입는 10대들의 생활 루틴을 정상적인 것으로 가상한다. 이러한 전형성은 바로 그 10대가 학교와 가족에 매여 있어야 한다는 사회적 강박을 지시하는 것이기도 하다. 그렇기 때문에, 역설적으로 교복을 벗고 아무것도 걸치지 않는다는 것은 주어진 그 어느 곳에도 소속되지 않겠다는 얼마간의 능동적인 거부감을 드러내는 것이기도 하다. 단지 유일한 소속의 원천은 맨몸 상태의 그들 자신일 뿐이다.

나아가, 이와 같은 의례들에 구성원들의 유대를 강화시키는 효과가 있다는 것도 충분히 짐작할 만한 사실이다. 남들이 쉽게 할 수 없는 일들을 우리는 해낸다! 이제 곧 고등학생이 될 몸들을 위해 선배들이 일종의 신고식을 손수 거행해준다. 이 녀석들이 이런 고

난을 감당할 정도로 배포가 있는지, 따라서 계속해서 내 후배가 될 수 있는지, 등등. 아무 때나 할 수 없는 일을 바로 지금 한다! 나는 더이상 어설픈 중딩 따위가 아니다, 게다가 나는 대단한 녀석이다, 등등. 이 사건은 졸업을 전후로 사회적으로 어떤 몫도 할당받지 않은 자들이 마치 축제를 벌이듯 출몰한 것과도 같다.

사회문제라는 문제의식만 여과시켜놓고 보자면, 사실 필자는 근래에 이렇게 아방가르드한 퍼포먼스를 본 적이 없다. 놀랍도록 급진적이지 않은가. 남녀 가릴 것 없이 옷을 벗다니! 그리고 이것이야말로 진정한 졸업식이라 선언하다니! 엄빠(엄마+아빠) 같은 사람들로선 기겁할 소리겠지만, 그들의 졸업식은 그들 나름대로의 진정성을 지닌다. 공식 의전을 거쳐 각종 상장과 증서를 나눠받는 졸업식과는 전혀 다른 의미에서 말이다. 소름 돋는 과거와 안녕을 고하고 그들 자신이 무규정 상태에 있음을 '놀랍도록 창조적으로' 선포하기. 몸에 새겨진 훈육은 그렇게 지워진다.

그럼에도 알몸졸업식은 그저 학교폭력 리스트에 올라가 있는 게 현실이다. 물론 성적 수치심을 느끼게 하는 것은 폭력과 다를 바 없다. 게다가 기합을 주고 사진을 찍는 등 온갖 수단으로 위협하는 게 보통이다. 훈육된 몸을 지우고 맨몸이 됐다지만 거기에는 저들끼리의 또다른 훈육이 나타나는 셈이다. 하지만 공교롭게도 당사자들은 이 의례를 단순한 폭력을 넘어서는 어떤 것으로 여긴다. 영화에서 보듯, 협곡을 지나 절벽을 기어 올라가 독수리의 깃털을 뽑아와야 성인으로 인정해주는 부족사회의 전통처럼 말이다. 알몸졸업식은 진정한 친구, 진정한 패밀리가 되는 그들만의 통과의례인 것이다.

　그래서 이 의례중에 수치심을 견디느냐 아니면 나가떨어지느냐 하는 문제는 결정적 차이를 가져온다. 알몸졸업식을 견디면 공동체적 의례가 되고, 견디지 못하면 단순 폭력이 된다. 간혹 미디어에서 '피해 학생'을 동원해 알몸졸업식을 비난하기도 하는데, 바로 이 피해 학생이란 시험에 떨어진 낙오자에 지나지 않을 수도 있다. 생각해보면 예전의 좋았던(?) 시절 졸업식에서도, 밀가루나 계란세례로 축하를 받으면 오히려 벌컥 화를 내는 친구들이 꼭 있었다. 이런 반응들에는 양면성이 있다. 표면적으로는 수치스러운 신세가 될 수 없다는 저항이지만, 그 이면은 친한 사이들에서 통용되는 암묵적 규칙에 제대로 사회화되지 못했다는 자백이기 때문이다.

　그렇기에 알몸졸업식을 단순히 문제아들의 일진 돋는 현상이라 일반화하기엔 어려운 점이 있다. '견디면 합격, 못 견디면 낙오'라는 공식은 낯설지 않다. 성인들은 이들의 세계관과 의례를 이해 못하겠다고 토로하지만, 반대로 10대들은 성인들이 주관하는 졸업식을 이해 못한다. 어떻게 보면 그들의 알몸졸업식과 성인들의 정상 졸업식은 단지 서로가 서로를 불편해할 뿐인 하나의 거울 이미지에 불과한 것일지 모른다. 그 둘은 서로를 매우 닮았다. 다시금 말하지만, 견디면 합격 못 견디면 낙오다.

164

때려잡기와 따라잡기

왜 이들은 정식 졸업식도 아닌 자기들만의 행사에 '졸업식'이라는 이름을 붙였을까. 그리고 여론은 왜 이 용어를 그대로 수용하고 또 확산시켰을까. 그것은 알몸졸업식이 정식 졸업식을 대체하는 행위임을 모두가 인지하고 있음을 의미한다. 단지 우리가 알던 졸업식이 아니라 알몸으로 하는 졸업식이라는 점만 다를 뿐이다. 다른 한편 이러한 명명-수용-확산의 과정에는 성인들조차 10대들만의 졸업 의례쯤은 용납한다는 묵인도 포함되어 있다. '3년이나 고생했으니, 그래, 너희들도 회포를 풀어야지.' 설마 대한민국 성인들에게 그 정도 아량이 없을까.

문제는 '알몸'이다. 졸업식에 알몸이라는 수식어가 붙은 것은 두고두고 생각해볼 일이다. 대다수 사람들이 그들의 알몸을 민감하게 문제화했던 것은 분명한 사실이다. 무엇보다도 소재 자체가 선정적이었다. '수치스럽지도 않나? 참 가관이다.' 하지만 좀더 근본적으로는 강요와 얼차려 같은 폭력이 문제시되었을 것이다. '얼마나 수치스러웠을까? 저 녀석들을 그냥!' 게다가 2000년대 들어 학교폭력 문제가 여론의 도마에 올랐기 때문에 알몸졸업식은 단순한 해프닝으로 끝날 사안이 아니었다. 무서운 아해들은 무서워하는 아해들에게만 무서운 게 아니라 모든 어른들에게도 무섭다. 따라서 전국적으로 만연한 이 사태는 용납이 아니라 통제가 필요한 사태가 된다.

따라서 한국사회는 이들의 하위문화적 의례를 진중하게 숙려할 의사를 전혀 보이지 않는다. 그저 단속에 급급한 수준이다. 2011년 2

월, 알몸졸업식이 있을 예정이었다. 그런데 웬걸. 학교 정문 앞에는 경찰들이 진을 치고 기자들은 학교 주변을 어슬렁거리면서 먹잇감 (취재거리)을 찾는다. 알몸졸업식이 학교폭력과 등치된 이상, 아이들을 보호하고 사회를 보호하기 위해 단속에 나설 수밖에 없었던 것이다. 학부모들은 자녀들이 희생자가 될까봐 걱정이었고 학교는 학교대로 '그놈의' 명예를 지키기 위해 모든 행정력을 동원했다.

졸업 시즌이면 각 시도교육청이 알몸졸업식과 '전쟁'을 선포하고 채찍과 당근으로 무장에 나선다. **채찍**: 지역 경찰을 동원해 이들의 '폭력'을 더 큰 폭력으로 제압한다. **당근**: 참여형·축제형 이색 졸업식을 유도해서 학교문화를 선도한다. 다른 한편 당사자인 졸업생들도 이제는 선배 세대들의 알몸졸업식에 시큰둥해졌다. 물론 여기에도 양가적인 감정이 섞여 있다. 표면적으로는 알몸졸업식이 더이상 '신박'[2]한 게 아니라 단순 추태처럼 느껴질 뿐이고, 이면적으로는 그런 일을 감행하다가는 여러모로 뭇매 맞을 것이 두렵기 때문이다.

여기서 흥미로운 것은 어른들이 위험한 녀석들에게 내미는 당근이다. 그래서 최근에는 10대들의 졸업식에 새로운 풍속들이 등장하고 있다. 물론 우연히 벌어진 일은 아니다. 교육과학기술부 장관이 일산 A중학교 현장을 방문한 뒤 "각자가 책임있는 행동"을 해주기 바라고 "그런 차원에서 각자가 앞으로 무엇을 할 것인지 심각하게 고민"해야 한다고 말한 것이 시초였다.[3] 학교폭력 관련 예산이

---

2. 「월드 오브 워크래프트」 게임 사용자들이 바퀴벌레처럼 죽지 않는 신성 성기사 캐릭터를 '신성 바퀴'라 부르다 유래한 신조어로서 '신기하다'는 뜻을 지니는 말이다.
3. 「비뚤어진 졸업식 문화 바꾼다」, KTV 2010년 2월 18일 보도.

투입되었으며, 이윽고 전국적인 졸업식 실태조사와 더불어 종합대책 마련이 이어졌다. 그 대책 중에 절반은 일선 교사와 경찰을 동원한 '생활지도'였다. 옛날에 비하자면 매우 전향적인 가설이 수립되어 급기야 사람들 입에 알몸졸업식이 아니라 이색졸업식이 오르내리게 됐다.

"놀이문화라든가 축제문화라든가 이런 걸 못해줬기 때문에, 아이들이 그런 걸 발산할 창구를 찾아야 하는데 그게 없으니까, 아이들만의 독특한 문화를 형성한 게 아닐까."
"애네들이 나름대로 자기의 가치를 발견할 수 있게 해준다면, 이런 문화가 사라지지 않을까."

얼마나 신박해졌는지 보자. 우선, 정상화 과정. 강당에서는 졸업생들이 스승에게 큰절을 올리고 후배들은 문화공연으로 축하해준다. 교정에서는 밀가루가 아닌 꽃다발이 건네졌고 친구들끼리 기념사진을 찍느라 여념이 없다. 그리고 학교 밖에서는 경찰과 다른 교사들이 순시를 돈다. "매년 되풀이되던 졸업식 뒤풀이 문제가 사라지게 된 것은 정부와 교육당국의 노력 덕분입니다."

그 다음, 특성화 과정. 졸업식 몇주 전에 교사·학생·학부모가 모여 모종의 축제를 준비한다. 강당 길목의 레드카펫을 밟고 들어온 졸업생들은 추억의 UCC 영상을 상영하고, 학부모 시낭송과 교복 물려주기 행사가 이어진 뒤, 허공에 사각모를 날리며 일정이 마무리된다. 물론 학교 밖에서는 여전히 경찰과 다른 교사들이 순시를 돌고 있다. "교육과학기술부는 졸업식 생활지도를 특별 지시했고 각 학교는 건전한 졸업식 문화를 만들기 위해 학생들이 즐길 수 있는 행사를 준비했습니다."

실제로 최근 몇년 동안 알몸졸업식으로 인한 선정적인 뉴스 보도는 잠잠하다. 알몸졸업식이 사라지고 있다는 반증이다. 하지만 그 자리를 대신한 이색졸업식은 문화공연이나 교복 물려주기 같은 다분히 진부한 상상력에 기대고 있다. 놀랍지 않은가. 10대들은 한국 교육시스템의 폭력성을 따라잡았지만, 성인들의 상상력은 막나가는 10대들을 전혀 따라잡지 못하니 말이다. 고작해야 때려잡는 데만 성공할 뿐이 아닌가.

어쩌면 알몸졸업식이라는 아방가르드 퍼포먼스는 역사 속으로 사라질 운명일지 모른다. 무섭다고 그리는 아해들을 때려잡음으로써 말이다. 10대들은 정식 졸업식의 공식 의전을 거부하고 자기들만의 의례를 창조했었다. 그런 의미에서 이색 졸업식의 등장은 우리들에게 하나의 역설을 제시한다고 할 수 있지 않을까. 학교를 거부하는 녀석들과 그 때문에 부랴부랴 업그레이드된 학교. 여기서 10대들은 졸업식을 통해 저마다의 의미를 찾을 수 있을까. 솔직히 개인마다 다를 것이다. 누군가는 달라진 학교에 행복을 느낄 테고, 또 누군가는 여전히 불만 가득한 얼굴일 테다. 그렇지만 확실한 게 하나 있다. 10대들의 도발적 창조성은 '학교폭력'이라는 문제화 방식 속에서 규범적으로 길들여지고 있다는 사실이다.

10장

중2병에서 오컬트 문화까지

상처투성이 나'님'이 세계에 대응하는 방식

중2병. 일본의 어느 라디오 프로그램에서부터 시작한 유행어라고 하는데, 어쨌든 이 말은 13~15세 정도에 겪어봄직한 정서구조를 의미하며, 나아가─'초딩'이라는 말처럼─그러한 정신세계를 비하하고자 하는 의도를 담고 있다. 한마디로 요약하자면, 중2병이란 사춘기 시절에나 어울리는 철없는 망상 정도가 되겠다. 노파심에 이야기하는데, 중2병이라 해서 중학교 2학년생을 딱 꼬집어 지칭하는 말로 이해하면 곤란하다. 어디까지나 그 나이쯤에 가질 만한 세계관이나 행태를 일컫는 말이다.

기왕에 병이라는 말이 붙었으니 '증세'를 살펴보자. 누가 만들었는지는 모르겠으나─사실 그게 중요한 것도 아니고─인터넷에 떠도는 중2병 테스트에 따르면 증세는 다음과 같다. 잠시 재미삼아 다음 항목에 '예'라고 답할 만한 게 모두 몇개인지 세어보자.

- 나는 남들과 다르다고 생각한다.
- 내가 마음만 먹으면 뭐든지 할 수 있다고 생각한다.
- 망상에 빠져 내가 만화의 주인공이라고 착각할 때가 자주 있다.
- 자신이 우울증에 걸렸다고 믿는다.
- 미니홈피나 블로그에 상당히 오글거리는 멘트를 자주 적어놓는다.
- 유난히 이성 앞에서 허세를 부린다.
- 허구적인 소설을 즐겨 쓴다.
- 혼자서 중얼거린다.
- 칼을 소지하고 다니는 걸 자랑스럽게 여긴다.
- 파멸, 광기, 피 등등 만화나 영화에서나 나올 법한 멘트를 거리낌 없이 내뱉는다.
- 자신보다 약한 사람에게는 한없이 강해지고 자신보다 강한 사람에게는 한없이 약해진다.
- 뭐든지 네거티브하게 보는 성향이 있다.
- 무슨 뜻인지 알지도 못하면서 우선 내뱉고 자랑스럽게 여기는 경향이 강하다.
- 나는 남들보다 불행한 사람이라고 생각한다.
- 나는 큰 상처를 가지고 있다.
- 온라인상에서 말줄임표(...)를 많이 붙인다.
- 주먹으로 벽을 치거나 가래침 뱉는 걸 자랑스럽게 여긴다.
- 깡패는 나의 우상이다.
- 자살을 자주 생각한다.
- 언제나 무뚝뚝한 표정으로 남들을 바라본다.

'예'가 1~4개면 정상, 5~9개면 감성이 풍부한 사람, 더 나아가 10개 이상이 되면 중2병 증세가 있다고 할 수 있다. 10~14개면 아직 철이 덜 든 사람, 15개 이상이라면 남에게 민폐를 많이 끼치는 사람, 급기야 20개면 상담이 필요한 사람이라고 한다(참고로 필자는 12개가 나왔다).

좀더 이해를 돕자면, 연예인 장근석이 자신의 미니홈피에 올렸던 '허세 쩌는' 머리말이 대표적인 중2병 증세에 해당한다. 가령 이런 글들이 대표적이다. '두통. 내가 머리가 아픈 건 남보다 더 열정적이라서 그런 건가?' '따뜻한 커피를 시키고 사진을 찍고 수없이 메모를 하며 어느새 네 번이나 리필을 하는 그의 모습은 염치없다기보다는 그만의 여유를 한없이 즐기는 것 같아 보인다. 그게 바로 지금의 내 모습이다.' '다시 한번 파리를 갈 수 있는 기회가 생긴다면 한손에는 와인병을, 다른 손에는 신문을 들고 샹젤리제 거리에서 이렇게 외칠 테다. 뉴욕 헤럴드 트리뷴!'

직관적으로 보더라도 소외감, 허세, 자기망상 같은 요소들이 눈에 들어온다. 나아가 '난 상처투성이야' 같은 소외감마저도 중2병 환자들이 말하면 허세나 자기망상에 가까워 보인다. 이 계열은 우울증 자체가 어딘지 만화나 영화 주인공의 '자뻑' 같아 보이지 않나 말이다. 게다가 중2병에는 내가 지금 우울하고 세상이 진창일지언정 마음만 먹으면 언제든 '포텐'(잠재력)을 터뜨려 대량살상이나 혁명을 달성할 수 있다는 판타지도 포함된다. 즉, 세계의 중심은 나 '님'이시다.

중2병의 기본: 세계의 중심은 나'님'이시다

중2병의 멜랑콜리한 나르시시즘은 역사적이고 사회적인 측면에
기원을 두고 있다. 판타지로서 중2병 자체는 일본의 하위대중문화
(애니메이션, 만화, 게임, 라이트노벨 등), 특히 그중에서도「신세기 에반게
리온」(1995~96. 총26화로 방영돼 큰 성공을 거둔 일본 애니메이션)에 원류를 두
는 세카이계(セカイ系, 주인공이 자신의 생각을 과장하는 경향이 있는 작품군)의 묵
시록적 세계관과 밀접한 연관이 있다. 세카이계 하위대중문화에서
주체는 과잉된 자의식을 바탕으로 위기에 빠진 세계에 직접적으로
도전하곤 하는데, 이는 중2병의 정서구조와 정확히 일치한다.

실제로 많은 사람들이 중2병을 일본 만화 마니아들의 언어습관
이나 행동패턴과 같은 것으로 여기곤 한다. 더불어 중2병이라는 진
단에 대한 거부반응도—실제 중학교 2학년생과 더불어—바로 이
들 마니아층에서 가장 많이 나타난다. 이런 양상들은 하위 대중예
술 마니아에 대한 사회적 시선이 어떤지를(오타쿠=중2병) 드러내며,
다른 한편으로는 중2병의 실세적 기원이 일본 하위대중문화에 있
음을 보여준다.

어쨌든 중2병의 정서구조를 좀더 면밀히 파헤쳐보자. 중2병 보
유자들은 자신이 아무리 노력해도 현실에 어떤 제약조건이 존재하
는지 알지 못하며 우울증에 걸렸다 해도 실제로 이 우울증이 어떤
것인지에는 별 관심이 없다. 그저 세계와 직접 만날 수 있고 세계를
자기 손으로 괴멸시키거나 개조할 수 있다고 믿을 뿐이다. 바로 그
런 유사성 때문에「내 여동생이 이렇게 귀여울 리가 없어」(2010. 15화

로 방영된 일본 애니메이션) 같은 작품에서는 여주인공이 세카이계의 오타쿠(한가지 일에 광적으로 집착하는 사람) 친구를 중2병이라고 몰아세우기도 한다. 즉, 과잉된 자의식에 빠진 너 '님'이 별다른 사실관계나 인과적 접근법 없이 그저 진창일 뿐인 음모이론적 세계와 조우한다는 것이다.

그런데 여기에는 단순히 사춘기적 망상이라고 치부하며 조소를 보내기에는 어려운 문제가 도사리고 있다. 중2병이라 일컫는 세계관이 실은 역사적으로 형성된 측면을 갖고 있기 때문이다. 이는 중2병의 원조, 일본의 경우를 보면 도드라진다. 「에반게리온」류의 세계의식은 분명 전시대와는 확연한 차별성을 가진 것이었다. 이른바 '에바 현상'이라 했을 때, 이는 직전 시기 애니메이션들이 보여줬던 세계의식이 역사적으로 다르게 전환되었음을 의미했다. 기원과 끝을 알 수 없는 고독감, 타인에 대한 몰이해, 심적 상처, 마음 깊은 곳으로부터의 성장 같은 키워드들이 바로 그런 새로움을 보여준다.

사회질서를 복구하는 작업이 한창이던 전후 시기, 비교적 정치적 표적이 명확했던 전공투(1968~69, 일본 대학의 공동투쟁 조직) 시기, 신인류 열풍이 휩쓸던 시기, 그리고 버블 붕괴로 위기의식이 확산되는 시기 등은 서로가 명확히 구별되지는 않지만 그 양상 자체는 질적으로 다른 것일 수밖에 없다. 특히 전공투 이후 시기에서 무엇보다도 두드러지는 양상은 바로 내면으로의 침잠이다. 이때부터 하위대중문화의 주인공들은 어딘가 트라우마를 간직한 채 성장이 멈추었고, 특히 불황기 이후에는 원인불명인 채로 파멸된 세계 속에

놓인다. 에둘러 말하긴 했지만, 하위대중문화에서 중2병적 요소란 어느 정도 당대의 현실이 투사된 결과물이었던 셈이다.

한국에서 중2병이란 말이 뒤늦게 수입되고 회자된 것도 이러한 맥락과—동일하진 않지만—유사하다. 1987년 민주화, 1990년대 신세대의 등장, 그리고 1997년 IMF 구제금융에 이르기까지의 역사적 경로는 세계를 이해하는 방식으로서 중2병이라는 언어가 등장할 만한 선행조건들이었다. 그때부터 10대들은 '배틀 로얄'에 준하는 자연 상태, 즉 극단적인 폭력 상태를 접하게 된다. 그 결과 오늘날의 10대들은 표적을 상실한 채 사적 공간 안에서 문제에 접근하고 그것을 해결할 수밖에 없다.[1]

여기서 일본 하위대중문화는 그 자체로 결정적이진 않지만 일종의 촉매제 구실을 한다. 이를 통해 상당수의 10대들이 공적 언어가 부재한 상태에서도 세계를 이해할 수 있는 방법을 얻었기 때문이다. 세계는 어쩔 도리 없이 붕괴되며 파멸로 나아가고 있다. 심지어는 가족적 유대마저 신뢰할 수 없다. 나는 외로운 존재다. 쓸쓸하다. 그렇지만 타인과의 관계에 맞춰 살자니 그건 진정한 내가 아닌 것 같다. 그렇다고 해서 독립된 개체로서 진정한 나를 추구하면 세상에 홀로 남겨진 느낌에서 도저히 구제받을 길이 없다. 이처럼 분열된 자아로서 나는 무엇을 할 수 있을 것인가. 마침내 세계관으로서의 중2병이 효력을 얻기 시작한다.

---

1. 이에 대한 자세한 맥락은 3부 13장, 16장 참조.

심지어 '오컬트' 문화: 세계의 질서를 다시 만들기

확실히 중2병이라는 증상은 개인적이거나 심리적인 차원을 넘어 사회적이고 역사적이다. 오늘날의 청(소)년들은 대중문화를 통해 세계관을 형성하며, 그러한 세계관이 그들로 하여금 또래관계나 교육환경 같은 현실사회가 아닌, 형언 불가능한 세계로의 도피를 가능케 한다.

10대들이 자기만의 판타지에 빠져 사는 것은 어제오늘의 일이 아닐 것이다. 그러나 중2병은 요즘 시기에 고유할뿐더러 보통의 판타지와는 분명 다른 맥락을 가지고 있다. 왜냐하면 자의식-현실-판타지의 3자적 연결고리에서 현실이라는 중간항이 삭제되었기 때문이다. 물론 일반적인 사춘기 정서 역시 현실에 대한 이해가 부족하기는 마찬가지다. 그러나 자의식-판타지의 2자적 구도가 내적 완결성을 지닌 언어들로 하나의 세계관을 구축하는 쪽으로 나아간다는 건 조금 다른 이야기다.

극단적인 경우긴 하지만, 최근 신촌 대학생 살인사건[2]으로 주목을 받았던 '사령 카페'와 같은 오컬트(occult)[3] 문화가 있다. 이 사건은 중2병 같은 묵시록적 세계관이 현실 속에서 어떻게까지 전개될 수 있는지를 보여준다. 여기서 오컬트 문화가 살인을 낳았다는 식의 무리한 추론은 되도록 삼가자. 그 대신, 이들 10대 살인 용의자

2. 2012년 4월 30일 10대들이 스마트폰 대화방에서 대화를 나누다 갈등을 빚은 대학생을 불러내 살해한 사건.
3. 과학적으로 해명할 수 없는 초자연적 현상. 또는 그런 현상을 일으키는 신비주의적 기술을 일컫기도 한다.

들이 속했던 오컬트 문화에 집중하기로 하자.

통념적으로 오컬트처럼 사령을 추종하는 문화는 중2병이 극단화되었을 때 나타난다고들 한다. 오컬트 문화는 모호한 관념 상태로 있던 사춘기적 판타지가 마니아적 열광과 연대를 넘어 원시종교적인 교리와 의례 그리고 신앙으로까지 정교화되었음을 보여준다. 인간에게는 누구나 마나(초자연적인 힘)가 있다는 종교적 세계관, 영적인 것(사령 등)을 소환하는 종교적 절차, 그리고 이러한 체계를 통해 보증되는 굳건한 믿음 등이 그 예다. 문제는 이상과 같은 이데올로기적 요소들의 연쇄가 단순히 현실 없는 판타지의 수준을 넘어 현실과 판타지 사이의 구분 자체를 거의 무의미하게 만든다는 점에 있다.

물론 이러한 정교화의 수순에 일본 하위대중문화가 중요한 구실을 하는 건 분명하다. 그들이 사용하는 어휘들은 대개 판타지물 애니메이션이나 게임에서 유래했고(소환, 헬게이트, 몹 등등), 온오프라인에서 사용하는 말투 역시 일본식 표현의 직역조인 경우가 많다. 이러한 어법들이 오컬트류의 교리와 의례를 뒷받침하는 근거가 된다는 점, 나아가 세계를 이해하는 내러티브 자체가 세카이계 하위대중문화의 그것과 일치한다는 점 등은, 판타지-하위대중문화-마니아-종교 사이에 중2병을 중심으로 하는 평행이론이 성립함을 방증한다(어쩌면 단계적 심화라고 하는 게 더 정확할 수도 있겠다).

정신분석학적으로 말하자면 상징질서가 고려되지 않는다는 것인데, 바로 이 점이 요즘 중2병의 고유성을 설명해준다. 중2병 보유자들은 어떤 현실적 매개도 없이 그저 실재(the Real)의 불구덩이만 찾아다닌다. 근본적으로 봤을 때 현실(reality)과 실재 사이엔 필연적인 관계가 없기 때문에, 이들의 내적 논리에서는 현실이 손쉽게 삭제될 수 있다. 같은 맥락에서 마법과 주술도 현실의 과학을 대체할 만한 지위를 얻게 된다. 현실에선 그런 방법과 관점들을 유사-과학(pseudo-science)이라 하지만, 그들이 조직한 문화구성체에선 진정한 과학이 되는 것이다.

이러한 내적 완결성은 그들이 단순히 상징질서를 벗어났다는 게 아니라 하위대중문화 등을 참조함으로써 나름대로 세계의 질서를 재배치한다는 점을 의미한다. 무릇 모든 이데올로기가 논리적 완결성을 추구하는 것처럼 말이다. 그런 맥락에서, 상징이 사회적 관습의 차원에 있다는 점을 감안한다면, 중2병 보유자들은 알려진 것처럼 사회화가 덜 됐다기보다는 지배적인 방식과는 다른 맥락으로 사회화된 것이라 볼 수 있다. 단지 그게 사회(Society)라는 일반화된 타자가 원하는 방식과 다를 뿐이다. 중2병의 요체는 바로 여기에 있다.

정답은 아니지만, 공부 오타쿠보단 낫잖아!

확실히 그들은 지금-여기가 아닌 다른 세상과 연결돼 있다. 우리가 사는 세계는 다른 방식으로 이해되고 상상된다. 그렇다면 이제 우리는 중2병으로부터 무엇을 읽어낼 수 있을까. 우선, 적어도 이들이 공부 오타쿠보단 낫다는 것이다. 현실의 언어와 동떨어진 중2병

의 세계관은 세간의 해석처럼 그저 허세나 무개념에 불과한 것일
지 모르겠다. 한마디로 사회화가 덜 됐다는 이야기다. 그래서 대개
의 사람들은 중2병을 대할 때 '나도 그런 적이 있었지'라든가 '어
머, 나 아직 중2병 아니야?' 혹은 '어째 저렇게들 철이 없대?'라면
서 그냥 스쳐지나가곤 한다.

그런데 한번 더 생각해보면, 진짜 문제는 중2병에서 멀어질 때
나타나는 것이 아닐까 싶기도 하다. 이렇게 허세의 시기를 졸업하
고 중2병과 거리를 두는 순간, '역설적이게도' 우리는 자기 자신이
그 시절 그렇게 혐오했던 평범한 속물로 사회화된다. 이제부터는
과소화된 자의식만 가지고 죽은 지식을 답습하는 입시-기계가 되
는 것이다. 현실을 넘어서고자 했던 희구는 단지 허세나 무개념으
로 치부한 채 말이다.

그런 점에서—좀 과장해서 말하자면—중2병 바깥에 있는 10대
들에게는 판타지, 꿈, 상상력, 창의력 같은 능력이 형성되기가 매우
어렵다. 현실을 비틀어버리는 음모이론조차 연상 한번 못해보고
현실에 순응하는 기계가 돼버린 이들에게 과연 어떤 미래를 기대
할 수 있을까. 시험에 무슨 문제가 나올지 줄줄 외우고 다니는 공부
오타쿠 '레알' 돋는 '고1병'보다야, 하위대중문화 언어를 읊조리더
라도 어떻게든 다른 사회적 관계를 꿈꾸는 중2병이 훨씬 낫다. 어
른들 보기에 바람직한 10대-학생-청소년의 이미지에 위배될 뿐,
적어도 그들의 문화에는 이미 규격화된 10대문화보다 훨씬 더 많
은 가능성이 있기 때문이다.

물론, 중2병이 꿈꾸는 색다른 관계맺기 방식을 신뢰할 수 있느

냐 하는 것은 또다른 문제다. 예컨대 세카이계 하위대중문화의 전형적인 내러티브를 참조해보자. 주인공이 있다. 여러 우여곡절을 겪으며 친구들을 사귄다. 친구들과 함께 세계 파괴를 획책하는 악의 무리에 대항한다. 마침내 '끝판왕'을 꺾는다. 그런데 알고보니 끝판왕은 어렸을 적 심적 상처로 인해 비뚤어진 우리 또래의 소년이었다. 패배한 끝판왕은 읊조린다. "사실은 나도 너희처럼 친구가 되고 싶었어." 의기양양한 주인공이 미소지으며 말한다. "친구가 되는 것 정도는 어렵지 않아." 끝판왕이 흠칫하며 묻는다. "어떻게 하면 친구가 될 수 있지?" 주인공이 답을 알려준다. "그냥 내 이름을 부르면 된다고 생각해."

이런 내러티브는 「에반게리온」 TV판 6편이나 결말에서 이미 제시됐던 것이기도 하다. "사요나라 따위는 하지 말아줘"[4] 라면서 친구가 되길 갈망하고, 또한—중2병 문법에 따라 세계를 재편할 때—주변의 친구들과 서로 웃으며 손을 잡고 새로운 가상적 공동체를 구축하는 방식에 우리는 주목할 필요가 있다. 이런 관계맺기를 '배틀 로얄'로 치닫는 또래문화에 대한 일정한 대응이라 보면 어떨까. 어른들조차도 사회의 공적 표상을 재형성해내지 못하는 오늘날, 10대들에게는 이러한 상상이야말로 지배적인 사회적 관계에 대한 거의 유일한 대안이지 않을까. 심지어는 이와 같은 가상공동체 안에서 자신들만의 비의(秘儀)로 지탱되는 초자연적 표상을 구

---

4. 'さよなら'(사요나라)는 영원히 헤어질 때 하는 인사다. 일상적으로 헤어질 때 하는 인사는 'またね'(마타네, 또 봐)다. 여기서 인용한 대사는 「에반게리온」의 아야나미 레이가 헤어질 때 항상 '사요나라'라고 하자 주인공 이카리 신지가 울먹이며 그런 냉정한 말은 하지 말아달라고 하는 이야기이다.

축할 정도로 말이다.

그런 점에서 중2병은 사실 우리 시대의 자화상일 수 있다. 그것은 우리가 애써 부정하는 우리 모습의 일부분일 수도 있다. 지금 현대 한국문화는 어떤 공적 표상도 신뢰하기 힘들고, 따라서 끼리끼리 모여 새로운 공동체를 꾸려 존재론적 불안을 위로하고 자족하는 게 고작이지 않은가. 과학적 인식보다는 유사-과학이나 음모론 따위에 의존하면서 말이다. 양태는 다르지만, 그래서 조소를 보내며 타자화하지만, 중2병 문화는 한국문화 일반과 형식적으로 다름이 없는 셈이다.

우리가 떠올릴 수 있는 대안이란, 역설적이게도 중2병적인 세계관에 의존하는 수밖에 없는 것은 아닐까. 아니면 모든 새로운 상상에 냉소하면서 아무것도 하지 않거나. 어느 선택이든 문제적이긴 마찬가지다. 지금 우리는 어떤 한계상황에 다다른 것이다.

11장

우리 시대의 완득이들, 이주배경 청소년

신인종주의 사회가 직면한 공포와 원한의 징후

늘대인간이 공동체에서 추방당한 사람들을 가리키는 오래된 은유라는 점을 떠올려보자.[1] 그런 점에서 애니메이션 「늘대아이」(2012)는 이방인이 주류사회에서 사는 게 얼마나 어려운지를 보여주는 좋은 작품이다. 늘대인간 아빠는 아이들을 위해 먹을 것을 구해오다가 어느날 소리소문도 없이 죽어버렸다. 원인은 알 수 없다. 사고를 당한 것일 수도 있고 살해당한 것일 수도 있지만 어떤 시민도 그의 죽음에 관심을 두지 않는다. 그저 혐오스러운 늘대의 시신을 치워버리는 데 급급할 뿐이다.

이제 남은 사람은 엄마와 늘대아이들이다. 엄마로부터 정상 인

---

1. 조르조 아감벤, 박진우 역, 『호모 사케르—주권 권력과 벌거벗은 생명』, 새물결 2008, 213~21쪽.

간의 피를 물려받긴 했지만 늑대 울음소리를 억제하지 못하는 이 중언어(bilingual) 아이들로선 도시에서 산다는 게 여간 어려운 일이 아니다. 결국 가족은 사람이 없는 곳으로 떠난다. 귀촌 생활이 만만한 건 아니지만 동네사람들과 정을 나누면서 그럭저럭 살아간다. 그런데 두 아이가 조금씩 커나가고 학교에 갈 때쯤이 되자 본격적인 문제가 시작된다. 늑대인간이라는 정체를 숨기며 살아가지만 그건 긴장의 연속일 뿐, 이윽고 위기는 절정으로 치닫는다.

늑대아이들의 세가지 선택: 국민이 될 수 없는 청소년들

이 작품의 주인공 늑대아이, 유키와 아메가 성장하는 과정은 자못 흥미롭다. 말괄량이 누나 유키는 학교에 들어가 정상적인 코스를 밟고, 얌전이 남동생 아메는 자연을 벗삼아 놀면서 자기만의 세상을 만난다. 학교에서 유키는 전형적인 여린 소녀로 성장하고, 아메는 숲을 학교삼아 늑대의 혼을 이어받는 강인한 소년으로 성장한다. 여기까지는 두 아이의 사회화된 젠더를 보는 듯하다. 그런데 이처럼 인간의 길을 가는 유키와 늑대의 길을 가는 아메로부터 '공동체의 경계에 서 있는 이주배경 청소년들이 어떤 선택을 할 수 있는지'에 관한 은유를 읽어낼 수도 있다. 이를테면 이렇다.

유키의 길: 뚜엣(가명)의 아버지는 라이따이한이다. 그래서 베트남 출신 엄마와 한국 국적을 취득해서 살 수 있었다. 어렸을 때 이주해

182

온 터라 한국말도 능숙하다. 엄마아빠와 베트남말을 주고받지만 그 외엔 한국말만 쓴다. 학교생활도 비교적 잘하는 편이다. 뚜웻은 스스로를 한국인이라 생각한다. 주말마다 한국어를 배우는 엄마아빠를 따라 인근의 이주인권센터에 가는데 이곳 자원활동가들은 열린(?) 마인드를 뽐내려는지 베트남말로 인사를 걸어오곤 한다. 대개는 인사를 나누지만 어떤 날은 뭔가 기분이 좋지 않아 아예 씹어버리기도 했다. 한국인으로서 베트남말을 쓰기 싫었기 때문인 걸까, 어쨌든 뚜웻은 외국인 취급받는 걸 싫어한다.

아메의 길: 중국 출신의 위(가명)는 엄마가 이혼을 하고 한국남자와 재혼하면서 입국을 한 경우다. 다 커서 왔으니 한국말도 서툴고 바뀐 환경에 적응하기가 어렵기만 했다. 그렇다고 학교에 갈 사정도 아니었고 그럴 이유도 없었다. 자연히 혼자 보내는 시간이 많아졌고 어디에도 정붙일 곳이 없었다. 그러다 마침 사촌누나가 국제결혼을 해서 제주도에 왔다는 소식을 듣고는 주저없이 누나를 찾아갔다. 그 후 위는 돌아오지 않았다. 감귤 농장에서 시간을 보내자 마음이 편했던 걸까. 소식이 끊겼기 때문에 그가 돌아오지 않는 이유는 아직도 알 수 없다.

유키의 길을 가는 뚜웻이나 아메의 길을 가는 위는 어쩌면 행복한 축에 속할지 모르겠다. 주류질서의 경계 내지는 바깥에 있을지 몰라도, 제 나름대로—핵가족이든 확대가족이든—공동체에 속하여 안정적 삶을 꾀하고 있기 때문이다. 뚜웻은 할아버지가 한국인이라는 덕도 보겠지만 생물학적으로나 문화적으로 자신이 한국인이라 믿고 있고 또한 그렇게 한국인이 돼가고 있다. 가족사 때문에 그를 여전히 이방인 취급하는 시선이 불만족스럽긴 하다. 그렇지만 주류 한국사회의 시선에서 보더라도 그는 성공적으로 안착하고 있는 듯하다. 반면, 뜻하지 않게 한국에 오게 된 위는 민족적(ethnic)으로도 언어적으로도 존재론적 불안에 시달릴 수밖에 없다. 때문에, 아메가 인간이기를 그치고 숲속으로 들어가 늑대로서의 삶을 선택했던 것처럼, 차라리 그는 국민(nation)에 속하기를 거부하고 독립된 세계를 찾아냄으로써 자신에게 주어진 한계에 맞서고 있다.

오늘날에 와서 공동체가 개인을 억압하는 굴레라는 게 밝혀지긴 했지만, 공동체에 속하지 않으면 한시도 존재할 수 없는 게 인간이라는 점도 염두에 둬야 한다. 공동체에 대한 성원권(membership)을 가지지 못하면 인간으로서의 권리를 결코 영유할 수 없다. 마찬가지로 정상적 인간의 범주에 들지 못하면 시민권을 비롯해 공동체 내에서의 권리를 누릴 수 없는 것 또한 자명한 이치다. 그런 점에서 뚜웻과 위는 이주배경 청소년의 삶에서 부각되기 마련인 인권과 시민권의 빈 공간을 각자의 방식으로 채워나가는 대표적 인물들이다. 물론 대다수의 사람들은 무관심하지만 말이다.

사실 뚜웻과 위는 지극히 예외적인 경우에 해당하는 것일 수 있다. 현실에서는 이들의 경우보다는 여전히 그 어디에도 속하지 않는 친구들, 달리 말해 주류 한국인들의 시선에는 포착되지 않는 친구들이 더 많기 때문이다.

아메도 유키도 아닌 길: 다문화 프로젝트에 참여하고 있던 중국계 소년은 자기 누나 우(가명)에 대해 이야기한 적이 있다. 우는 친구가 없다. 상당수 이주배경 청소년들처럼 학교에 못 가니까 친구를 사귈 기회가 없다. 동생처럼 이런저런 모임에라도 나가면 또래들이라도 만날 텐데 숫기가 없는 것 같기도 하고 어쨌든 사람 만날 일이 드물다. 그래서 하루의 대부분을 게임이나 웹서핑으로 보낸다. 중국어 환경이 지원되기 때문에 가능한 일이다. 우는 온라인 세계에 머무는 동안에는 어떤 안도감을 느끼는 모양이다. 하지만 평생을 네트워크 접속으로만 버틸 수는 없는 일, 그래서 동생은 누나가 걱정스럽다.

물론 우의 세상이 골방 속에 계속 갇혀 있으리란 예측은 지나친 기우일 것이다. 극단적인 선택을 하지 않는 이상, 그녀도 언젠가는 뚜웻이나 위처럼 자신의 존재론적 근거를 찾아나설 것이다. 진창을 헤매는 듯한 오늘의 일상은 그런 결단이 유예되는 시간에 불과하다. 우 같은 친구들을 섣불리 사회 부적응 청소년이라 판단할 근거는 어디에도 없다. 그러나 이주배경 청소년들에게 삶의 기회구조라는 것이 상대적으로 더 폐쇄적이라는 점을 간과해서는 안된다. 우리 시대의 청소년들이 성인이 아니라는 이유로 정상적인 인간 범주에 들지 못하고 여러 곡절을 겪는 건 주지의 사실이다. 그런데 이들 이주배경 청소년들은 성인이 아닌 데다 국민도 아니어서이 세계에서 누릴 권리를 이중적으로 제한받고, 나아가 타인과 교류할 기회 그리고 자기 자신의 존립 근거를 탐색하는 데서도 어려움을 겪는다.

'이 땅에 있으면 위험하니 본국으로 돌아가렴'

앞으로 10년쯤 지나면 상황이 어떻게 될지 모르겠다. 이른바 '다문
화' 청소년들이 무럭무럭 성장하고 있기 때문이다. 여전히 상용되
긴 하지만 요즘은 다문화 청소년이란 말을 가급적 삼가는 추세다.
민족적 배경이 다른 사람에게만 다문화라는 꼬리표를 붙이는 건
어딘지 불합리해 보이기 때문이다. 필자를 비롯한 독자 여러분은
다문화적 존재가 아니란 말인가. 근본적으로 우리 모두 하나의 문
화로는 이해되기 어려울 정도로 다양한 경험을 하고 있으며, 유전
학적으로 보더라도 한국인의 60%는 북방계 출신이고 40%는 남방
계 출신이다.

   실용적인 차원에서도 문제가 있다. 다문화 청소년이라 하면 한
국에 거주하는 국제결혼 가족, 이른바 다문화가족의 자녀를 연상
하게 된다. 문제는 다문화라는 언표가 그 밖의 다양한 형태로 한국
과 연결된 친구들을 시야에서 사라지게 한다는 점에 있다. 그래서
요즘은 다문화 청소년 대신 대안적 표현으로 '이주배경 청소년'이
란 말을 더 많이 쓰는 편이다. 이때 이주배경 청소년이란 부모 중 1
인 이상이나 본인이 한국 외 지역에서 출생, 성장한 사람으로 우리
사회의 다양한 이주경험이 있는 청소년들을 포괄하는 말이다.[2] 여
기에는 다문화가족의 자녀뿐만 아니라 탈북 새터민 청소년, 이주
노동자 가족 자녀, 중도입국 청소년 등이 모두 포함된다. 어릴 적

---

2. 이주배경청소년지원재단 무지개청소년센터, http://www.rainbowyouth.or.kr(2013년 3
   월 12일 검색).

별 뜻도 모르고 "우리는 한겨레다. 단군의 자손이다"라고 노래 불렀을 때, 바로 그 한겨레와 단군의 자손이라는 범주로부터 체계적으로 배제된 존재들인 셈이다.

이들의 삶의 질곡이 어떨지는 어렵지 않게 짐작할 수 있다. 「늑대아이」에 비해 비교적 직설적인 영화 「세리와 하르」(2009)를 들여다보자. 이주노동자 가족 자녀 하르는 불법체류자 신분인 아버지와 함께 단속을 피해 방방곡곡을 전전하는 불안한 삶을 살고 있다. 흥미롭게도 그녀는 주민등록증에 집착한다. 온갖 색종이를 오려붙여—마치 크리스마스 카드 만들기처럼—자기만의 어설픈 민증을 만들기도 하고, 어디선가 주운 민증에 자기 사진을 덧붙여 소지하기도 한다. 대개의 청소년들에게 민증이 어른이 되는 길인 데 반해, 이들에게 민증이란 어른이 된다는 의미를 넘어 한국인임을 떳떳이 인정받는 길이다. 우리들 모두가 그런 것처럼, 시민으로서 인정을 받아야만 인간으로서 인정을 받을 수 있다. 그러지 못하면 삶은 번민과 공포에 빠져들 것이다.

이런 식으로 경험하는 존재론적 이질감은 또래 내부에서의 따돌림, 한국어 능력 부족으로 인한 학업부진, 동일성 문제에서 오는 심리적 혼란 등으로 이어진다. 하르의 친구이자 다문화가족의 자녀인 세리는 친구들로부터 "야, 니네 엄마 베트남에서 왔다며? 얼마 주고 왔대?"라는 식의 추궁을 당하기 일쑤다. 불법 신분인 하르에 비해 주거가 불안한 것은 아니지만, 세리라는 이름처럼 골프 선수로 성공해서 주류사회의 인정을 받지 못하는 한 그녀 역시 상징질서 바깥에 머물고 말 것이다.

실제로 이주배경 청소년들은 중등교육 과정에서부터 체계적으
로 이탈하고 있다. 조사에 의하면 이들의 초등학교 재학률은 80%
에 이르지만 고등학교 재학률은 26%에 불과하다. 학교 입학절차
가 까다로워서, 한국어를 못 알아들어서, 공부를 따라가기 힘들어
서 등등 이유는 다양하지만 결론은 단 하나다. 현행 입시교육에 적
응하기 어려워서라는 것이다. 학교 입장에서도 이들은 평균 성적
만 까먹는 애들로 인식되기 일쑤다. 그게 아니라면 따돌림을 유발
하여 학교 이미지를 떨어뜨리는 등 여러모로 관리 비용을 불러일
으키는 존재일 뿐이다.

따라서 이주배경 청소년들이 현행체제에 대응하는 길은 엎드려
잠을 청하거나 일찌감치 학교를 떠나는 쪽으로 기우는 수밖에 없
다. 물론 학교체제와 한국문화에 적응하여 자기의 미래를 모색할
수도 있을 것이다. 하지만 이들은 그런 종류의 성공이 극소수에게
만 가능한 신화라는 걸 거의 감각적으로 알고 있다. 적응의 어려움
과 각종 편견을 극복하고 고등학교나 대학교에 들어가면 뭐하겠
나. 한국의 주류사회에서는 이들을 수용할 자리가 아예 없거나 지
극히 제한적이다.

게다가 한국사회에선 거의 '저학력=저소득'이다. 애초부터 저소
득 가정의 자녀라는 사실을 염두에 둔다면, 우리는 이들의 미래를
실업 아니면 불안정 노동으로 어렵지 않게 예측해볼 수 있을 것이
다. 어쩌면 그 어떤 문제적 위치에도 속하지 않을지 모른다. 실존하
지만 결코 재현(representation)되지 않는 그런 존재로서 말이다. 미래
에 대한 전망이 제한적인 이주배경 청소년들로서는 공포와 원한이

늘 따라다닐 수밖에 없다.

이 세상에서 의미를 찾을 수 없다는 공포의 감정 그리고 이런 상태를 조장하는 타인과 세상에 대한 원한 감정은 결과적으로 우리 모두의 공포로 전이될 수도 있다. '이 친구들의 비인간적 상황을 개선하는 데 드는 막대한 금전적·심리적 비용은 어떻게 하지?' 심지어 '사회정치적 불만으로 꽁하고 있다가 장차 소요라도 일으키면 어떻게 하지?' 프랑스 방리유 사태(2005년 파리 외곽지역 청년들이 차별 대우에 저항해 일어난 소요사태)가 남의 일이 아닐 수도 있다. 결국 이런 공포심은 극우적이며 신인종주의적인 반향을 불러일으킴으로써 새로운 추방령을 약동시킬 수도 있다.

실제로 일부의 안티 다문화 커뮤니티들은 한국사회의 안전과 이주배경 청소년들의 인권을 보호(?)하기 위해 그것도 때로는 제법 신사적인 어조로 이렇게 권하곤 한다. '얘들아, 너희가 계속 이 땅에 있으면 위험하니 차라리 그냥 본국으로 돌아가렴.' 다문화를 보호하기 위해 다문화를 추방한다는 역설, 그들의 인권을 보장하기 위해 그들의 시민됨(citizenship)을 거부한다는 말도 안되는 역설이 꿈틀대는 것이다. 물론 이주배경 청소년에 대한 이와 같은 최악의 반응은 지극히 드문 경우에 속한다. 그러나 '보호하기 위해 추방하는' 신인종주의까지 동원되는 오늘날의 상황은 이주배경 청소년의 처지가(나아가 이주민의 처지가) 모종의 한계상황에 직면했음을 드러내준다. 그렇다면 앞으로 이들은 어떻게 살게 될 것인가. 그리고 우리는 무엇을 어떻게 할 수 있을까.

"다문화! 완득이는 남아라. 한글 공부하자"

오늘날 한국사회의 현안 중 하나는 고용구조와 학력구조가 엇박자를 내는 가운데 이주민들이 국내의 노동시장에서 차지하는 비중이 점점 커지고, 저출산 고령화 추세 속에서 인구를 재생산하려는 통치 논리에 따라 국제결혼에 의존하는 경향이 늘어간다는 점에 있다. 이러한 현실은 과거와 같은 내셔널리즘이나 국민교육으로는 더이상 사회적 관계들이 재생산되지 않는다는 사실을 가리킨다. 다문화주의 그리고 다문화교육의 발흥이란 결국 현실의 특정한 요구들에 정확히 부응하고 있는 셈이다. 이처럼 사회구성이 복잡해진 마당에 기존의 국민교육이 제대로 작동할 리 없다.

그런 점들을 고려하면서 다문화교육 프로그램의 개략적인 방향성을 살펴보도록 하자. 어떤 문제점들이 있는지 어렵지 않게 알아챌 수 있을 것이다.

학습 부진아 특별 교육: 이주배경 청소년들의 학력수준을 높여 현행 입시 시스템에서 낙오되지 않도록 한다.

한국어반: 한국어 구사능력을 증진시켜 한국사회에서의 적응력을 높이고 정규 교육과정을 이수할 수 있도록 한다.

대학생 멘토: 대학생들의 자원활동이나 재능기부를 활용하여 현재와 미래가 불투명한 이주배경 청소년들의 심리적 안정에 실효성 있게 기여한다.

다문화 대안학교:[3] 차별에 따른 상처를 치유하고 다중언어 능력의 장점을 활용하여 글로벌 인재로 양성한다.

실제로 이렇게만 하면 소외받는 이주배경 청소년도—적어도 청소년기에는—잘 지낼 수 있을지 모르겠다. 그런데 여기서 이런 단어들에 주목해보자. 낙오, 적응, 안정, 치유…. 다문화교육은 오늘날 이주배경 청소년들을 주류사회에 적응해야만 하는 주체이자 갱생 프로그램의 대상으로만 간주한다. '그들은 낙오할 수 있다, 그러니 적응시켜야 한다, 안정을 찾도록 치유해줘야 한다!'

확실히 이건 난센스다. 다문화교육이라면 응당 모든 국민이 다 받아야 할 터인데, 실상 그 대상은 이주배경 청소년 그것도 다문화가족 자녀들에 국한돼 있고, 그 내용이란 것도 '입시지옥'으로 대변되듯 문제투성이인 한국의 사회체계에 적응시키는 데 머무르기 때문이다. 한마디로 말해, 우리가 다문화를 배우는 게 아니라 '다문화'에게 우리를 가르치려 든다는 것이다. 한국사회는 학습을 거부하는 청소년이 아니라 학습이 부진한 아이로 이들을 규정한다. '힐링캠프' 같은 프로그램을 만들어 영혼을 치유하겠다 하는데 정작 힐링이 필요한 건 한국사회 아닌가 말이다. 병자 취급 받아야 할 것은 아메의 길을 택했던 위도 아니고 어떤 길도 유예하고 있는 우

---

3. 인천에서는 2013년 공립 다문화 대안학교 '한누리 학교'가 개교했고, 강원도에서도 일명 '인순이 다문화 대안학교'가 문을 열고 정식인가 학교로 전환을 추진중이다. 그러나 일각에서는 다문화 대안학교가 다문화가족 청소년의 사회적 격리와 학력저하 현상을 초래할 수 있다면서 일종의 '게토'로 전락할 위험성을 지적하기도 했다. (사)한국다문화센터 성명서, 「인천시 교육청의 '공립 다문화 대안학교' 추진은 중지되어야 한다」, 2010년 11월 19일 발표.

도 아니다. 바로 우리 자신이다.

　이런 일도 있었더랬다. 종례가 끝날 즈음 교사가 갑자기 한마디 한다. 그 아이의 이름을 완득이라 치자. "다문화! 완득이, 집에 가지 말고 남아라. 한글 공부해야 한다." 어딘가 이상하지 않은가. 이런 풍경은 수업시간 내내 반복된다. "완득이! 선생님이 이야기하는 것 이해하니?" "얘들아, 완득이는 다문화가정 아이니 특별하게 잘 지내야 한다."[4] 이상해도 너무 이상하다. 제 이름을 잃은 녀석의 새 이름은 그저 다문화다.

　단순히 해당 교사의 교육역량에 관한 문제만은 아닌 것 같다. 어쩌면 주류 한국인들의 도덕적 감정 과잉이 만들어낸 하나의 아이러니가 아닐까. 이렇게 보면 다문화는 동등한 관계 속에서 맺어지는 치유의 언어라기보다는, 이주배경 청소년들을 일방적으로 약자로 규정하고 다르게 대우함으로써 여전히 민족적 분할과 차별을 유지하는 언어라 할 수 있다. 인권이란 이름으로 이주민을 추방하고자 하는 것이 극우적 신인종주의라 한다면, 이 친구들을 가엾게 여기고 돌보려는 태도는 신인종주의의 또다른 형태로서 인간주의적 신인종주의인 셈이다.

　물론 최근 다문화교육 프로그램에서 사회나 윤리 등 정규 교과목들에 다문화주의적 서술들을 녹여내려는—별도의 교과 프로그램으로 개설하는 것이 아니라—노력들이 있다. 단일민족 신화에 근거했던 기존의 국민주의 서술과 거리를 두는 한편, 다문화적 역사

---

4. 이상 인용은 서광석, 「세계시민의식을 형성해 다름을 어울림으로」, 『전국매일』 2011년 5월 12일자의 내용을 재구성했다.

와 현실을 적시하고 배타주의적 태도를 교정하고자 하는 것이다. 이런 시도는 이주배경 청소년들만이 아니라 공교육을 받는 모든 청소년들을 대상으로 한다는 점에서 눈여겨볼 만한 가치가 있다.

그렇지만 이마저도 인간주의적 태도에서 크게 벗어나지 못하고 있는 게 현실이다. 대강의 논리구조는 이렇다. '한국은 저출산·고령화 사회고 다문화가 이 문제를 해결할 것이다. 그 와중에 다문화 가정의 아이들이 차별과 무관심에 처해 있다. 그들도 같은 한국인이다. 차이가 차별이 돼선 안되며 특히 인종차별을 하면 안된다. 외국인들에게 한국문화를 일방적으로 강요해서는 안된다. 다양한 문화적 관습이 있는 만큼, 틀린 게 아니라 다른 것이다. 자신의 권리만큼 타인의 권리도 소중하다.'[5]

다문화사회에서의 시민성을 인간주의적 도덕률에 한정해서 설계하는 것의 한계는 명백하다. 그것은 이주라는 현실에 대면하여 한국사회의 부조리나 모순을 표적으로 삼는 것이 아니라, 개인들의 내면에 집중시킴으로써 그 모든 문제의 해결책을 일종의 자기-테크놀로지로 축소한다. 그런 점에서 이주배경 청소년에 대한 인간주의적·시혜적 태도는—극우주의적 태도와 마찬가지로—문제의 종결자가 사실상 문제의 생산자임을 드러낼 뿐이다. 그 와중에 이주배경 청소년들이 경험하는 구조적인 소외는 크게 변함이 없는 실정이다. 호박에 줄긋는다고 수박 되는 건 아니다.

바로 그런 까닭에, 이주배경 청소년들은 지금 우리 사회가 단일

---

5. 경기도다문화교육센터·경기도교육청, 『2007년도 개정교육과정에 따른 다문화교육 프로그램 개발—사회 교과서를 중심으로』, 2012.

문화와 다문화 사이에서 그리고 사회적 배제와 포용 사이에서 어떤 한계상황에 직면해 있음을 드러내주는 존재라 할 만하다. 10년, 빠르면 5년쯤 지나서 그들이 어떤 하위문화적 대응을 해올지 주목해봄직하다. 우리 시대의 완득이들이 '무섭다 그리면서 도로로 질주하는 풍경'이 어쩐지 먼 미래의 일은 아닌 것만 같다.

3부 기록의 기록

12장

'질풍노도'의 정치학

청소년은 미성숙하다는 관점에 도전하기

우리가 마주하는 편견 중 하나는 바로 청소년이 미성숙한 존재라는 관점이다. 이 관점이야말로 오늘날 청소년 문제의 핵심이자 뇌관이다. 청소년들이 뭘 해보려 해도 사회적 제재를 맞봐야 하는 것은 10대들이 성숙하지 못하다는 생각 때문이다. 따지고 보면, 날라리들이 몰래 놀아야 하는 것도 이 때문이며, 범생이들이 참고 견디는 것도 이 때문이고, 적잖은 청소년 인권활동가들이 모종의 한계에 부딪히곤 하는 것도 이 때문이다. 질풍노도의 시기니, 주변인의 시기니 하는 용어들도 바로 이런 관점을 표현한 것에 불과하다. 결국 청소년은 미성숙하기 때문에 아직 인간이 아니라는 말이다.

이 편견에 도전하는 것은 쉽지 않다. 그도 그럴 것이 논리 자체가 수많은 사람들에 의해 이론적으로 체계화됐고, 또 대다수의 사람들이 그렇게 믿어야만 사회체계가 유지·재생산될 수 있기 때문이다. 오늘날 그 누가 이 믿음에 함부로 도전장을 내밀 수 있을까. 솔직히 필자로서도 '청소년=미성숙'이라는 등식을 깰 수 있는 비장의 무기 따위는 없다. 어쩌다 청소년 활동가들과 대화를 나눌 때 혼자 묵묵히 하는 생각도 대개는 이런 식이다. '이 사람은 굉장히 생각도 많이 하고 공부도 많이 했구나.' 내가 발견한 것은 성숙한 예외적 청소년일 뿐이지, 사회적 편견을 깰 만한 보편적 인물로서의 청소년은 아니다.

청소년을 특별관리하기

그래서 할 수 있는 작업이란 청소년을 미성숙한 존재로 보는 이론들에 맞대응하는 것이 아니라, 그 기원과 효과 등을 고려해서 근본부터 흔들어보는 것이다. 그 어떤 이론도 만고불변의 진리는 아니다. 오히려 이론 그 자체를 사회적 구성물로 파악하면 사태가 비로소 명확해질 수도 있다—물론 이러한 접근만으로 청소년들을 청소년=미성숙이라는 편견으로부터 구출할 수는 없겠지만.

　대표적으로 청소년 심리학이라는 게 있다. 말 그대로 청소년 고유의 심리적 특성을 밝히는 분야인데, 이를 기초로 이른바 청소년 문제에 관련된 정책들이 수립된다고 해도 과언이 아니다. 그 첫걸음은 당연히 청소년이 무엇인지를 정의하는 것에서부터 시작된다. 그런데 이게 생각만큼 녹록하지가 않다. 청소년에 관한 이론을 일별해보더라도 이 작업은 차라리 실패한 역사에 가깝다. 청소년이란 몇살부터 몇살까지일까, 바로 이 문제 때문이다. 청소년에 관한 학문은 결코 청소년을 규정할 수 없다. 바로 이 근본적 난점에서부터 청소년에 관한 누더기와 같은 밑그림이 그려진다.

물론 청소년을 연령으로 규정할 수 없다 하더라도, 청소년 심리학은 가능하다. 사회적 합의를 통해 상대적 규정을 내릴 수도 있고, 이런 불안정한 방식 대신 우회로를 택할 수도 있다. 청소년이라는 존재에 적당한 인간적 특성을 부여한 뒤 개연성을 높여주면 되기 때문이다. 예컨대—수많은 교과서가 말하는 것처럼—청소년기란 '이성의 발달시기' 또는 '스스로의 선택에 의해 스스로 결정하고 스스로 통제하는 능력이 발달하는 시기' 쯤으로 운을 떼면 된다. 이 정도면 그럴듯하지 않은가.

이렇게 첫발을 디뎠으면 이제 걸음마로 들어갈 수 있다. 질문을 던지는 것이다. 왜 청소년은 자기통제력이 약할까. 그리고 어떻게 하면 청소년은 자기통제력을 가질 수 있을까. 그래서 수많은 청소년학자들은 생물학, 정신분석학, 심리학, 교육학, 사회학 등으로부터 다양한 참고문헌을 끌어들인다. 좋은 것과 좋은 것들을 결합하면 좋은 결과가 나온다는 생각에서일까. 이 질풍노도의 시기에 비로소 개념적 언어들이 개입하기 시작한다.

여기서 우리는 위의 두 질문이 가지는 의미에 대해 다시금 생각해볼 필요가 있다. 청소년은, 아니 인간은 왜 '자기통제력'을 가져야 할까. 물론 당연한 질문일 수 있다. 이 질문은 모두에게 중요한 문제이기 때문이다. 스스로를 제어함으로써 자아를 확립한다는 것은 당사자뿐만 아니라 모두에게 이로운 일이다. 그래서 청소년 심

리학의 창시자 그랜빌 스탠리 홀(G. Stanley Hall)도 '국민의 일원인 청
소년을 어떻게 훌륭한 인민으로 교육시킬 것인가'라는 문제의식을
가졌던 것이다. 달리 말하자면, 청소년의 자아확립 과정은—청소
년 자신뿐만 아니라—현대의 정치·경제 체계에도 필수적인 메커
니즘인 것이다.[1] 우리 모두에게는 훌륭한 인민이 필요하니 말이다.

그런데 왜 유독 청소년만 자기통제를 통해 '발달'해야 할까. 이
유는 간단하다. 청소년은 미성숙하기 때문이다. 그렇다면 청소년
을 미성숙하다고 판단할 근거는 어디에 있을까. 고전적으로는 2차
성징이 어쩌고저쩌고 하면서 생물학적·해부학적 특성을 들 수도
있겠다. 하지만 청소년에 관한 현대적 담론들은 거기에 그치지 않
고 정신적·지적 특성을 언급하는 게 보통이다. 이를테면 프로이트
등을 원용해 성적 욕망을—사회적 규범을 내면화한—초자아로써
완전히 통제하지 못한다거나, 피아제 등을 원용해 추상적·논리적
사고체계가 부족함에 따라 인지적·도덕적 추론 능력이 미흡하다
는 식으로 말이다. 쉽게 말해, 청소년은 욕망에 취약하고 지적인 준
비가 덜 됐다는 것이다.

거듭 말하지만, 우리에게는 청소년이 신체적으로나 정신적으로
성숙하다는 대항논리가—아직, 어쩌면 언제나—전혀 없다. 어떻
게 하면 청소년들이 성숙해질 수 있을까. 대강의 선택지는 이렇다.
자아에 대한 탐구와 헌신으로 정체감을 갖게 하거나(사회심리학), 적
절한 보상과 처벌로 지적·도덕적 반응을 유도하거나(행동심리학), 청

---

1. 김승만, 「청소년과 폭력, 그리고 시민권—사회문제가 아니라 사회적인 것의 문제」, 『대
   학원신문』, 2012년 11월(295호).

소년의 창조적 능력을 인정하고 그들 자신에게 인격형성의 책임을
부여하거나(인간주의), 가족·학교·또래·전체사회 등 다양한 사회
체계들에서 적절한 환경을 구축하는 것(맥락주의) 등이다. 여기서 적
합한 메뉴를 선택하면 우리는 청소년 문제를 해결할 수 있(다고 가정
된)다. 실제로 청소년 문제에 대한 진단과 처방은 대다수 이와 같은
매트릭스로부터 나온다.

　딴죽걸기의 실마리가 바로 여기에 있다. 청소년이 에둘러 정의
될 수밖에 없다는 점은 청소년학이라는 학문에 과학적 대상이 없
다는 것을 의미한다. 청소년은 그저 가상적 존재에 불과하다. 오로
지 실체가 모호한 이들을 구체화하기 위한 끝없는 시도가 있을 뿐
이다. 또한 그와 동시에 미성숙한 그들을 발달시키기 위한 강박적
시도가 이어질 뿐이다. 따라서 우리는 청소년 담론이란 이론적이
라기보다는 애초부터 정치적이라는 깨달음을 얻을 수 있다. 청소
년학이란 결국 인구의 특정부분을 관리하기 위해 고안된 사회-공
학인 것이다.

　청소년은 왜 밝혀져야 하고 그들의 문제는 왜 해결돼야만 하는
가. 당연하게도, 그래야만 현재의 정치·경제 체계가 유지되기 때문
이다. 대중정치가 시작되면서 거의 모든 인구를 통치의 대상으로
삼게 된 현대의 정치학을, 그리고 자본주의적 생산양식과 더불어
노동력의 사회적 재생산을 요구하는 현대의 경제학을 숙고하도록
하자. 우리 모두가 알고 있듯이―아동을 포함하여―청소년은 미
래의 인간이다. 관건은 어떤 인간이어야 하느냐는 것인데, 결국엔
건전한 인구이자 건강한 노동력이어야 하지 않을까.

  물론 이와 같이 교과서적 언술, 또는 교과서를 뒤집어놓았을 뿐인 언술에 그치는 것만으로는 다소 부족한 감이 있다. 청소년이 개념적으로 규정될 수 없다는 사실은 그들 자신이 현대사회의 통치와 지배의 눈에는 결코 포착될 수 없는 영역이라는 점을 가리키기 때문이다. 요즘 유행하는 식으로 말하자면, 그들은 어떤 몫도 할당받지 못했다. 물질적으로나 상징적으로나. 이것이 바로 청소년이라는 언어가 언제나 실패할 수밖에 없는 이유다. 그럼에도 청소년이라는 존재는 인구와 노동력을 창출하고 재생산하는 데 있어 필수불가결한 존재이기도 하다. 그들이 없으면 대한민국이 어떻게 돌아가겠는가. 통치 시스템에서 그들은 익명의 상태로 세계 어딘가에 널브러져 있지만, 그러한 익명성을 규명하고 상징체계 내로 포함시켜야만 통치가 재생산될 수 있지 않겠는가. 이것이 바로 청소년에 대한 관심이 실패할 수밖에 없음에도 끊임없이 반복되는 이유다.

  요컨대, 청소년은 존재하지 않지만 반드시 관리되어야 한다. 또한 청소년이라는 언어는 불가능하지만 언어화되어야 한다. 청소년은 없지만 청소년학은 있어야 하는 것이다.

발달장애? 사태를 전위시키기

이런 점에서 볼 때 우리는 이미 충분히 가상적인 세계에서 살고 있는 셈이다. 청소년이라는 불가능한 기획 속에서 청소년을 발달시켜

야만 하는 세상이기 때문이다. 10대들의 일탈이 끝없이 반복·확대
되는 것도 어쩌면 이와 같은 아이러니 때문일 것이다. 원리적으로,
그들은 그 모든 파악(grasp)으로부터 미끄러져 나갈 수밖에 없다. 그
렇지만 우리는 이런 상황을 청소년 문제라 일컫고 그 당사자들을
문제라 부르는 데 익숙해졌다. 발달을 해야 하는데 발달하지 않
는 청소년! 그래서 요즘 청소년 문제에 관한 담론들은 10대들의 상
당수가 일종의 발달장애 상태에 있다고 규정하는 듯하다.

'삶의 목적이 무엇인지 모르겠다.' '개인들에게는 선택의 여지
가 없다.' '공부를 하다보면 로봇이 된 기분이다.' '이 세상에 나만
혼자라고 느껴진다.' 이러저런 경로로 소외도를 테스트할 때가 있
는데 결과를 확인하고 깜짝 놀라곤 한다. 생각보다 많은 친구들이
의미상실, 무기력, 학업소외, 고립감 등을 호소하기 때문이다. 아니
나 다를까. 최근 5년 사이에 청소년 우울증이 15.3%나 증가했고,
우울증 증세 중 하나인 수면장애는 56.4%나 늘었다고 한다.

여러 우울증 테스트들이 있지만, 대략 우울증은 다음과 같은 증
세들로 요약된다.

기분: 슬픈 감정이 지속되고 흥미를 가졌던 일에 흥미를 잃어버리
　　며, 화를 잘 내고 짜증이 늘어나며 죽고 싶다는 말을 하기도 한다.
행동: 행동이 느려지고 비관적인 생각 때문에 새로운 계획을 시행하
　　기 힘들고, 반항적 행동 또는 반사회적 활동을 통해 자신의 우울
　　한 상태를 표현하는 경우가 있다.
태도: 자신의 세상이나 미래에 대해 지나치게 부정적인 태도를 보이

며 쉽게 무기력감에 빠진다.

신체적 상태: 잠을 잘 자지 못하며 늘 피곤해하는 경향이 있고, 두통
이나 복통 같은 다양한 통증을 호소하기도 한다.

요즘은 슬프고, 싫증나고, 굼뜨고, 불만이 많고, 부정적이고, 무
기력하고, 피곤하고, 괜히 아프면 보통 우울증이라고 표현하는 것
같다. 또래관계나 애정관계에 성공하지 못하는 한, 마음 둘 곳 하나
없는 존재가 바로 10대다. 부모가 맞벌이거나 여타 가정사라도 있
으면 삶을 지탱해줄 끈은 지극히 제한적인 상황이다. 아이돌에 열
광하거나 게임에 몰입하면서 '가면'이라도 쓰지 않으면 끝없는 터
널에 갇히고 만다. 어쩌면 교과서의 '질풍노도 시기'란 말은 이제
'긴 터널의 시기'라고 고쳐야 할지도 모르겠다.

그런데 왜 최근 들어 10대의 우울증이 주목을 받는 걸까. 명시적
인 이유는 두가지다. 첫번째는 우울증이 심각하면 종종 자살시도
로 이어지기 때문이다. 곤란한 문제가 아닐 수 없다. 두번째는 대개
의 경우 가면성 우울증(masked depression)이어서 증세 포착이 어렵고
그 때문에 우울한 상태가 방치될 가능성이 높다. 실제로 전문가들
은 무단결석, 게임·인터넷 중독, 비행, 학업부진 같은 문제에도 우
울증이 원인인 경우가 많다고 지적한다.

어쨌든, 여기서 놀라운 사실 하나를 발견하게 된다. 과거와 달리
청소년 문제에 접근할 때 이제는 정신의학 지식이 동원된다는 점
이다. 그중에서도 우울증은 '요즘 애들'이라는 블랙박스를 열 때
일종의 만능열쇠 구실을 한다. 삶의 의미를 잃어버렸다면 그건 우

울증 때문이고, 좌절하고 있다면 그건 우울증 때문이며, 심지어 공
부에 흥미를 잃어도 우울증 때문이다.

　이 열쇠가 예전의 만능열쇠들(가령, 말세, 발랑까짐, 스트레스 등)과 다른
점은 구체적인 처방전을 작성하기 쉽다는 데 있다. 우울증은 병이
니까 상담이나 약물을 통해 얼마든지 치료가 가능하다. 치유의 절
차도 비교적 어렵지 않다. 돈을 내서 전문가 상담을 받고 거기서 유
년 시절의 트라우마를 확인한 뒤 아버지나 어머니에 대한 욕망을
깨닫고 이를 극복하기 위해 또래와 수다를 떨거나 운동을 즐기면
서 긍정적인 에너지를 회복하는 것이다.

　그런데 여기에 불편한 진실이 하나 있다. 적지 않은 10대들이 경
험하는 심리 상태가 우울증으로 진단되는 순간, 이 사회적 문제가
개인적 문제로 둔갑하게 된다는 사실이다. 경제공황(depression)에
준할 정도로 사회구조적인 문제라 할 수 있는 우울증(depression)은
정신의학에 의해 개인적 치료의 대상이 된다. 자살을 하고 무단결
석을 하고 인터넷에 중독되고 비행을 일삼고 학업이 부진하다면,
그것은 치유의 문제일 뿐이지 가족과 학교 그리고 경제구조를 포
함한 사회변동의 문제로 환원되지 않는 것이다.

　청소년 문제를 심리학적 차원으로 재단하는 진단에 우울증만
있는 건 아니다. 불안장애, 인터넷 중독, 수면장애, 공부 스트레스,
ADHD, 품행장애, 섭식장애, 스마트폰 중독 등등 그 종류는 이루
열거하기 힘들 정도다. 우리가 10대들의 정신의학적 증세에 민감
한 이유는 무엇보다도 청소년 자신이 어떤 위험에 처해 있음을 알
리는 징표이기 때문일 것이다. 그런데 증세가 실제적 위험을 나타

내는 징표에 그치지 않고 그 자체로 문제의 모든 것이 되면 사달이 나기 시작한다. 이른바 심리학주의라 일컫는 이런 경향 때문에 문제의 역사적 내용은 빠지고 오로지 인간 개인의 행동만 남는다.

우리 사회가 다이어트를 강요하든 말든 그건 다이어트에 집착하는 네 잘못이며, 도무지 왜 공부를 해야 하는지 모르겠어도 그건 공부 방법이 글러먹은 네 잘못이다. 심리학주의는 곤란에 처한 10대들을 더 궁지로 몰아넣는다. 우리들 모두로 하여금 청소년 문제를 청소년들의 문제로만 이해하게 하고, 당장의 문제해결에만 급급하여 전체적인 병세에는 무관심하게 하며, 그리하여 사태를 역사적이고 구조적인 문제가 아닌 개인들의 부적응 문제로만 간주하도록 만든다. 정신분석학의 용어를 빌리자면, 하나의 사태를 전혀 다른 사태로 전위(displacement)시키는 것이다.

10대들의 질병 만들기: ADHD와 우울증

게다가 우울증을 비롯한 증세들을 정말로 질병으로 볼 수 있는지에 대해서도 다시 생각해볼 여지가 있다. 퀴즈를 내보겠다. 1974년 고혈압 환자가 갑자기 3배나 늘었다. 그리고 2003년에는 10배나 급증했다. 왜 그랬을까? 한국인들의 식습관이 서구화돼서? 바쁜 사회생활 때문에 건강관리에 둔감해져서? 답은 간단하다. 고혈압 기준치가 낮아졌기 때문이다. 수축기와 이완기 각각 '160, 100 이상'이던 기준치가 1974년에 '140, 90'으로, 2003년에는 '130, 85'

로 바뀌었다.[2] 그렇게 해서 우리의 일상생활도 바뀐다. 예전엔 멀쩡했을 사람이 이제는 스스로를 환자로 여기고 결국 자신에 대한 존중감이 떨어진다. 그리고 가장 결정적으로 평생 약을 달고 산다. 고혈압은 쉽게 완치되는 병이 아니기 때문이다. 그래서 질병의 탄생과 관련해서는 늘 '배후세력'에 대한 의심이 고개를 들 수밖에 없다.

물론 우리 사회가 그만큼 건강에 관심이 높아져서라고 반론할 수도 있겠다. 전문가들이 질병이라고 진단하면 우리 같은 일반인들은 그저 조심해야 하지 않겠나. 그러나 정신질환 쪽으로 오면 이게 단순히 건강의 문제만이 아님이 분명해진다. 대표적인 정신질환 중에 '주의력결핍 및 과잉행동장애'로 번역되는 ADHD가 있다. 요즘엔 성인들 중에도 ADHD가 있다고 하지만, 주로 어린이들 사이에서 나타나는 증세로 알려져 있다. 본인이나 주위 사람이 ADHD가 아닌지 다음 사항을 체크해보자.

1. 주의력 결핍

☐ 부주의로 실수를 잘함.

☐ 집중을 오래 유지하지 못함.

☐ 다른 사람의 말을 경청하지 못함.

☐ 과제나 주어진 업무를 끝까지 완수하지 못함.

☐ 학업이나 일을 계획을 세워 체계적으로 수행하지 못함.

☐ 지속적인 정신집중을 필요로 하는 공부, 서류작성 등을 싫어함.

---

2. 「천자칼럼: 비만의 역설」, 『한국경제』 2013년 8월 24일자.

□ 필요한 물건을 자주 잃어버림.

□ 외부 자극에 쉽게 정신을 빼앗김.

□ 일상적으로 해야 할 일들을 자주 잊어버림.

2. 과잉행동/충동성

□ 손발을 가만히 두지 못하고 앉은 자리에서 계속 꼼지락거림.

□ 제자리에 있어야 할 때 마음대로 자리를 뜸.

□ 안절부절못하거나 가만히 있지 못함.

□ 집중을 하지 못하거나 단체활동에 잘 참여하지 못함.

□ 끊임없이 움직임, 마치 모터가 달린 것처럼 행동.

□ 지나치게 말을 많이 함.

□ 질문이 끝나기 전에 불쑥 대답함.

□ 차례를 못 기다림.

□ 다른 사람의 행동에 끼어들거나 방해함.

유소년과 청소년의 경우—비록 약식 테스트긴 하지만—위 증상 9가지 중 6가지 이상이 6개월 이상 지속되면 ADHD라고 한다. 성인의 경우엔 4가지 이상이면 ADHD인데, 그렇다면 이 글을 쓰고 있는 필자도 ADHD에 해당한다. 그중에서도 나는 주의력결핍장애가 심한 모양이다. 근데 조금 난감하다. 그렇다고 하더라도 정작 필자는 사회생활을 하는 데 별 어려움을 느끼지 않기 때문이다. 게다가 내 주변 사람들에게 이 테스트를 해봤더니 ADHD 아닌 사람이 드물 정도였다. 물론 어디까지나 내 이야기고 주변 사람들 이야기니 이쯤에서 그만하자.

그런데 2012년 독일 『슈피겔』(Der Spiegel)에 흥미로운 기사가 실렸다. ADHD의 창시자로 일컬어지는 레온 아이젠버그(Leon Eisenberg)가 죽기 7개월 전 "ADHD는 허구적인 질병의 대표적인 사례"라고 고백했다는 것이다.[3] 그는 ADHD라는 질병을 만든 대가로 제약회사로부터 엄청난 규모의 펀드를 제공받았다고 한다. 제약회사는 왜 그에게 돈을 줬을까. 전문가들에 의해 질병이 만들어지면 환자가 생기고 제약회사는 약물치료를 통해 엄청난 수익을 거둘 수 있기 때문이다. 이게 바로 필자같이 그냥 조금 산만한 사람조차도 금세 환자로 둔갑하게 되는 근본적 배경이다.

문제는 자기 자녀가 ADHD를 겪고 있을 때 부모가 느끼는 절망과 공포다. 자녀의 충동을 도무지 통제할 수 없는 상황에서 생기는 낙담, 그리고 학교생활에 적응하지 못해 결국 낙오자 신세가 되지 않을까 하는 염려는 상상을 초월한다. 이때 부모들은 자신에게 자녀와 교감할 수 있는 언어가 없다는 사실을 깨닫기보다는, 외려 자녀를 사랑하는 감정 그리고 아이의 미래에 대한 걱정에 압도당한다.

그러는 사이에 우리 사회는 자라나는 청소년들을 억압한다. 지금의 분위기보다는 다른 곳에 집중하고 싶은 성향, 아무리 쓸모없을지라도 번뜩이는 아이디어가 있을 때 바로 행동으로 옮기고 싶은 욕망 등은 약물치료를 통해 철저하게 억제된다. 어느 청소년이

---

3. Jörg Von Blech, "Schwermut ohne Scham"(부끄럼 없는 우울), Der Spiegel, No. 6, 2012.

학교생활에 문제가 있어 보일 때 담임교사가 학부모 면담을 요청한다. "혹시 모르니 ADHD 검사를 받아보면 어떨까요?" 가슴이 철렁 내려앉은 학부모는 의사를 찾아가고 십중팔구 ADHD 진단을 받고는 약물치료를 시작한다. 치료에 큰 도움도 안되고 성인조차 견디기 어려울 정도로 부작용이 엄청난 약을 말이다.[4]

이제 조금씩 문제의 심각성이 보이기 시작하는가. 이게 바로 문제 자체가 아니라 문제가 만들어진 역사를 보자고 제안했던 이유다. 이런 사정은 요즘 10대들에게 점점 확산된다는 우울증도 마찬가지다.

우울증 자체는 인류의 전체 역사와 함께한다고 할 수 있다. 그런 의미에서 증세로서의 우울이라는 정서는 비교적 초역사적인 것이라 할 수 있다. 하지만 이 초역사적인 우울증에 대해서도 역사적으로 접근할 길이 아예 없는 건 아니다. 우울증이란 말은 언제 탄생한 걸까. 이 말이 의미하는 바는 어떻게 달라져왔을까. 그리고 이 증세는 언제 어떻게 해서 10대들의 질병이 된 걸까. 먼저 우울증의 역사는 서구를 기준으로 크게 다섯 단계로 나뉜다.

1. **고대**: 놀라울 정도로 현대의 시각과 흡사하다. 히포크라테스는 우울증이 본질적으로 뇌의 질환이며 경구용 치료제를 써야 한다고 주장했다.

2. **중세**: 우울증은 신에게 버림받은 표시로, 우울증 환자는 성스러운 구원과 은총으로부터 제외된 존재였다. 우울증이 오명을 얻게 된

---

4. 김경림, 『ADHD는 없다—ADHD로부터 아이 구하기』, 민들레 2013.

것은 바로 이 시기부터였고 극단적인 경우 우울증 환자는 이단으로 취급되기까지 했다.

3. 르네상스기: 우울한 천재들(멜랑콜리를 지배하는 토성 자리를 타고난 사람들)이 부상했는데 이들의 낙담은 통찰력으로, 나약함은 예술적 상상력과 복잡한 영혼의 대가로 여겨졌다.

4. 17~19세기: 근대 과학이 발달하면서 뇌의 조직과 기능을 밝혀내고 통제력을 잃은 정신의 고삐를 잡기 위한 생물학적·사회학적 방법들을 고안하는 시도가 이루어졌다.

5. 현대: 프로이트를 비롯해 정신과 자아 그리고 우울증과 그 원인에 대한 정신분석학적 견해들이 제공되기 시작했다. 정신질환은 정상적인 정신에서 분리 가능한 것으로 규정됐다.[5]

지금 일별한 우울증의 역사는 우리에게 적어도 두가지 통찰을 제공해주고 있다. 첫째는 거의 모든 정신질환과 마찬가지로 우울증 역시 역사적으로 규정된 질병이라는 점이고, 둘째는 우울증 치료가 약물로 이뤄진다는 점에서 오늘날과 고대가 유사하다는 점이다. 여기서 고혈압이나 ADHD처럼 우울증이 어떻게 만들어진 질병인지를 재삼 반복할 필요는 없을 것 같다. 다만, 이와 같은 정신질환이 어떻게 해서 10대들에게 보편적인 것으로 나타났는지는 꼭 짚고 넘어가야겠다.

대다수의 청소년 우울증 담론들은 건강이나 자살과 같은 신체적

---

5. 앤드류 솔로몬, 민승남 옮김, 『한낮의 우울―내면의 그림자 우울에 관한 모든 것』, 민음사 2004, 423~4쪽 참고.

문제를 경고하기도 하지만, 다른 한편으로는 대인관계라든가 학업 부진 같은 사회적 문제의 소지가 있다고 본다. 그러니까 우울증을 앓고 있는 청소년들은 단지 불쌍하기만 한 게 아니라 건전한 노동력으로 발달하지 못하기 때문에 문제라는 뜻이다. 앞에서도 말했듯이, 우울증은 청소년 문제를 진단하고 처방하는 데 있어 일종의 만능열쇠와도 같기에, 이로써 교육과 관련된 모든 문제는 해결의 실마리를 잡은 셈이다. 바로 상담과 약물을 통한 치료, 그것만 이뤄지면 된다!

만약 이유를 알 수 없는 불안과 불만으로 가득한 청소년이 있다면, 이 친구는 더이상 문제아가 아니라 우울증을 겪는 불쌍한 치료대상으로 치부된다. 앞서 언급했던 우울증 증세에 '왜'라는 말을 붙여보자. 우울한 청소년들은 흥미를 가졌던 일에 왜 흥미를 잃은 걸까. 왜 계속 슬플까. 왜 쉽게 화가 나고 짜증이 나고 가끔은 죽어도 괜찮다는 생각이 들까. 왜 계획과 행동을 하기 싫어지는 걸까. 왜 갑자기 반항적이고 반사회적이 됐을까. 왜 현재와 미래가 부정적으로만 보이는 걸까. 왜 모든 일에 무기력해질까. 왜 잠이 안 올까. 왜 늘 피곤하기만 할까.

이 중에서도 우울증 증세의 '행동' 범주는 눈여겨볼 만하다. 반항적 행동을 하고 반사회적 활동을 하는 이유가 과연 우울증 때문일까. 한가지 확실한 것은 우울증 담론이 청소년들의 특정한 정서 중에서도 '불안'과 '불만'을 '우울'로 대체하는 데 탁월한 효과가 있다는 것이다. 너 밥상에 불만 있니? 사회에 불만 있니? 그건 네가 우울해서 그런 거란다. 우리한테 문제가 있는 게 아니라 너한테 문

제가 있는 거지. 10대들은 아무 말도 할 수 없다. 모든 게 자아확립
이 덜 돼서, 발달이 덜 돼서 생긴 일이라니 그냥 그렇게 알고 넘어
가는 수밖에 없지 않겠는가.

잠재력을 억제하기

ADHD, 우울증 같은 질병들은 단순한 질병이 아니라 그 자체로 만
병통치약이다. 질병 담론이 치료제 역할을 한다는 것이다. 우리 사
회에는 커다란 질병이 있다. 쉽게 생각할 수 있는 것처럼 입시지옥
이라든가 청소년 인권억압이라든가 하는 것들 말이다. 현명한 의
사라면 교육체계를 손보고 청소년들의 시민권을 보장해줌으로써
사회의 체질 자체를 개선시킬 것이다. 그러나 현실적으로 쉽지 않
은 일이다. 행정적으로 일이 과중해지고 재정적으로 비용이 많이
들며 문화적으로도 감정을 소모해야 한다. 그래서 간교한 의사는
쉬운 길을 택한다. '아프니까 청춘'인 청소년은 그저 성장통을 겪
고 있을 뿐이라고, 우울증 같은 발달장애를 겪고 있을 뿐이라고 진
단하는 것이다. 따라서 처방도 간단해진다. 결국, 우리 사회가 겪고
있는 병세는—적어도 눈에 보이는 곳에서는—몰라보게 호전된다.
    이것이 바로 우리 시대의 청소년들이 언제나 미성숙해야만 하는
이유다. 그들이 미성숙해야만 세상이 평화롭기 때문이다. 10대들
은 아프지 않고 또 아플 필요도 없지만 아파야만 한다. 여기서 우리
는 한가지 역설을 발견한다. 청소년들이 우울하기 때문에 우울증

진단이 나온 게 아니라, 거꾸로 우울증이 필요하기 때문에 10대들은 우울해질 수밖에 없다. 마찬가지로 주의력이 모자라고 행동이 충동적이어서 ADHD 진단이 나온 게 아니라, 질병 담론이 필요하기 때문에 그들은 주의력이 결핍되고 과잉행동을 하게 된다.

우리는 청소년들의 우울증이나 ADHD를 그들 개인의 문제로 볼 게 아니라 가족제도와 학교제도가 앓고 있는 질병의 증상으로 읽어내야 한다. 청소년이 미성숙하다는 명제를 뒤틀어서 그들은 사회화된 언어와 다른 언어를 구사한다는 명제로 바꿔보자. 누군가 교사의 강의에 집중하지 못해 딴청을 피우거나 산만한 태도를 보인다면 그것은 이 친구에게 학교교육이 걸맞지 않다는 징표가 아닐까. 누군가 현재와 미래에 대해 비관하고 있다면 그것은 그 친구가 본래적으로 원하는 전망이 부모나 교사가 원하는 전망과 다르다는 징표가 아닐까.

만약 좀더 강한 해석을 해본다면, 주의력결핍 상태를 ADHD라 진단하고 우울한 심리상태를 우울증이라 명명하는 것은 정치적으로 매우 중요한 문제라고 비판할 수도 있다. 병으로 진단되기 이전의 우울(melancholy)이라는 정서는 기본적으로 내가 진정 바라는 '욕구'와 사회가 나에게 강압하는 '요구'가 불일치함으로써 나타나는 일종의 불만족 상태다. 달리 말해, 의미상실, 무기력, 소외감, 고립감 등은 10대를 포함해 어떤 사회인이든지간에 어떤 변화를 '욕망'하는 계기일 수도 있다는 것이다. 정치적인 차원이 아니라 교육적 차원에서도 마찬가지다. 뛰어난 지적 능력과 창의력을 가진 영재 아동들이 산만하고 충동적인 특성을 보이는 ADHD 아동으로 오진

되는 아이러니는[6] 또 어떻게 볼 것인가.

  그런데도 오늘날 우리 사회는(즉, 정신의학 전문가들은) 10대들의 잠재화된 정치성이나 창조성을 우울증이나 ADHD라는 언어로써 축소하고 변환시켜버린다. 공부로 인해 로봇이 된 기분이 든다면 그건 네 잘못이 아니니까 마땅히 책을 찢어버리고 책상을 밟고 일어나 시를 노래하라고 권유할 만도 한데, 수다를 떨든 운동을 하든(물론 따뜻한 말로) 로봇이 되어 견디라고 '재-요구'하는 것이다. 그건 네 잘못이 아니지만 그래도 네가 이해하고 알아서 견뎌야 해,라고 말이다. 한마디로 대한민국의 청소년은 미성숙해야만 한다. 질풍노도 속에 있어야 하고 주변인으로 머물러야 한다. 물론 허용된 성숙의 길이 한가지 있긴 하다. 그것은 그저 복종하는 인간으로서의 길이다.

---

6. James T. Webb, "Mis-diagnosis and Dual Diagnosis of Gifted Children: Gifted and LD, ADHD, OCD, Oppositional Defiant Disorder", in paper presented at the American Psychological Association Annual Convention(Washington, DC), 2000.

13장

오늘날의 학교폭력

공적인 고리가 사라졌을 때 나타나는 야만적 상태

무책임한 어른들: 대중문화 탓? 학교의 명예?

과거의 청소년들은—영화 「행복은 성적순이 아니잖아요」(1989)에서처럼—입시 스트레스 때문에 자살했지만, 오늘날의 청소년들은 학교폭력 때문에 자살하는 경우가 많다. 2011년 12월 19일. 대구 D중학교 중학생 자살사건을 계기로 학교폭력 문제가 새삼 쟁점으로 떠올랐다. 2학년 A가 학년 내내 B와 C 등 다수의 같은 반 친구들에게 상습적으로 괴롭힘을 당했고, 마침내 가족들에게 유서를 남기곤 자신의 아파트 옥상에서 뛰어내린 것이다. 가해 내용은 물고문, 구타, 금품갈취 등등 이루 다 열거하기 어려울 정도다.

알려진 바에 따르면, B와 C는 피해자 A의 통장에서 돈을 강제로 인출했으며, 담배 피우기를 강요하고 자신들의 숙제를 대신 시켰

다. 10월부터는 글러브 등으로 A를 폭행하기 시작했고, 물고문을
하는가 하면, 전깃줄을 목에 감은 뒤 바닥에 떨어진 과자부스러기
를 먹도록 시켰다. 그리고 자신들의 게임 캐릭터 레벨을 올려달라
며 폭행했고, A의 용돈으로 게임 아이템을 사달라고 강요하기도 했
다. 얼핏 들어도 도저히 사람이 사람에게는 할 수 없을 정도의 만행
이고 학대였다.

그럼에도 여느 청소년 문제들처럼 이후의 사회적 반응에는 어딘
지 익숙한 패턴들이 반복된다. 미디어는 호들갑을 떨고 사회는 덩
달아 안달이며 교육계는 여전히 무능력하다. 이럴 때 으레 등판하
는 구원투수가 바로 대중문화다. 무엇보다 A와 B·C 사이의 폭력
관계에 「메이플스토리」라는 게임이 껴 있었기에 대중문화가 등판
하기에는 절묘한 타이밍이었다.

아니나 다를까. 방송통신심의위원회에서 인터넷 연재 웹툰 단속
에 나섰는데 폭행, 따돌림 등을 적나라하게 묘사함으로써 학교폭력
을 부추긴다는 게 그 이유였다. 사회가 만들었고 따라서 사회가 해
결해야 할 문제를 대중문화에 떠넘기고 침소봉대하는 모습은 예나
지금이나 달라진 게 전혀 없다. 애먼 대중예술 작가들에게 책임을
뒤집어씌우는 우리 시대의 무능함이 여실히 증명되는 순간이다.

외부인의 시각에서 보자면 참으로 낯선 풍경일 것이다. 폭력의
문제가 쟁점이 될 듯하다가 어찌해서 이내 표현의 자유라는 쟁점으
로 탈바꿈하는지를 말이다. 문제가 생겼을 때 치밀한 사유 끝에 합
리적 결론에 도달하는 게 아니라, 또다른 문제를 만들어서 원래의
문제를 상상적으로 해소하는 주술이 한국사회를 지배하고 있다.

218

이런 단순무식한 사고방식이 어째서 순조롭게 통용되는지는 여전히 납득하기 어렵다. 어떤 누구도 그 폭력이 누구에 대한 폭력인지, 그리고 어떤 폭력인지를 질문하지 않는다. 그저, 대체 누가 폭력을 부추겼느냐는 질문에만 집중할 뿐이다. 그리하여 애꿎은 마녀사냥이 되풀이되고 그 탓에 우리 사회의 폭력적인 관계들은 유지·재생산된다. 제1의, 제2의, …, 제n의 아해 '들'은 무섭다 그리면서 도로를 질주한다.

역시나 대부분의 어른들은 책임의식이 전혀 없다. 압권인 것은 해당학교 교사들의 대응이었다. 괴롭힘에 학교폭력, 게다가 자살까지 겹쳐졌으니 사회여론이 들썩인 건 당연했다. 그러나 A의 책상에 꽃이라도 놔뒀느냐는 질문에 당시 교감은 이렇게 말했다고 한다.

"자살한 애 영웅 만들 일 있습니까. 다른 애들이 멋있게 보고 뛰어내리면 어떡하려고 책상에 꽃을 놓아둡니까. 하루 항의전화가 수십 통씩 오고, 청와대니 교육청에서 수시로 보고하라고 해 업무가 마비됐어요. 최근엔 A의 책상에 놓아달라며 꽃을 갖고 오는 시민들까지 있어 다른 아이들이 동요할까봐 돌려보내고 있습니다."[1]

확실히 대다수 교사들에게는 제자의 인권보다 학교의 명예가(또는 본인의 신변이) 더 중요하다. 실제로 청소년 인권활동가들과 대화를 나누다보면 의지하던 교사들로부터 결정적인 순간에 학교 명예를

---

1. 「애꿎은 학생 죽음 선택했는데… 학교는 "지금 여론 안 좋아 가만히 있지만…"」, 『조선일보』 2012년 12월 28일자.

이유로 배신당했다는 경험을 듣곤 하는데, 이 학교는 아예 가관이었던 것 같다. 가해 학생들이 평범한 아이들이라며 문제의 심각성을 덮으려는 건 기본이고, 사회여론 때문에 학교가 곤란해졌다는 피해의식을 늘어놓기까지 했다.

A군이 숨진 지 꼭 일주일이 지난 27일 이 학교 교무실 분위기는 험악했다. 기자가 들어가 교감과 인터뷰하자 한 교사는 욕설을 하면서 "불 질러놓고 불구경 하러 왔나" 하고 고함을 질렀다. 잠시 후엔 "남의 눈에 눈물 내면 자기 눈에는 피눈물 나는 법이지"하며 혼잣말을 했다. 다른 교사는 "자기 자식도 당해봐야 알지" 하면서 교무실 문을 열고 나가버렸다. 교사들이 이처럼 격앙된 이유는 뭘까? 교감은 언론보도 스크랩을 보여주며 "사건 하나로 일주일이나 시달렸다"며 "지금은 여론이 안 좋아 가만히 있지만 사태가 진정되면 잘못된 부분을 다 바로잡을 것"이라 했다. A군이 수개월 동안 공포의 폭력에 시달리다가 결국 죽음을 선택할 동안 사태의 윤곽조차 파악하지 못했던 학교다.[2]

그런가 하면 12월 29일 A군 추모행사에서 교감은 "선생님도 아프고 친구들도 가슴이 아프단다. 부디 잘 가거라. 가서 편히 쉬거라. (우리는) 소중한 친구를 잃었다. 정말 안타깝고 슬프다. 너의 아픔, 상처를 잊지 않고 선생님과 친구들도 어려움을 이겨내겠다"는

---

2. 같은 기사.

흔한 추도사를 남겼다.[3] 그의 안타까움과 슬픔이 A군을 위한 것인지 아니면 학교를 위한 것인지는 여전히 분명치 않다. 물론 학부모들이라고 예외는 아니다. 그들에게도 가족의 안녕이 더 중요하다. 가해 학생의 부모들은 자식의 죄를 대속하기보다는 '피해 학생이 처신을 더 잘했더라면'이라는 식으로 죄의식을 피해가려는 게 보통이다.

빵셔틀의 사회학: 패싸움에서 괴롭힘으로

학교폭력 문제를 접하면서 항상 궁금한 게 두가지 있었다. 하나는 '어떻게 해서 가해 학생들이 평범한 학생이라고 두둔받곤 하는가' 하는 것이고, 다른 하나는 '학교폭력 문제는 예전에도 있었던 것 같은데 왜 유독 요즘 들어 더욱 심각한 것처럼 여겨지는가' 하는 것이다. 사실 첫번째 질문은 조금만 생각해봐도 실마리를 찾을 수 있다. 가해 학생이 평범한 학생이라는 논리는 그만큼 교실 현장에서 가해는 평범한 것이라는 사실을 반증하기 때문이다. 즉, 교실이라는 장(場)에서 폭력은 더이상 예외상태가 아니라 그 자체로 일상적이고 지극히 정상적인 상태라는 이야기다. 슬프지만 어쩌겠는가. 그게 현실이다.

정말 풀기 어려운 문제는 학교폭력에 대한 우리 사회의 과민반응이다. 애니메이션 「돼지의 왕」(2011)에서 폭로됐던 것처럼 교실은

---

3. 「네가 너무 괴롭다던 날, 그때 신고만 했더라도 …」, 『중앙일보』 2012년 12월 30일자.

적어도 1980년대 이래로 자연상태의 야만적 공간으로 존재해왔다. 그렇다면 학교폭력에 부쩍 민감해진 사회적 감수성을 어떻게 이해해야 할까. 사회적 차원에서 도덕적 수준이 높아져서? 이건 아닌 것 같다. 한국사회의 도덕 수준이 높아졌다고 볼 경험적 증거는 그 어디에도 없다. 아무래도 문제는 학교폭력 자체에 있는 것 같다. 그간 어떤 내재적 변화가 있어서가 아닐까. 우리가 아직 언어화하지 않아서 구체화되진 않았지만 감각적으로는 인지하고 있는 그런 변화 말이다.

> Q. 학창 시절 짱으로 통했다면서요?
> A. 학교를 위해 정의감의 발로에서 죽어라 싸운 경우는 있지. 학교 대 학교로 붙는 패싸움 같은 것. 다 같이 싸울 때도 있고. 클럽끼리 싸울 때도 있었어. 지금 이 키가 중3 때 키야. 그때 다 자라서 상당히 컸어. 한반에 60번까지 있었는데 키순으로 앉으니까 30번 이하면 말도 잘 못 걸었어. 지금과 비슷한 상황이지만 상대를 정신적으로까지 핍박하진 않았어.[4]

2012년 『신동아』 4월호에 꽤 흥미로운 인터뷰 기사가 실렸다. 1950년대에서 1990년대까지 이른바 학교 짱 출신의 연예인 5명(최불암, 이대근, 주현, 황승환, 이지훈)으로부터 예전 이야기를 듣고 요즘 학교폭력에 대해 어떻게 생각하는지를 묻는 기사였다. 이들의 회고담

---

4. 「'짱' 출신 스타 5인이 말하는 학교폭력 … "과잉보호와 성적 제일주의에 근본 원인이 있다"」, 『신동아』 2012년 4월호(631호).

에는 몇가지 공통사항이 있다. 체벌로 엉덩이가 시퍼렇게 멍들어도 그저 사랑의 매로 여겼다는 것, 오늘날 교사에 대한 반항심과 왕따문화를 키운 건 미디어 탓이 크다는 것, 예전엔 일대일 '맞짱' 뜨기나 학교 명예를 건 패싸움이 대세였다는 것, 그래서 요즘처럼 약한 아이를 건드리는 건 못난 놈이나 하는 짓이라는 것 등이다.

불과 몇년 전만 하더라도 학교폭력이라는 이야기를 들으면 우리는 교사의 욕설이나 체벌을 떠올리는 것이 보통이었다. 물론 교사에 의한 폭력이 여전히 남아 있기는 하지만, 이제는 학생들에 의한 폭력이 더 문제가 되고 있다. 교사에 대한 학생의 폭력, 학생에 대한 학생의 폭력. 따라서 이런 양상에는 요즘 중고딩들이 해도 너무한다는 규범적 판단들이 결부될 수밖에 없다. 적어도 과거 학교라는 사회적 공간 안에서는 이런 일들이 드물었다. 즉, 폭력은 학교라는 공적인 경계를 통해 일정 정도 지양될 수 있었던 것이다. 그러나 이제 더이상 폭력은 내버려두기 힘든 테마가 되었다. 도대체 우리는 어떤 한계치를 넘었기에 이런 상황에 이른 걸까.

학교폭력 문화를 설명할 때 빠지지 않는 키워드 중 하나가 바로 따돌림이다. 대략 1990년대 후반에서 2000년대 초반, 한국사회는 10대들의 집단괴롭힘 때문에 우려를 금할 수 없는 상황에 이르렀다. 그러나 10여 년이 지난 지금, 괴롭힘문화를 대하는 우리들의 태도에는 예의 긴장감이 사라지고 있다. 시쳇말로 인이 배겨 감각이 무뎌진 것이다. 흥미로운 사실은 따돌림문화를 상징하던 '왕따'라는 표현이 이제는 얼마간 구시대적 언어가 되었다는 점이다. 언어가 생명력을 잃는다는 것은 그에 준하는 사회적 사실이 변화된 데 이유가 있을 터이다. 실제로 오늘날 10대들 사이에서 따돌림문화는 왕따보다는 이른바 '빵셔틀' 같은 새로운 언어와 현상으로 무게 중심이 이동하고 있다.

빵셔틀은 주로 일진에 해당하는 친구들이 자기보다 약한 친구들에게 매점으로 빵 심부름을 시키는 것, 또는 심부름꾼 신세가 된 약한 친구를 일컫는다. 셔틀이란 말 자체는 게임 「스타크래프트」에서 따온 것으로 병력 등을 수송하는 프로토스 종족의 캐릭터를 뜻한다. 그러니까 학내에서 빵셔틀이란 또래 내에서 수송 캐릭터에 해당하는 친구들을 지칭하는 것이자 그들을 부려먹는 행위를 의미한다. 일진이 "야, 빵셔틀!" 또는 줄여서 "빵셔!" 하면 빵셔틀은 "응, 알았어." 하고 다녀온다.

확실히 달라진 모습이다. 우리가 익히 알던 괴롭힘이란 또래 내에서 사회화가 덜 된 아이들을 대상으로 따돌림, 놀림, 때림 등의 형태를 지녔었다. 그런데 이 새로운 현상에서는 괴롭힘이란 말이 무색할 정도로 약자를 노골적으로 단순 압제하진 않는다. 오히려 (일부 일진들의 경우엔) 빵셔틀과 같이 놀아줄 정도로 일견 포용력을 보이기도 한다. 게다가 '또래 내 사회화'란 말도 내용이 많이 달라진 듯하다. 이제 괴롭힘을 당하는 약자는 그저 남다르게 싸가지없어 보이는 아이들이 아니라, 공부를 잘 못하고 어수룩한 아이들로 표적화되고 있다.

이런 점들은 10대들이 맺는 사회적 관계에 중대한 변화가 있음을 암시한다. 그들은 물리적 폭력을 자제하는 경향을 보인다. 누군가를 노골적으로 괴롭히는 행위는 처벌이 뒤따를뿐더러 또래들 사이에서도 개념없는 짓으로 치부된다. 좀더 과장을 섞어 말하자면, 우리가 익히 알던 학교폭력은 점차적으로 사라지고 다른 방식의 학교폭력이 등장한 것이다.

그렇다면 쌍수 들고 환영할 일일까. 가만 보면, 물리적 폭력이라는 자리에 슬그머니 다른 것이 끼어든 것인데, 여기에서 우리는 쉽게 착취관계와 유사한 어떤 것을 연상할 수 있다. 어디 빵만 셔틀이 있을까. 품목을 달리 해 우유셔틀도 있고, 대구 중학생 자살사건에서 봤던 것처럼 템셔틀(게임 아이템 셔틀)도 있고, 스마트폰 열풍을 타고 와이파이셔틀도 있으며, 자원봉사가 의무화되면서부터는[5] 봉사활동셔틀도 생겼다. 요컨대 왕따와 셔틀 사이에 가장 큰 차이가 바로 여기에 있다. 억압은 피억압자와 먹이관계에 있지만, 착취자와 피착취자는 서로를 필요로 하기 때문에 필연적으로 공생할 수밖에 없다. 오늘날 일진과 빵셔틀 사이에는 바로 이러한 상호의존적인 공모관계가 존재한다. 원리적으로 보자면, 일진은 빵셔틀의 노동력을 필요로 하고 빵셔틀은 일진으로부터 비폭력·인정·보호 등을 보상받는다. 단지, 둘의 권력관계가 비대칭적일 뿐이다.

10대문화에서 폭력의 양상이 착취로 나타난다는 사실은 다소 아이러니하다. 게다가 그 대상이 딱히 공부를 잘하는 것도 아니고 또래 내에서 약소한 문화자본을 가진 이들로 구성된다는 점에서 아이러니는 증폭된다. 그렇다면 문제가 아닌가? 그러나 일선 교사들로서도 이 상황을 단속하기가 쉽지 않다. 10대가 10대를 착취한다? 가시적인 폭력이 아닌 이상, 이것은 규제의 대상이 되기 어렵다. 그

---

5. 1부 4장 참조.

저 눈앞에서 폭력사태가 발생하지 않는 것만으로도 대개의 교사들은 안도하며 쉬쉬하곤 한다.

한편으로는 이런 생각도 갖게 된다. 그럼에도 빵셔틀을 문제삼는다면 이는 진정한 뇌관을 건드리는 셈이 되지 않을까. 10대 내의 착취관계를 문제라 여긴다면, 원칙적으로 그리고 정말 아이러니하게도 착취관계를 통해 구성된 한국사회의 자본주의 생산양식 자체도 문제시해야 하지 않겠는가. 그런 까닭에 오늘날 10대들의 셔틀 문화는 우리 시대가 당면한 어떤 한계지점을 보여주는 셈이다. 모두의 묵인, 방조, 혹은 공모 하에서 셔틀은 지극히 일상적인 학교폭력 문화의 하나로서 자리를 잡아가고 있는 것이다.

폭력은 변수가 아니라 상수다

물론 필자는 폭력이 일부의 문제고 대다수 청소년들은 선량하다는 식의 순진한 반론을 펼칠 생각이 전혀 없다. 우리 시대의 청소년들은 꼰대들의 편견과는 반대로 미디어가 재현하는 폭력의 양식을 뛰어넘어 새로운 폭력을 고안할 정도로 지극히 창조적이다. 물고문을 하고 SNS로 희희낙락하는 모습 그리고 착취 시스템을 도입하여 괴롭힘을 버전업한 것에서 볼 수 있는 것처럼, 청소년들의 폭력은 점점 진화되고 있다. 나쁜 소문을 내고 뒷담마 까기, 친구들 사이에서 은따(은근한 따돌림) 시키기, 이유는 알려주지 않고 갑자기 말을 안하고 무시하기, 걸레 같다는 둥 심한 얘기를 해놓곤 농담이라며 웃어 넘기기, 과거 친한 사이일 때 알던 사생활을 누설하기 등 등. 당하는 입장에선 구역질날 정도로 미칠 노릇이다.

정확하게 말하자면, 청소년들의 폭력문제는 더이상 제어가 불가능한 상황에 이르렀다고 할 수 있다. 그래서 이참에 필자는 아예 급진적으로 폭력은 어쩔 수 없는 문제라고 단언할 요량이다. 비폭력이란 그저 사회적 환상에 지나지 않는다고 말이다. 오히려 학교폭력에 대한 우리 사회의 문제점은 폭력을 억제·조절·전환할 만한 규범적인 폭력이 부재하다는 데 있다.

이게 바로 '누구에 대한 폭력인지, 그리고 어떤 폭력인지'를 물어야 하는 이유다. 어차피 폭력 자체는 연령에 관계없이 상수며 보편적 현상이다. 10대들의 폭력은 가족-학교-미디어의 트라이앵글에서 구조적으로 창출되는 변수 따위가 절대 아니다. 오히려 진정한 문제는 청소년들의 폭력이 또래 내부의 하층회로에 국한돼 있다는 점, 그리고 그것이 전형적으로 약자와 타자를 향한 괴롭힘이라는 점에 있을 것이다. 이렇게 보면 사태가 완연히 다르게 나타날 것이다. 지금 청소년들의 폭력은 불행하게도 성인들이 자행하는 폭력과 너무도 닮아 있다. 집에서 아버지가 어머니와 자식에게, 학교에서 교사가 학생에게, 직장에서 관리자가 노동자에게 가하는 폭력이 여기서도 반복된다. 그것은 하필 어머니와 자식, 학생, 그리고 노동자가 행사할 수 있는 대항폭력과는 정반대의 성향을 띤다. 그렇다면 관건은 폭력의 관계이자, 그 방향성이 아니겠는가!

이를테면 십수 년 전만 하더라도 청소년들은 폭력이라는 상수를 어떻게든 공적인 것을 통해 성공적으로 지양할 수 있었다. 그렇기에 교사가 행하는 학교폭력은 선생님의 가르침으로 재해석됐고 학생이 행하는 학교폭력은 다른 학교와 명예를 건 패싸움 등으로 치환될 수 있었다. 이것이 바로 과거의 학교폭력과 오늘날의 학교폭력을 가로지르는 가장 결정적인 차이점이다. 더이상 공적인 주체로 부름받지 못하는 오늘날의 10대들은 폭력을 길들일 출구를 찾을 수 없다는 것이다. 그래서 폭력은 지극히 사적인 행위로 분출될 수밖에 없다. 따돌림, 괴롭힘, 셔틀 같은 말들이 충격적으로 다가오는 이유가 바로 여기에 있다.

우리는 사사화(私事化)된 폭력의 방향성을 되돌릴 수 있을까. 물론 이러한 전환이 쉽지만은 않을 것이다. 그도 그럴 것이, 우리 시대의 대다수 사람들에게는 솔직히 집단괴롭힘, 교사 체벌 같은 외설적 폭력들을 방치하는 게 더 안전하기 때문이다. 실제로 청소년 폭력 문제를 진정으로 해결하려면 10대들이 자기의 폭력적 에너지를 실현할 통로와 표적을 열어줘야 하는데, 그러기에는 너무나 많은 정치적·경제적·사회적 비용이 필요하지 않겠는가.

폭력의 표적이 지금처럼 또래 내부에서 찾아지는 게 아니라면 어떨까. 만약에 그 모든 결계가 풀려서 사회체계 자체가 표적이 되면 어떨까. 우리가 이 상황을 감당할 수 있을까. 적어도 아직은 그럴 자신이 없는 것 같다. 게다가 그건 청소년 당사자들도 마찬가지일 것이다. 그렇다면 지금 학교폭력의 양상이 조금이라도 개선될 여지는 있는 걸까. 어떤 빵셔틀은 이렇게 말한다.

"구라 안 까고 일요일날 형이랑 짱깨 시켰거든. 근데 중3때 우리반

일진이 온 거야. 내가 원래 그 새끼 말고 그 새끼 친구 전속 빵셔틀
이었는데 그 새끼 빵심부름도 몇번 했었음. 암튼 그 새끼 나 보더니
당황해하고 쭈뼛쭈뼛 아는 척도 안하더라. 이제 그 새끼가 내 짜장
셔틀임."

결국 폭력은 재생산될 수밖에 없다.

14장

청소년 게임중독에 관한 '게임'

게임이 문제의 원인이라는 거의 모든 사람들의 착각

초등학교 5학년 때였다. 당시 오락실 게임비는 한판에 50원. 동전을 잔뜩 쌓아놓고 오락을 하고 있는데 바로 옆 게임기에서 친구가 돈이 떨어졌다며 50원만 달라고 재촉을 해댔다. 나는 게임에 정신이 팔린 채 들은 체도 못하고 열심히 조이스틱을 움직이고 버튼을 눌러댔다. 결과적으론 내 돈 아까워 안 꿔준 꼴이 됐다. 게임이 끝나자 그 친구가 날더러 따라오라고 했다. 으슥한 골목길 딤벼락에 내 몸을 몰아붙이고는 윽박질렀다. '얘 왜 이러지?' 생각하던 찰나 내 얼굴에 주먹이 날아왔다. 하지만 재빠른 반사신경으로(?) 고개를 까딱해서 피했다. 거센 주먹은 담벼락을 강타했다. 얼마나 아팠을까. 친구는 울기 시작했다. 불쌍하긴 했지만 어쨌든 상황을 모면했으므로, 난 유유히 집으로 돌아왔다. 물론 놀랍도록 빠른 걸음으로….

조금 싱거운 이야기였겠지만 난 아직도 궁금하다. 나의 놀라운 반사신경은 둘째 치고, 왜 그 녀석의 소릴 듣지 못했을까. 그리고 그 녀석은 왜 나한테 화가 난 걸까. '캡'도 아닌 주제에—그땐 요즘 말로 '짱'을 캡이라고 했다. 하긴 둘 다 다급해서 그랬을 것이다. 고득점을 노려야 하는 나로선 한눈 팔 새가 없었고, 친구는 게임기 화면에 줄어드는 숫자 때문에 미쳐갔을 것이다. 'Continue? 10, 9, 8, 7, 6, 5, 4, ….' 주인아저씨한테 돈 바꾸러 가기엔 너무 촉박한 시간 이었다.

중독이냐, 과몰입이냐

지금 여러분은 필자의 경험담을 듣고 '게임 때문에 애들이 저렇게 변하는 거야'라고 걱정했을 것이다. 글 제목에서부터 '중독'이란 말이 있으니 더 그렇게 생각했을지 모르겠다. 어쨌든 우리는 10대들이 게임 때문에 겪는 상황을 성장과정에서의 흔한 에피소드쯤으로 생각하기보다는 중독, 폭력, 비행 등의 심각한 문제로 받아들이는 경향이 있다. 사실 다른 것도 아니고 고작 게임 따위에 자기의 진정성을 거는 모습은 분명 쓸데없는 일로 보인다.

평상시 여러분은 게임에 빠져 지내는 10대를 보고 어떤 생각이 드는가. 다양한 상념이 들 테지만 대략 서너 가지 경우로 압축되지 않을까 싶다.

1. 한창 공부해야 할 나이에 쓸데없는 짓이나 하고 있다. 중독에 이
   르면 신세 망치기 십상이니 한심할 뿐이다. 또는 한심까진 아니지
   만 자못 걱정이 된다.
2. 게임을 하건 말건 제 사정이니 내버려둬야 한다. 대한민국은 신체
   와 정신의 자기결정권을 보장하는 '자유'민주주의국가니까.
3. 무턱대고 막을 일만은 아니다. 셧다운제[1]니 게임중독법이니 해서
   규제에 나서면 괜히 게임산업만 위축될 뿐이다. 한류 때문에 외화
   벌이가 좋다지만 그중에서도 가장 큰돈이 되는 건 게임 쪽이라 하
   지 않던가.[2]
4. 게임에 과하게 빠지는 건 문제가 될 수밖에 없으니 각자가 알아
   서 자제해야 한다. 논란이 첨예할 땐 '뭐든 적당한 게 좋다'는 식
   으로 뒷짐지는 게 현명한 태도다.

사실 필자는 게임 '중독'이라는 말을 쓰지 말자는 입장이다. 중독
이라는 언어를 쓰는 순간, 게임이용자들은 환자로 둔갑되고 결국
에는 게임을 규제해야 한다는 논리에 빠져 누군가의 권리를 침해
하게 될 것이기 때문이다. 중독 논리를 따라가면 게임이 마약에 준
하는 어떤 것으로 등극하는 건 불 보듯 뻔한 일이다. 아무리 생각해
봐도 특정한 언어를 선택함으로써 우리들의 인지적 프레임이 결정
된다는 건 아이러니한 일이다.

---

1. 자정부터 청소년들의 온라인 게임을 금지시키는 제도. 이외에도 게임에 접속한 지 2시
   간이 지나면 프로그램을 자동으로 종료시키는 쿨링오프제가 있다.
2. 게임 수출 규모는 2012년 기준으로 23억 7천여 달러로 잘나간다는 K-pop에 비해 10배
   이상 높고, 전체 문화콘텐츠 수출액의 절반 이상(55.3%)이나 차지한다.

  그래서 우리들의 행동논리를 열어두기 위해 사람들은 '과몰입'
(over-immersion)이라는 신조어를 사용하기도 한다. 이 용어는 과학적
으로나 규범적으로나 가장 중립적인 용어로 손꼽힌다. 중독이라면
정신의학적으로 금단증상이 뒤따라야 하는데 게임에는 알코올이
나 마약만큼 '병리적인' 금단증상이 관찰되진 않기 때문이다.[3] 반
면, 청소년 아무개가 게임에 중독된 게 아니라 과몰입됐다고 하면
사태는 완전히 달라진다. 게임이용자를 핀치로 몰아넣어 인권문제
를 야기할 걱정도 없거니와 게임을 규제함으로써 산업 진흥에 영
향을 주거나 각종 편법을 초래해서 사회적 비용을 발생시킬 염려
도 없기 때문이다.

  필자 역시도 지난 몇년간 연구 프로젝트나 칼럼 등을 통해서 게
임 규제가 청소년의 권리를 박탈할 뿐 효력을 발휘하기는커녕 주
민등록번호 도용 같은 부작용만 낳을 것이라고 주장한 바 있다. 이
런 문제의식에서 당연히 중독 대신에 과몰입이라는 어휘를 사용했
다. 그런데 간혹 이런 이야기를 들을 때가 있다. "너도 애 낳아봐라.
애새끼가 입 벌리고 동태눈깔로 게임만 하고 있으면 생각이 달라
질 걸." 심지어는 이런 소식도 들려온다. '게임에 빠진 어느 중학생
이 게임비를 주지 않는다는 이유로 어머니를 살해하고 자살했다'
'게임에 중독된 부모가 갓 태어난 아기가 굶어죽도록 방치했다'

---

3. 아울러, "2011년 서울시 교육청에서 대대적으로 실시했던 게임중독 전수조사에서도 과
  몰입 위험군으로 분류된 학생은 한 학년에 한두 명 꼴이었고, 한국콘텐츠진흥원과 한국
  교육개발원이 발표한 '2012 게임 과몰입 종합 실태조사'에서도 이상 사용군은 2% 정도
  에 불과했다." 권재원, 「게임중독법을 바라보는 교육자의 시선」, 『미디어오늘』 2013년
  12월 13일.

'어느 30대 남성이 닷새 동안 쉬지 않고 게임을 하다 호흡곤란으로
사망했다' 등등.

　게임을 둘러싼 논쟁은 확실히 쉬운 문제가 아니다. 중독 프레임
은 너무 비과학적이고 정치적이어서 문제고, 과몰입 프레임은 우
리가 일상생활에서 느끼는 불편한 감정들을 해소시켜주지 못해서
문제다. 필자로서도 과몰입 프레임을 선택하면서도 어떤 곤란함을
느끼곤 한다. 과몰입 개념은 오늘날 10대들의 게임문화에 접근하
기 위한 차선책일 뿐이지 그 자체로 충분조건은 아니기 때문이다.
실제로 과몰입 프레임을 쓰면 모든 문제가 개인의 취향과 선택의
문제로 탈바꿈하기 쉽다. 게임에 빠지는 건 개인의 자유고, 따라서
어떤 심각한 문제가 발생한다면 그건 개인 또는 가족이 알아서 해
결해야 한다는 논리로 귀결되는 것이다.

　중독이냐 과몰입이냐, 또는 규제냐 자율이냐 하는 양자택일적
논쟁 구도는 실상 아무것도 해결해주지 못한다. 그저 소모적인 토
론 끝에 절충안이 나오고, 논란이 다시 제기되고 토론되다가 다시
절충안이 나오고, 또 논란이 빚어지는 과정의 연속이다. 청소년 게
임문화에 관한 논쟁 구도는 결국 누구의 목소리가 너 큰지를 두고
펼쳐지는 일종의 권력게임에 불과할 뿐이다. 보수주의 쪽에서 '문
제 심각! 중독! 규제!'를 외치면 자유주의 쪽에서 '인권과 산업! 과
몰입! 자율!'이라고 답하는 또다른 게임이 펼쳐지는 꼴이다. 게임
규제 논쟁이란 결국 도덕성과 자유 사이에서 벌어지는 균형점 찾
기 게임과도 같은 것이다. 그래서 가끔 우리 사회야말로 청소년 게
임문화에 중독된 게 아닐까 하는 생각이 들 때도 있다.

그러는 사이에 우리는 어떤 중요한 문젯거리를 놓치곤 한다. 이를테면 이런 질문들이 있었을 텐데 말이다. 대체 게임에 어떤 매력이 있기에 과몰입의 문제들이 나타나는 걸까. 게임 과몰입은 혹시 그네들이 보내는 무언의 신호 같은 게 아닐까. 학술논문이 아닌 이상 이 지면에서 모든 걸 밝힐 순 없겠지만, 그동안 우리 사회에서 '게임(을 한다는 것)의 문화적 의미'라는 질문이 제기된 적이 없다는 것은 의아한 일이다. 사실 우리 중 누구라도 문제 청소년을 올바른 길(?)로 인도하려고만 했지 그 문제에 대해 같이 고심하면서 자기 자신을 성찰할 기회로 삼은 적은 별로 없었을 것이다. 고압적인 꼰대들은 물론이거니와, 제 아무리 전향적인 부모나 교사라도 그들로부터 배울 자세가 안돼 있기는 마찬가지기 때문이다.

게임중독을 치료한다는 것의 의미

현재 게임문화 담론 지형에서 가장 지배적인 입장은 일종의 엄숙주의적 시각이다. 실제로 정부와 여당은 2011년 셧다운제(청소년 인터넷게임 건전이용 제도)를 실행한 데 이어, 2013년 상반기에는 이른바 '게임중독법'(중독 예방·관리 및 치료를 위한 법률안)을 들고 나왔다. 게임을 마약·도박·술과 함께 4대 중독물로 규정하고 다양한 규제책을 시행하겠다는 것이다. 어쨌든 이 바람에 게임이용자들은 마약쟁이, 게임업자들은 마약판매상 꼴이 됐다.

게임중독법이 매우 급진적이고 근본주의적이라는 데는 이견이

있을 수 없다. 셧다운제나 쿨링오프제가 청소년들의 게임 접속을
통제함으로써 게임문화를 조절하겠다는 입장이었던 데 반해, 이제
는 게임 자체를 마약과 동일화함으로써 제작·유통·소비뿐만 아
니라 사후 부작용까지 관리하겠다는 뜻을 노골적으로 드러냈기 때
문이다. 게임이 유해매체고 청소년의 접근권을 통제해야 한다는
기본 기조에는 변함이 없지만, 이번 법안 추진을 계기로 그동안 문
화적 보수주의자들이 게임을 마약처럼 여겨왔다는 사실은 만천하
에 드러났다.

　마약이라면 중독성, 내성, 의존성 등 최소 세가지 이상의 조건을
충족시켜야 한다.[4] 달리 말해, 게임을 이용했을 때 이를 계속하려는
강한 욕구가 있어야 하고(중독성), 갈수록 이용량을 늘려야만 만족감
이 채워지며(내성), 결국 일상생활 유지를 위해선 게임에 의존해야
만 하는 상황이 발생해야 한다(의존성). 그리고 여기에 덧붙여, 끊었
을 때 금단증상이 있고 점점 더 강한 자극을 원하게 된다면 중독을
유발하는 물질이라고 부를 수 있다.

　하지만 규제론자들의 신념과는 달리, 게임을 마약 같은 중독물
로 보기에는 과학적 증거가 부족한 편이다. 성치권뿐만 아니라 의
학계나 심리학계에서도 지나친 게임 이용을 중독으로 확신할 수
있는지에 대해서는 여전히 의견이 분분하다. 적어도 마약류 판별
기준을 게임에 적용시키기엔 어려움이 뒤따른다는 것이 중론이다.
앞서 말한 대로 게임은 일반적인 마약류에 비해 병리적 수준이 현

---

4. Philip J. Hilts, "Is Nicotine Addictive? It Depends on Whose Criteria You Use", *New York Times*, August 2th, 1994.

저하게 낮을뿐더러, 일부 이용자들에게 드러나는 마약중독 같은
양상을 전체 게임이용자에게 일반화시키엔 무리가 따른다. 과몰입
이라는 대체 용어를 쓰는 것도 바로 이 때문이다.

사실이 이런데도 게임을 마약, 술, 도박과 같은 범주로 엮는 것은
난센스며 부적절한 처사가 아닐 수 없다. 물론 그럼에도 게임규제
론은 가동된다. 과학적 증거가 부족하더라도 게임이 청소년의 정
신이나 행동에 영향을 주는 정황이 분명히 존재하기 때문에, 법안
을 시행해서 게임으로 고통받고 사회문제를 일으키는 친구들을 반
드시 '치료'해야 한다는 것이다. 치료 대상으로 확진하기엔 물증이
부족하지만 정황이 그렇다면 어떻게든 수술을 해야 한다는 논리
다. 물론 불안에 떠는 보호자는 기꺼이 수술동의서에 서명할 수밖
에 없다. '그래요, 우리 아이는 환자예요.'

쉽게 말하자면, 사회전반적으로 과학적 접근에는 관심이 없다보
니 신중한 판단도 안중에 없는 것이다. 단지 '청소년과 게임'이라
는 조합은 불온하기 그지없으니 어떻게든 단속을 해야 한다는 신
념과 행동만 있을 뿐이다. 그렇다고 그저 단속이 유치할 뿐이라는
둥 냉소에 빠지진 말도록 하자. 여기서 우리는 제도적 규제담론이
어느새 치료에 중점을 둔 규제담론으로 바뀌는 중대한 지점과 마
주하기 때문이다. 이 과정에는 어느 정도 역사적인 필연성이 있다.

지난 몇년간 온라인 게임 셧다운제가 논란이 됐을 때, 시장과 시
민사회 쪽에서는 이 법안이 청소년의 문화적 권리를 침해할뿐더러
게임산업의 진흥을 저해한다고 한목소리로 비판했다. 급기야 2011
년 말에는 일군의 청소년, 학부모, 그리고 게임업계 등을 중심으로

위헌소송이 있기도 했다. 애꿎은 규제책 때문에 사회적 갈등만 나타났고, 경제적으로는 교육비용을 합리화하려다 적잖은 사회적 비용을 초래한 셈이 되었다. 게다가 셧다운제는 실효성에서도 문제가 지적됐다. 온라인 게임을 통제하더라도 비디오 콘솔 게임을 비롯해 각종 패키지 게임은 얼마든지 즐길 수 있고 기대와 달리 청소년들은 밤 12시가 넘어서도 주민등록번호를 도용해 온라인 게임을 계속할 수 있기 때문이다. 결과적으로 셧다운제는 청소년을 더욱더 (그들이 일컫는) '유해한 환경'에 몰아세우는 역설만 낳았다.

그런데 2013년 게임중독법을 계기로 규제담론의 무게중심이 의료 차원으로 이동하면서 사정이 조금 복잡해졌다. 예전 같으면, 게임이 이용자의 폭력성·선정성·사행성을 부추겨 가족과 학교에서 문제를 일으킨다고 진단했을 것이다. 그러나 여기에 덧붙여 의료담론은 '과학적 일반화가 어려움에도 불구하고' 게임이 이용자의 뇌에 영향을 줘서 현실을 혼동하게 하고 ADHD 같은 이상증세를 초래한다는 진단을 내놓았다.[5] 게임과 가정불화, 그리고 게임과 학교폭력의 상관관계에 뇌과학적 지식을 끼워넣음으로써 논리구조를 더욱 견고하게 가져가려는 것이다. 나아가 최근에는 사회학적 사실까지도 교묘하게 접합시킨다. 이를테면 게임이 저소득계층 청소년이나 이주배경 청소년들에게 더욱 더 곤란한 상황을 초래한다는 보도가 그 예다.[6] 여러모로 게임규제 담론은 진화를 거듭하고 있

5. ADHD에 관해선 앞선 12장을 참조하라.
6. 「저소득층 가정, 게임중독률 두배 높다」, 『조선일보』 2012년 2월 4일자, A1면과 A6면;
   「다문화 자녀, 게임중독률 3배… "난 게임에서만 한국인"」, 『조선일보』 2012년 2월 7일
   자, A4면.

는데, 이 같은 양상은 우리에게 적어도 한가지 중요한 사실을 일깨워준다.

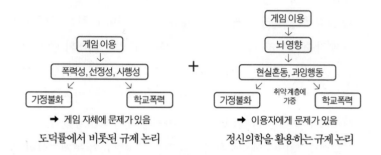

도덕률에서 비롯된 규제 논리

정신의학을 활용하는 규제 논리

　무엇보다 문제의 시작은 게임이용자들을 무비판적이고 수동적인 소비자로만 간주하는 관점에 있다. 누구나 알 수 있듯이, 게임중독법이 시행되면 게임이용자들은 이러지도 저러지도 못한 채 고스란히 정신질환자로 전락할 수밖에 없다. 더군다나 취약계층 청소년은 그들 고유의 사회적 배경 때문에 그와 같은 위험이 더 크다. 그러나, 굳이 대중문화 이론이 아니라 경제학적 인간관에 입각해서 보더라도, 대부분의 규제담론들은 청소년이 게임을 전략적으로 선택하고 활용하고 있다는 점을 간과한다.

　「스타크래프트」 게임에 셔틀이라는 유닛이 있기 때문에 '빵셔틀' 같은 학교폭력 문제가 나왔다는 웃지 못할 주장도 바로 이와 같은 이론적 무지에서 비롯된다.[7] 세상에! 게임 캐릭터 때문에 빵셔틀문화가 생겼다니! 이렇게 어처구니없는 사고방식은—게임을 이

---

7. 「학교폭력 배후는 게임… '빵셔틀'도 스타크래프트에서 나온 것」, 『조선일보』 2012년 2월 6일, A5면. 빵셔틀 현상에 대해서는 앞선 13장을 참조하라.

용하는 성인들뿐만 아니라—청소년들이 합리적으로 행동하는 능
력이 결여된 존재라는 전제에서 비롯된다. 그러지 않고서야 게임
이 마약이고 게임이용자는 잠재적 정신질환자라는 단정은 도무지
성립할 수가 없다.

공부중독이야말로 문제 아닌가

결국 우리는 게임규제 담론에서 청소년 인권의 문제로 돌아와야
한다. 게임규제 법안이 문제인 이유는 여차저차한 부작용 때문만
이 아니다. 사실 그 근간에는 청소년 주체에 대한 심각한 반인권적
관점이 도사리고 있다. 건강권, 수면권, 학습권 등은 보건복지부와
여성가족부가 입버릇처럼 달고 다니는 말이다. 정말이지, 그들은
민주주의 사회의 자유와 권리에 대해서 전반적으로 무지하다. 이
모든 것은 사실상 신체 건강한 청소년, 열심히 공부하는 청소년을
만들고 싶어하는 성년들의 욕망에 불과하다. 권리는 능동적으로
획득하는 것이지, 위로부터 강제적으로 부과되는 것이 아니기 때
문이다. 상식이 있는 사람이라면 위에서 부과되는 것은 의무라고
부를 것이다.

　권리 자체가 아니라 권리에 대한 권리가 보장되지 않는다면 그
권리는 의무일 따름이다. 무슨 말인가 하면, 권리를 온전히 권리라
고 부를 수 있으려면 그 권리를 요구할 수 있는 권리와 더불어 권리
를 유예하거나 포기할 권리도 주어져야 한다. 그런데 오로지 권리
를 행사할 수밖에 없다면 그것은 더이상 권리가 아니라 의무다. 오

늘날 청소년들에게는 건강해야 하고 잘 자야 하며 공부도 열심히 해야 할 의무만 남는다. 권리라는 미명하에 말이다. 이 같은 논리 구조는 결국 게임규제 담론이 명분과 달리 청소년들의 권리를 신장시키기보다는 그들의 행실을 통제하는 데 주안점이 있음을 보여준다.

'청소년은 게임에 중독되기 쉽다' '게임에 과몰입하면 건강을 해치고 학습에 지장을 준다' '정상적인 사회생활을 영위하기도 어려워진다' 등의 주장들이 도달하는 논리적 귀결은 자명하다. 청소년들의 문화적 권리를 박탈해야 한다는 것이다. 그들의 시각에서 청소년은 '인간'의 범주에 들지 않는다. 백번 양보해서 셧다운제나 게임중독법이 청소년을 게임중독으로부터 구출하자는 문제의식에서 비롯된 것이라고 치자. 그런데 과연 그들을 실제로 구출할까? 유감이지만 '글쎄올시다'이다.

불행하게도, 그리고 부끄럽게도, 10대들이 컴퓨터 게임에 취약하리라는 판단은 거의 종교적 믿음에 가깝다. 온라인 게임이용자들을 대상으로 조사한 바에 의하면,[8] 게임이용 시간은 10대(하루 평균 40분)보다 20~30대(각각 80분과 55분)가 더 많다. 유독 청소년들의 게임중독이 심각하다는 주장은 근거가 없는 셈이다. 중독 또는 과몰입 양상, 이용량, 이용시간 모든 면에서 10대보다 20대나 30대가 더 심각하다. 그렇다면 정작 보호받아야 할 사람은 무기력증에 빠진 20대와 30대가 아닌가.

---

8. 졸고, 「게임 아이템 현금거래의 사회문화적 실태 분석」, '게임 아이템 현금거래의 사회문화적 영향', 한국게임산업개발원 공개토론회, 2007년 3월 13일 발표.

이렇듯 대개의 통념이란 사실보다는 말초적인 직관에 의지하는 경우가 많다. 이를테면 우리는 다음 같은 질문에 깊이 고심해본 적이 없다. 게임이 정말로 공부에 지장을 줄까. 나아가, 게임 과몰입 때문에 정상적인 생활을 하지 못하게 될까.

게임 때문에 공부 못해?

게임을 많이 하면 그만큼 공부를 덜 하게 될까. 이와 관련해서도 모호한 점이 한두 가지가 아니다. 조금 복잡하더라도 다음 그림을 유심히 보기 바란다. 게임시간을 가로축으로 놓고 학습시간을 세로축으로 보면(왼쪽 그래프), 전반적으로 게임이용 시간이 늘수록 학습 시간이 줄어든다. 그런데 왜 이런 곡선이 나오는지는 이해하기 어렵다. 하지만 좌표축을 서로 반대로 하면 사태가 어느 정도 명확해진다. 학습시간을 가로축에 놓고 게임시간을 세로축에 놓으면(오른쪽 그래프), 그래프는 오른쪽에서 한번 더 변곡점을 보이는 V자 곡선을 그린다.[9]

게임시간별 학습시간

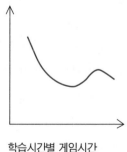

학습시간별 게임시간

---

9. 같은 글.

이 그림들은 우리의 통념을 두 번 깬다. 첫째, 게임과 공부에 대체적으로 반비례 관계가 있긴 하지만 그 관계는 2차 함수 내지는 3차 함수에 가깝다는 것이다. 달리 말해, 게임이 공부에 지장을 준다는 주장은 제한적으로만 적용돼야 한다는 이야기이다. 왼쪽 그래프의 좌측 상단부에서 보이는 것처럼, 어떤 경우에는 일반적인 통념과 달리 게임시간이 많아질수록 학습시간이 늘기도 하기 때문이다.

둘째, 이 같은 모호성은 결국 인과적 방향을 '게임→공부'(왼쪽 그래프)에서 '공부→게임'(오른쪽 그래프)으로 전환했을 때 파악이 가능해진다. 쉽게 말해, 게임시간이 학습시간에 영향을 미치는 것이 아니라, 거꾸로 학습시간이 게임시간에 영향을 끼친다는 것이다. 동어반복처럼 들릴지 모르겠으나 이야기는 간단하다. 문제의 원인은 게임이 아니라 공부라는 것이다. 요컨대, 전반적으로 공부를 많이 할수록 게임도 덜 하는 게 사실이지만, 이상하게도 공부를 과하게 하면(대략 주당 26시간) 오히려 게임을 더 하는 역설이 관찰된다. 물론, 학습량이 극단적으로 많은 '공부 덕후'들에게는 게임조차 할 여유도 없지만.

게임과 공부의 이와 같은 상관관계는 어쩌면 다음과 같은 사실을 가리키는 것일지 모른다. '공부 안하는 녀석들이 보통 게임을 많이 하긴 한다. 그렇지만 공부만 하다보면 다른 놀 거리가 없지 않겠나. 그러니 간편한 여가활동으로 게임에 손이 가는 것이다.' 게임 때문에 공부를 안한다는 건 어불성설이다. 원래 공부 안하는 친구들은 게임이든 뭐든 다른 어떤 것을 하는 게 보통이다. 그렇다면 오히려 문제가 되는 것은 '공부 때문에 다른 어떤 것도 할 수가 없어서 게임밖에 못하는' 녀석들 아니겠는가.

물론 게임 외에도 학습시간에 영향을 주는 다른 요인이 있을 테고, 마찬가지로 공부 외에도 게임시간에 영향을 주는 여러 요인이 있을 것이다. 그러나 이 그래프들은 공부와 게임이라는 두 요인만 보더라도 게임에 관한 일반적 통념에 뚜렷한 근거가 없다는 점을 입증한다. 오히려 오늘날 청소년의 삶을 두고 우리가 문제삼아야 할 것은 게임 과몰입이 아니라 학습 과몰입, 좀더 적확하게 말하자면 공부중독이다.

이제 사태가 분명해졌을 것이다. 청소년들의 '정상적인' 사회생활을 방해하는 것은 게임이 아니라 공부다. 10대들의 건강권과 수면권을 침해하는 것도 결국엔 게임보다 입시경쟁으로 인한 스트레스다. 게다가 게임 과몰입이라 하면 '은둔형 외톨이' 이미지를 떠올리기 십상이지만, 실제 10대들은 집에서 혼자 게임하는 경우보다 (파덜어택과 엄마크리를 피해) PC방에서 친구들과 함께 즐기는 경우가 더 많다. 사회적으로 고립되는 유형 역시도 오히려 공부에 중독된 경우다. 공부에 빠진 10대야말로 은둔형 외톨이에 가깝다. 요긴대, 제 앞날의 출세를 위해 죽은 지식을 축적하는 공부, 그리고 그런 공부에 중독되는 게 더 큰 문제인 것이다.

게임 때문에 문제 일으켜?

의심 많은 독자라면 어쨌든 게임에 중독되는 건 문제가 아니냐고 불만을 품을 수도 있을 것이다. 공부를 많이 하지는 못하더라도,

게임 때문에 일상적인 가정생활과 학교생활을 하지 못한다면 당연히 걱정스러운 일이다. 게임에 과몰입한 일부 청소년이 현실과 가상을 혼동하거나 과잉행동 증세를 보인다면, 가족과 또래 그리고 타인들에게도 불행한 일이 아닐 수 없다. 그렇기에 필자 역시도 이 글 서두에서 중독 담론이 아닌 과몰입 개념을 쓰더라도 만사가 해결되는 건 아니라고 말한 바 있다.

그렇지만 게임에 대한 이 마지막 의심, 즉 게임 때문에 각종 사회문제들이 야기될 수 있다는 관점 역시 미심쩍기는 마찬가지다. 단도직입적으로 말하자면, 그동안 우리는 이들 과몰입 청소년들이 왜 게임을 하는지 궁금하게 여긴 적이 없다. 단지 '청소년 유해매체'라는 딱지를 붙여 게임으로부터 10대들을 격리시키는 데 혈안이 됐을 뿐이다. 셧다운제를 비롯한 각종 규제법안처럼 말이다. 그런데 2012년, 우리는 전혀 뜻밖의 결과를 마주하게 된다. 다음 그래프를 보자.

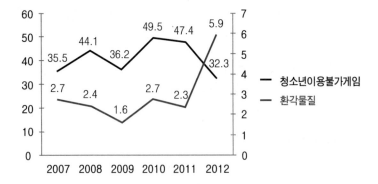

2007년부터 시행된 '청소년 유해환경 접촉 종합 실태조사'에 따르면, 적어도 2010년(조사결과 발표 시점은 2011년)까지는 10대들에게 '유해한' 게임과 본드·가스·마약 등의 환각물질 사이에 일정한 상응 관계가 있었다. 그러나 2011년 온라인 게임 셧다운제가 공표·시행되면서 게임 이용률은 15.1% 포인트나 떨어졌고, 그에 반해 환각물질 이용률은 3.6% 포인트 늘어나면서 전례없는 상승곡선을 그렸다. 달리 말해, 청소년들의 게임 접촉이 70% 수준으로 떨어진 사이에 환각물질 접촉은 2.6배나 늘어난 것이다. 대체 2011년에 무슨 일이 있었기에? 어렵지 않다. 셧다운제로 게임규제 분위기가 무르익었기 때문이다.

이런 역설을 두고서 여성가족부가 게임규제에 혈안이 돼 환각물질 통제에 실패했다고 비난할 생각은 조금도 없다. 왜냐하면 이 그래프는 바로 다음과 같은 논제를 입증하고 있기 때문이다. 즉, 어차피 망가질 녀석들은 굳이 게임이 아니더라도 충분히 망가질 준비가 돼 있다. 실제로 '게임중독 청소년이 늘어난 정도와 1997년 이후 청소년 약물오남용의 상징과도 같던 본드, 가스 흡입 사례의 감소가 나란히 가고 있음에 주목해야 한다. 공교롭게도 현재 게임중독 청소년의 비율은 1991년 당시 본드, 가스 흡입 청소년의 비율과 비슷하다.'[10] 결국 이러한 사실은 게임으로든 환각물질로든 자기 자신과 주변을 망가뜨리는 청소년들의 비중이 꾸준하다는 점을 가리킨다. 단지 도구가 달라졌을 뿐이다.

그렇다면 문제의 주범은 게임이 아니라 전혀 다른 곳에 있다는

10. 권재원, 「게임중독법을 바라보는 교육자의 시선」, 『미디어 오늘』 2013년 12월 13일.

이야기다. 원인은 바로 문제아 자신들에게 있으니 이 녀석들만 집중 단속하자는 쌍팔년도식 스토리를 반복해서는 안된다. 어느 정도 교양을 갖춘 사람들이라면, 게임 과몰입이 10대들만이 아니라 모든 젊은 세대들이 처한 현실이라는 걸 감안할 것이고, 또한 문제삼아야 할 건 게임이 아니라 입시교육이나 죽은 지식이라고 단언할 것이다. 그리고 혜안을 가진 사람들의 뇌리에는 아마도 다음과 같은 질문들이 똬리를 틀 것이다. 왜 청소년들은 현실의 세상이 아니라 전혀 다른 세상에 머물고 싶어할까. 가족과 친구 그리고 학교와 사회에 문제가 될 수 있다는 걸 알면서도 왜 그 상태를 지속시키는 것일까. 게임에서 얻고자 하는 향락이 도대체 무엇이기에.

게임을 하는 것의 문화적 의미

한가지 확실한 것은 오늘날 청소년들에게 게임이 어떤 의미인지에 대해 거의 모든 사람들이 관심을 두지 않았다는 점이다. 대부분의 사람들은 성인 중심의 사회체계가 굳건하기만 바랄 뿐이어서 청소년들이 내는 잡음을 틀어막으려만 하지, 그런 삐걱거림에 대해선 대체적으로 무심하다. 필자로서도 과몰입의 문제를 해결할 만한 비책이 없는 건 마찬가지지만, 적어도 좀더 근본적이고 사려깊은 접근이 필요하다는 생각만큼은 분명하다.

청소년들에게 게임이란 무엇일까. 굳이 과몰입이 아니더라도 게임 없는 10대문화는 상상 불가능하다. 오늘날 10대문화에서 컴퓨터게임은 분명 중요한 키워드다. 그들은 게임으로부터 또래들만의 언어를 창조해내고 게임으로써 세계를 상상한다. 게임용어인 셔틀, 퀘스트, 미션, 오크, 쉴드, 만렙 등의 어휘들은 현실의 언어가 됐다. 일상의 스트레스는 '버그'나 '일시적 오류' 등으로 둔갑하고, 경쟁에 따른 조바심은 '렉'이나 '다운'으로 치환되며, '득템'을 하거나 '리셋' 버튼을 찾을 수 있다는 희망을 점치기도 한다.[11] 이 정도의 용어 과잉은 2000년대 이후로 게임문화가 보편화된 때문이라고 양해할 수도 있을 것이다.

　그러나 문제는 여전히 과몰입이다. 성별·연령을 막론하고 게임을 즐기는 사람들에게서 나타나는 특이한 현상 중 하나는 중독 또는 과몰입에 관한 이율배반적인 관점이다. 다시 말해 게임에 지나치게 몰입하는 건 위험하다고 여기지만, 정작 그놈의 '중독성' 없는 게임은 재미가 없다는 것.[12] 아마도 대부분의 게임이용자들은 이말이 무슨 뜻인지 이해가 갈 것이다. 의학 담론을 빌리자면, 스스로 뇌 내의 관제센터를 들락날락하면서 좀비가 되지 않을 정도로만 신경을 마비시켰다 회복시키는 것이다. 몸 밖에서 마우스와 키보드를 컨트롤하는 동안, 몸 안에서는 자기 뇌의 관제기능을 두고 또다른 게임을 벌이는 셈이다. 이런 스릴을 제공하지 못하는 게임은 재미가 없는 게임이다.

---

11. 이에 대해서는 1부 3장에서 이야기한 바 있다.
12. 시장에서 성공하기 위해, 또는 작품의 미학성을 높이기 위해 중독적 요소를 넣는다는 것은 게임업계에서도 공공연한 비밀이다.

절대다수의 게임이용자들이 바로 이런 경우에 해당한다. 게임을 해보지 않고 미디어의 선정적인 보도에만 익숙한 사람들은 이마저도 한심하게 여기는 게 보통일 것이다. 그러나 게임에 빠지는 이유를 이렇게 뇌 내 작용으로만 환원할 수는 없는 일이다. 사람들이 게임을 하는 동기 또는 게임을 통해 얻는 쾌락이란 결코 단순하지 않기 때문이다. 이들은 대체 어떤 경우에 그와 같은 스릴을 맛보는 걸까. 일반적으로 온라인 게임의 경우에는 성취, 탐구, 사교, 공격 등 크게 네가지 동기를 꼽는다.

- 성취자들은 이렇게 대화한다: "나 바빠." "그렇겠지. 내가 도와줄게. 뭐 해줄까?" "그럼 드래곤 좀 죽여볼래?" "4211점짜리네!"

- 탐구자들은 이렇게 대화한다: "흠…." "1번방에서 2번방으로 가는 방법 모른단 말이지?" "가본 적 없으니까. 근데 왜?" "왜긴. 우라늄 운반할 때 방사능 노출되니까. 바구니에 담아도 그렇고…. 담았던 거 꺼내고 20초 있다가 다시 담으면 좀 나으려나?"

- 사교자들은 이렇게 대화한다: "안녕하세요." "넵. 근데 남친이 문제네요." "그게 뭐 문제예요? 전 솔로라구요." "레알? 설마! 진짜예요? 오오, 저런…."

- 공격자들은 이렇게 대화한다: "이얍!" "이런 찌질이!" "죽어라!" "너나 죽어! 죽어! 죽어라!"(이들은 몇단어 말고는 별 말이 없다)[13]

---

13. Richard A. Bartle, "Hearts, Clubs, Diamonds, Spades: Players Who Suit MUDs", *Journal of Virtual Environments*, Vol. 1 No. 1, 1996.

물론 실제 이용자 개인에게선 이러한 게임동기들이 복합적으로 나타난다. 세상에 어떤 사람이 순수하게 공격을 목적으로 게임을 하고 또 어떤 사람이 순수하게 사교적인 목적으로만 게임을 하겠는가. 뿐만 아니라 어떤 게임을 하고 있느냐에 따라서도 게임동기의 분포는 달라질 수 있다. 그래도 통계 분석에 따르면, 우리나라 온라인 게임이용자들의 평균적인 성향은 사교동기가 47%, 공격동기가 23%, 성취동기가 13%, 탐구동기가 11%, 그 밖에 알려지지 않은 동기가 7% 정도로 나타난다.[14]

여기서 한가지는 꼭 짚고 넘어가도록 하자. 게임을 통해서 사람들이 공격 본능을 순치하고 캐릭터나 아이템의 레벨을 보상받는 한편 규칙을 터득해가는 과정은 쉽게 이해가 될 것이다. 그런데 다른 사람을 사귀기 위해 게임을 하거나 이를 통해 쾌락을 얻고자 하는 동기가 절반에 가깝다는 사실은 놀랍지 않은가. 2000년대 들어 온라인 게임 시장이 폭발적으로 성장한 것도 이런 심리와 무관하지 않을 텐데, 결론적으로 게임이용자들은 가상세계에 빠져 허우적대기보다는 현실엔 없는 새로운 사회적 관계를 구축한다고 보는 게 나을 것이다. 이것이 바로 청소년 게임문화에 흔한 도덕률이나 정신의학 잣대를 들이대는 것으론 만족할 수 없는 핵심 포인트다.

실제로 필자가 게임문화와 관련된 연구 프로젝트를 진행할 때 몇몇 게임이용자로부터 이런 경험담을 들은 적이 있다.

---

14. 김성윤·오나라·양기민, 「온라인 게임의 아이템 현금거래 동기에 관한 연구: Ledonvirta 모형의 검증을 중심으로」, 한국사회학회 논문집, 2007년 6월.

- "우리 쪽 혈맹[15]은 서로에게 필요한 아이템을 무상으로 주기도 하고 그래요. 서로 돕는 성향이 강한 사람들이어서 그런 것 같아요. 오프모임도 자주 가지죠. 여러 부류의 사람들이 있어요. 주부도 있고 학생도 있고 심지어는 현역 경찰도 있다니까요. 한번은 좋지 않은 일로 경찰서에 간 적이 있어요. 곤란한 상황에 처할 뻔했는데 같은 혈맹의 경찰서 형님이 전화 한통으로 문제를 일사천리로 해결해줬죠."

- "글쎄요. 게임이 가족문화를 해친다고 하는데 너무 과하면 모를까 그게 꼭 그렇지만은 않은 것 같아요. 조카하고 관계가 서먹서먹한 편이었는데, 게임 이야기도 같이 나누고 「메이플스토리」 아이템도 사주고 하면서 금세 친해질 수 있었거든요."

게임이용자들과 대화를 나누다 다다르게 되는 결론은 언제나 같다. 게임이 사람들의 성취, 탐구, 사교, 공격 등의 성격에 영향을 준다기보다는 사람들의 성격이 게임 속에서 반영될 뿐이라는 점이다. 결국 가정에서든 학교에서든 사회적 문제를 일으키는 게임이용자가 있다면, 그 사람들은 굳이 게임이 아니더라도 문제를 일으킬 소지가 있는 사람일 뿐이라는 말이다. 일례로 필자 같은 경우엔 「스타크래프트」를 하더라도 전투보다는 기술개발이나 주로 건물

---

15. MMORPG(다중 접속 롤플레잉 게임)의 경우 게임이용자들끼리 길드와 같은 팀을 꾸려 플레이를 하는 경우가 있는데 「리니지1」에서는 이러한 시스템적 요소를 혈맹이라 부른다.

짓는 데만(「심시티」에서처럼) 관심이 있었다. 그 게임이 필자로 하여금
빵셔틀 부리는 일진으로 만들진 않았다는 것이다.

  물론 게임이 사람들의 공격 본능과 무관하다고 주장하는 것은
결코 아니다. 현실적으로 게임을 하는 동기에서 공격 본능이 4분의
1 정도 지분이 있는 이상, 게임과 폭력성에 어느 정도 친화성이 있
다고 볼 수는 있다. 예컨대 게임에 등장하는 판타지에 빠져 실제 동
급생을 게임 캐릭터 다루듯이 괴롭힌다면 여간 곤란한 일이 아닐
것이다. 그렇다면 그들은 사리분별도 못하고 최소한의 동정심도
없는 극악무도한 인간일 뿐이다.

  여기서 13장에서 이야기했던 학교폭력 문제를 잠시 상기해보
자. 필자는 학교폭력의 문제가 단순히 인성의 문제가 아니라 그러
한 인성을 순치시킬 수 없게 된 우리 사회 전체의 문제라고 논의한
바 있었다. 북한이나 일본일 수도 있고 다른 학교 일진일 수도 있는
공적인 가상의 표적이 사라짐으로써, 관리가 불가능하게 된 폭력
성이 주변의 약자를 괴롭히는 관행으로 나타나게 된다는 주장이었
다. 다시금 말하지만 괴롭힐 녀석들은 어떻게든 괴롭히게 돼 있다.
단지 어떤 상황에서 어떻게 괴롭히느냐가 관건일 뿐이다.

  게임과 폭력성의 문제를 다룰 때도 바로 이러한 논지를 되살릴
필요가 있다. 게임은 원래 없던 폭력성을 있게 만드는 게 아니라 애
초부터 존재하던 폭력성을 문화적으로 구현하는 것뿐이다. 따라서
게임은 폭력성을 현실화·강화한다기보다는 오히려 폭력성을 순
화시키는 측면도 있다. 규제론자들은 현실과 가상의 혼동이 정신
병리학적 현상이라고 진단한다. 그러나 현실에서 불가능한 어떤

행위를 가상에서 실현한다는 사실은 그 같은 예단보다 훨씬 의미가 충만한 현상이 아닐까. 현실에서 테러라도 하고 싶은 심정을 가상에서의 영웅적인 모험으로 치환할 수 있다면 규제론자들의 입장에서도 무척이나 다행스러운 일이 아닐까.

요는 이렇다. 일부 청소년들이 게임이라는 가상적 질서에 과몰입하는 것은 사실 현실에 대한 불만을 나타내는 징후다. 왜 그들은 현실에서 맺고 있는 관계보다 가상에서의 새로운 관계를 원하며, 또는 현실에서 관계를 파괴하는 것이 아니라 가상에서 관계를 파괴하는 것일까. 다시금 말하지만, 게임 때문에 정상생활이 어려워지는 게 아니라 '그놈의' 정상생활이 불가능하기 때문에 게임이 불가피한 것이다.

여전히 대다수의 사람들은 게임 때문에 현실에서의 사회적 관계가 으깨진다고 비난한다. 현실의 사회적 관계들에 어떤 문제가 있는지에 대해서는 애써 함구하면서 말이다. 우리에겐 더 많은 질문이 필요하다. 중독자라고 비난받는 그들은 왜 가족을 거부하고 또래를 멀리하며 사회에 적응하지 못하는 걸까. 많은 사람들은 게임 자체에 비밀이 있을 거라 예측하지만 전혀 뜻밖에도 문제의 실체는 게임 바깥, 즉 우리가 살고 있는 이 지긋지긋한 현실세계에 있을 수 있다.

아름다운 결론은 가능할까

게임은 규제될 수 있을까. 결론부터 말하자면 절대 그럴 수 없다. 산업적 이해관계가 얽혀 있는 이상 엄숙주의자라 하더라도 쉬이 손을 쓰긴 어렵다. 게다가 게임이용자들의 문화적 권리가 달려 있기 때문에 게임 규제는 적잖은 사회적 비용을 초래할 수밖에 없다. 사회 관리 차원에서 보더라도 게임은 일종의 필요악이다. 3S 정책이 별 거 있나. 현명한 지배자라면 게임을 통해서 사람들을 통치할 수도 있을 것이다. 물론 대중이란 존재가 말처럼 호락호락하지만은 않겠지만.

그렇다면 결국 게임을 어떻게 활용할 것인가, 그리고 어떤 게임을 할 것인가 하는 문제가 대두될 수밖에 없다. 다수의 게임연구자들은 이상과 같은 곤궁을 피하기 위해서 대안적인 게임 그리고 대안적인 게임문화가 무엇일까 하는 질문을 던져왔다. 만약 게임이 사회적 해악과 연결되지 않는다면, 게임산업도 규제되지 않고 청소년 인권도 침해받지 않으며 무엇보다 사회적 편견으로부터도 자유로워질 수 있을 것이다.

"게임은 정말 '악의 축'일까. (…) 게임이 뇌기능 향상에 도움이 된다는 연구결과도 속속 나오고 있다. 핀란드 알토대 헬싱키IT연구소와 헬싱키대 컴퓨터공학부, 사회연구학부 공동연구팀은 컴퓨터 게임을 하는 사람의 얼굴 표정과 뇌파의 변화를 검사해 게임이 '공감능력'을 높인다는 실험결과를 발표했다. (…) 또 미국 샌프란시스코 캘

리포니아대 뇌과학과 신경과학과 등 공동연구진은 노인의 인지능력을 향상시키는 '뉴로레이서'라는 3차원(3D) 게임을 만들어 60~85세의 노인에게 시켜본 결과 인지능력이 실험 전보다 4배가량 향상됐다는 결과를 세계적인 과학학술지 『네이처』에 발표해 표지논문으로 실리기도 했다."[16]

그래서 나온 해답이 '기능성 게임'이다. 기능성 게임이란 교육적 기능을 활용해 인체의 건강을 증진시키는 것은 물론 사람들 사이의 관계에서도 도덕적 밀도를 높이려는 취지의 게임이다. 이러한 논리에 따르면, 아동이나 청소년도 기능성 게임을 통해 뇌기능을 활성화함으로써 학습능력을 향상시킬 수 있다. 이와 같은 대안을 여러분은 어떻게 받아들일지. 아주 바람직한 결론이라 여기면서 흡족한 웃음을 지을 수도 있겠다.

그렇지만 대다수 게임이용 청소년들은 이런 식의 기승전결을 의아해한다. 그 게임이 정말 재밌을까? 재밌는 게임이라면 평상시에도 생각날 정도로 중독성이 있어야 하는데 이건 너무 시시해 보이는 걸…. 그리고 교육적 효과라고? 차라리 「롤」(LOL: League of Legend)이나 하는 편이 뇌를 더 많이 활용할 것 같은데…. 기능성 게임에 대한 이용자들의 시큰둥한 반응은 게임문화 논쟁에서 조화로운 결론이 결코 쉬운 일이 아니라는 점을 보여준다. 오늘날 이야기되는 기능성 게임 정도로는 절대 해소되지 않는 문제가 있기 때문이다.

16.「게임은 정말 '악의 축'일까… 두뇌발달에도 도움된대요」, 『동아일보』 2013년 12월 13일자, A25면.

이를테면 이런 맥락이다. 몰입을 통해 현실과의 맥락을 단절시
켜주는 게 중독성(?) 게임이라면, 기능성 게임은 현실로 돌아오는
것을 목적으로 삼는다. 따라서 기능성 게임이란 양날의 검일 수밖
에 없다. 10대들로 하여금 현실에 대한 관심을 잃지 않도록 하는 미
덕이 있긴 하지만, 다른 한편으론 비루한 현실에 순응하게끔 하는
이데올로기 장치로 기능할 수도 있기 때문이다. 물론 계속 발전중
인 기능성 게임을 지금 당장에 단정할 문제는 아니다. 하지만 청소
년의 자율성과 창조성을 억압하는 게 우리 사회의 지배적 관행이
라는 점을 감안해보면, 기능성 게임으로 청소년문화의 미래가 다
시 한번 왜곡될 가능성이 높은 것 또한 분명한 사실이다.

군이 대안 비슷한 것을 논하자면, 탈출구는—그 자체가 마스터
키는 아니지만—게임에 미학성을 부여하는 일 정도가 아닐까 싶
다. 영화 장르가 그랬던 것처럼, 여태껏 존재한 게임들에 미학적 평
가를 해보고 앞으로 만들어질 게임에도 예술성을 도모하는 식으로
말이다. 사실 기능성 게임은 일종의 적극적인 규제(regulation)에 해
당된다. 게임 환경 및 이용을 통제하는 것과 이용자들의 역량 발달
을 촉진하는 것 사이에는 질적으로 별 차이가 없다. 청소년을 건전
한 인구로 편입시키고 건강한 노동력으로 생산하고자 하는 사회적
조절(regulation)의 장치라는 점에선 매한가지기 때문이다.

그런 점에서 '게임 미학'이라는 설정은 게임문화의 규제·치료·
발달 같은 조야한 발상을 넘어 게임과 게임을 둘러싼 우리 사회에
대해 비판의식을 추구하는 전혀 새로운 기획이 될 것이다. 물론 이
작업이 말처럼 쉬운 일은 아니다. 무엇보다도 영화나 음악과 같은

다른 대중예술에 비해 게임 고유의 장르적·매체적 특성(수행성, 다중 접속, 상호작용 등)이 있기 때문에 더 나은 게임문화를 바라는 우리로선 더 많은 공부가 필요하다.

이렇게 새로운 발상전환의 시도가 필요한 시점이지만, 어쨌든 우리 사회는 자기 자신을 관리하기 위해 게임에 접근하는 것이 보통이다. 그러나 10대들의 게임문화는 그 자체로 놀이문화며, 그와 동시에 현재 가족과 학교에 특정한 문제가 발생했다는 일종의 위험신호다. 그런데도 게임을 규제·조절한다는 것은 결국 '청소년+게임'을 희생양으로 삼아 가족과 학교 그리고 한국사회에 산적한 갈등 요소들을 일단 회피해보겠다는 논리와 다를 게 없다.

여기서 청소년은 아무런 말도 할 수 없는 존재로 남는다. 그들은 그저 게임 때문에 좀비가 돼버린 존재로 재현될 뿐이다. 현실에 대한 그들의 무감각 또는 다른 감각은 부차적일뿐더러 병리적인 문제로 치부된다. 현실에서 그들은 공부 말곤 아무것도 할 수 없고, 가상에서조차도 자유를 박탈당했다. 그러나 청소년 게임문화에 대한 이데올로기적 관리가 끝없이 반복된다는 것은 역설적으로 그들의 문화가 궁극적으로는 관리될 수 없다는 사실을 가리키는 것이기도 하다. 모두가 원하는 아름답고 행복한 결말은 불가능하다.

15장

학생인권과 교권이 반비례한다고?

공존의 한가지 단서조항으로서 '교권'의 재해석

시트콤 「하이킥, 짧은 다리의 역습」의 한 장면. 국어교사인 박하선이 판서를 하고 있는데, 학생들은 받아적기는커녕 등을 돌린 교사의 눈을 피해 분단별로 떼지어 춤을 춘다. 이상한 낌새가 든 박하선이 고개를 돌리자 아무 일도 없다는 듯 학생들은 딴청이다. 뭔가 꺼림칙하지만 다시 판서를 시작하는 박하선 선생. 그러자 학생들이 다시 일어나 춤을 추기 시작한다. 기척을 느낀 박하선이 고개를 돌리면 쥐죽은 듯 필기에 여념 없는 학생들.

이른바 '교사 놀리기' 놀이다. 한때 몇몇 10대들이 그 광경을 촬영해 인터넷에 유포하면서 화제를 모으기도 했다. 교사들은 뭔가 수상하지만 학생들은 시치미 떼면 그만이다. 그러곤 킥킥대고 웃는다. 어차피 도움 되는 공부는 학원이나 인강(인터넷 강의)에서 배우니 학교 공부쯤은 뒷전에 둬도 무방하단 생각이다. 놀림을 당한 교사는 불쾌하기 짝이 없다. 증거가 없으니 뭐라 할 수도 없고. 얼차려나 체벌을 가하면 학부모한테 멱살을 잡힐 수도 있다. 우리 애처럼 착한 애한테 선생 너 따위가 뭐냐고 말이다. 교실에서 교사의 권위는 무너졌다.

학생인권과 교권의 딜레마

이따금씩 교사들이 조기퇴직을 하는 경우를 접하곤 한다. 불과 몇년 전만 하더라도 그 이유는 개인적인 사정이거나 사교육 시장에 진출하기 위한 것이었다. 그러나 최근에는 학교에 있어봤자 학생들한테 상처만 입을 뿐이어서 퇴직을 결심한다는 뉴스가 나오고 있다. 동료교사 때문이라거나 사학재단 때문이라거나 하등의 정치적인 이유에서가 아니다. 세상에, 학생들 때문이라니!

"경기도의 한 중학교 교사 A(55)씨는 최근, 25년 넘게 몸담았던 교단을 떠나기로 마음먹었다. (⋯) 몇 달 전에는 평소 알고 지내던 인근 학교 동료교사가 제자에게 폭행을 당하는 일까지 벌어졌다. 주위에서는 아직 젊고 정년이 많이 남았는데 벌써 떠나려고 하느냐며 만류하지만, A씨는 결정을 번복하지 않았다."[1]

---

1. 「"아이들이 무섭고 교사할 맛 안나"—명예퇴직 신청 급증?」, 『노컷뉴스』 2011년 12월 18일.

'예절머리 없는 학생들'이 등장했다는 것은 교사와 학생이 그동안 맺어왔던 전통적 관계가 무너졌음을 의미한다. 과거에 교사와 학생은 자애와 존경을 교환하는 사이였다. 실제로는 폭력과 복종을 주고받기도 했지만, 적어도 표면적으로는 그렇게 볼 수 있었다. 그러나 관계가 무너지면—정확히 말하자면, 사제 관계에 대한 이상적인 믿음과 실제 현실 사이의 균형점이 무너지면—정체성도 흔들릴 수밖에 없다. 더이상은 교사일 이유가 없는 것이다.

어쩌다 이런 상황이 벌어진 걸까. 일각에서는 그 원인이 학생인권이 신장되면서 나타난 현상이라고들 이야기한다. 학생인권이 보장되면서 그놈의 '예절머리 없는 것들'을 통제할 수단을 잃어버렸기 때문이라는 것이다. 체벌을 할 수도, 욕지거리나 나쁜 소리를 할 수도 없다. 학생들을 훈육할 수단이 없으니까 자연히 이 녀석들이 감히 기어오른다는 것이다. 학생의 인권이 보장받으면 교사의 인권이 땅에 떨어지니 난감하기 이를 데 없다.

그러나 민주화의 추세 속에서 학생인권에 대한 존중은 거스를 수 없는 흐름이 되고 있다. 게다가 투표를 통해 교육감을 선출하다보니 정치적 환경에 따라 민주적 마인드를 가진 교육풍토가 자리를 잡기도 한다. 이래저래 교사들은 체벌을 할 수 없고 따라서 종래의 방식으로는 더이상 학생을 지도할 수 없게 됐다. 과거의 영광이 무너진 듯한 느낌도 들 것이다. 그래서 어떤 교원단체는 학생인권을 탐탁지 않게 여긴다. 학생의 권리가 보장되면 보장될수록 상대적으로 교사의 권위는 땅에 떨어질 것이란 생각 때문이다. 얼마 전 「서울특별시 학생인권조례」가 뜨거운 쟁점이 됐던 것도 그런 까닭에

서였다. 그들은 공격적으로는 학생인권조례에 아예 반대하고 방어적으로는 학생인권조례에 준하는 교원보호 조치를 요구했다.

결과적으로 우리는 교권의 실추와 학생인권의 신장 사이에 묘한 반비례 관계가 성립한다는 생각을 갖는다. 교권이 보장되면 상대적으로 학생들은 과거처럼 얻어터지거나 모욕을 당해도 할말이 없고, 학생인권이 보장되면 역으로 교사들이 학생한테 얻어터져도 할말이 없는 모순. 바로 여기서 '권리의 충돌'이라는 딜레마가 나타난다. 그동안은 10대-청소년-학생들이 '요 시절만 참으면 된다'는 생각으로 현재의 행복을 미래에 유예함으로써 공교육의 훈육체계가 유지될 수 있었다. 그러나 학생 개인을 둘러싸고 당사자뿐만 아니라 학부모들의 권리의식이 확대되기 시작하면서 사정은 달라질 수밖에 없다. 누군가는 권리의 보장을 요구하고 누군가는 권리의 박탈을 호소하는 진풍경이 연출되는 것이다.

우리는 아무것도 할 수 없다?

이제 대강 사태파악이 됐을 것이다. 우리는 교권과 학생인권 사이의 딜레마를 어떤 의미로 받아들여야 하는 걸까. 한편으론 교사들이 존중받지 못한다고 토로하고 다른 한편으론 학생들이 폭력에 신음한다고 하니, 어느 장단에 춤을 춰야 할지 모를 세상이다. 교권과 학생인권 사이에 '규범적 균형'은 불가능한 것일까. 서둘러 대안을 운운하기보다는 그에 앞서 사태를 좀더 면밀히 살펴보도록 하자.

우선은 교사와 학생 가릴 것 없이 '인권'을 요구하는 상황이 낯설지 않을 수 없다. 외지인이 이러한 갑론을박을 접한다면 꽤나 낯설고 흥미로운 풍경이라 할 것이다. 다른 권리도 아니고 인간으로서의 권리를 요구하다니, 그것도 어느 한쪽만이 아닌 교사와 학생 모두가, 게다가 다른 곳도 아닌 교육현장에서! 달리 말해, 교사와 학생인권 사이의 논란은 우리의 교육현실이 얼마나 저열한 수준인지를 드러내는 징표인 셈이다. 더 잘 가르치고 싶다거나 더 잘 배우고 싶다고 요구하는 게 아니라, 서로 살려달라고 요구하는 것, 바로 이게 현실이다.

물론 우리의 현실이 이러니 실컷 냉소나 하자는 이야기는 절대 아니다. 중요한 것은 이런 현실을 명확히 인식하고 가능한 한 더 멀리 나아가기를 꿈꾸는 일일 것이다. 그런데 이놈의 딜레마는 존재 그 자체로 우리의 발목을 붙잡기도 한다. 딜레마라는 건 그 매듭이 풀리기 전까지 우리가 아무것도 할 수 없다는 걸 뜻한다. 교권에 손을 들어주자니 학생들이 딱하고, 학생인권에 손을 들어주자니 교사들이 딱하다. 그렇다고 양쪽 모두 옳다면서 황희 정승처럼 너스레를 떠는 것도 해답이 되지 못한다. 결과적으로는 아무것도 안하겠다는 포기선언과 다를 게 없으니 말이다.

그래서 우리는 사태를 그저 방치하고 방관할 수밖에 없는 곤궁에 처한다. 이것이 바로 우리에게 전달된 권리들의 충돌이란 딜레마다. 우리가 방치하는 것은 무엇보다도 저열한 교육현실 그 자체일 것이다. 예부터 전해오는 폭력적 훈육의 관습, 그리고 달라진 세계관 속에서 교사의 훈육에 대항하는 우발적 폭력들. 이것은 변화된 사회적 현실에 대처할 만한 사회적 규범이 없을 때 나타나는 극단적 상황이다. 교과서에서나 배우던 '만인의 만인에 대한 투쟁'이라는 야만적 상태가 문명화된 대한민국에서, 그것도 교실현장에서 재연되리라곤 아무도 예상하기 힘들었을 것이다.

우리가 손 놓은 게 어디 그뿐일까. 우리는 교사집단과 학생집단이 서로 동등한 관계가 아니라는 점에도 주목할 필요가 있다. '비대칭적인 권력관계'라 할 수 있는 사제관계는 모두가 딜레마에 빠져 아무것도 할 수 없을 때, 여전히 학생들의 인권이 상대적으로 더 위기에 처할 수밖에 없다는 점을 가리킨다. 이것이 아마도 권리충돌 딜레마의 두번째 효과에 해당할 것이다. 생각해보라. 제도적으로나 관습적으로 아랫사람일 수밖에 없는 학생들의 현실은 윗사람인 교사들보다 더 취약할 수밖에 없지 않겠는가.

발목 잡힌 '학생인권 조례'

잠깐 정리를 해보자. 우리는 지금까지 딜레마에 빠져 있을수록 교실에서의 야만적 상태와 비대칭적 관계라는 문제가 지속될 것이라는 이야기를 나누었다. 그런데 만약 교권과의 충돌을 감수하고서라도 열악한 학생인권의 현실을 개선하고자 한다면, 과연 우리는 그 인권의 범위를 어디까지 상상해볼 수 있을까. 그러나 불행하게도 우리들 대다수가 가진 상상력의 폭은 그렇게 넓지 않은 것 같다.

「서울특별시 학생인권조례」의 경우를 보자. 교육청과 시의회 그리고 지역여론 등의 역학관계 속에서 이 조례가 제대로 실행될 수 있을지, 또한 실행되더라도 얼마나 지속될 수 있을지는 예측하기 어렵다. 그러나 학생인권조례를 두고 만들어졌던 사회여론의 '프레임'에 관해선 이런저런 이야기가 가능할 것 같다. 왜냐하면 바로 이 지점에서 우리가 이해하고 상상하는 인권의 범위가 드러나기 때문이다.

학생인권조례가 추진되자 많은 사람들이 많든 적든 우려를 했던 게 사실이다. 두발과 교복의 자율화라니! 조례안에 반대했던 대다수 성인들은 학생들의 품행이 불량해질까 우려했고 자율화에 기대를 품은 대다수 10대 학생들은 숨통이 트이는 기분이었다. 바로 여기서 학생인권 문제의 프레임을 발견할 수 있다. 왜냐하면 세간에 알려진 것과 다르게 서울학생인권조례안은 학생들의 권리에 대해 괄목할 만한 언급을 하고 있었지만, 우리들 대다수는 두발과 복장 문제에만 집중했기 때문이다.[2] 그렇다면 두발과 복장, 이게 바로 우리들 대다수가 학생인권에 대해 상상하는 최대치인 셈 아니겠는가.

우리 사회가 10대들의 두발과 복장 문제, 즉 '사생활의 비밀과 자유 및 정보의 권리'에만 유독 민감하게 반응한다는 것은 이 부문이 학생인권 문제의 최전선이라는 사실을 가리킨다. 그러나 이러한 맥락은 인권 감각의 현주소가 두발과 복장 이외의 '적극적' 권

---

2. 그러는 사이에 논란은 더욱 정교해졌다. 한편에서는 자율화가 되면 복장으로 인해 또래 내부에서 상대적 박탈감 같은 문제가 커질 것이란 예측이 나왔고, 다른 한편에서는 학생들 개인이 자기신체와 스타일을 자율적으로 만들어낼 수 있는 권리가 보장되어야 한다는 목소리도 나왔다.

리들에 대해서는 상대적으로 둔감한 수준이라는 사실의 반증이기도 하다. 즉, 10대들의 사생활을 허용할 것인가 말 것인가 하는 소극적 권리 프레임 때문에—단순 여론 차원에서 보자면—그 외의 적극적 권리에 관한 문제들이 구조적으로 배제되는 경향이 있는 것이다.

실제로「서울특별시 학생인권조례」에서 눈여겨볼 만했던 조항은 다음과 같은 것들이었다.

차별받지 않을 권리: 학생은 성별, 종교, 나이, 사회적 신분, 출신지역, 출신국가, 출신민족, 언어, 장애, 용모 등 신체조건, 임신 또는 출산, 가족형태 또는 가족상황, 인종, 경제적 지위, 피부색, 사상 또는 정치적 의견, 성적 지향, 성별 정체성, 병력, 징계, 성적 등을 이유로 차별받지 않을 권리를 가진다.

학습에 관한 권리: 학생은 다른 학생과 비교되지 않고 정당하게 평가받을 권리를 가진다. 교육감 및 학교의 장은 학생들을 과도하게 경쟁시켜 학생들의 학습권 및 휴식권을 침해하지 않도록 하여야 한다. 학교의 장, 교직원은 과도한 선행학습을 실시하거나 요구하여서는 아니 된다.

의사 표현의 자유: 학생은 서명이나 설문조사 등을 통하여 학교 구성원의 의견을 모을 권리를 가진다. 학생은 집회의 자유를 가진다. 다만, 학교 내의 집회에 대해서는 학습권과 안전을 위해 필요한

최소한의 범위 내에서 학교규정으로 시간, 장소, 방법을 제한할
수 있다.

학교규정의 제·개정에 참여할 권리: 학생은 학칙 등 학교규정의 제·
개정에 참여할 권리를 가진다.

정책결정에 참여할 권리: 학생은 학교의 운영 및 서울특별시교육청
의 교육정책결정과정에 참여할 권리를 가진다.

권리를 지킬 권리: 학생은 인권을 옹호하고 자기나 다른 사람의 인권
을 지키기 위한 활동에 참여할 권리를 가지며, 그 행사로 인하여
불이익을 받지 아니한다.

학생인권 증진을 위한 체계: 학생인권교육, 홍보, 교직원 및 보호자에
대한 인권교육, 학생인권의 날 제정, 학생인권위원회 설치, 학생
참여단의 설치, 학생인권옹호관의 설치, 학생인권교육센터 설립,
학생인권영향평가 실시, 학생인권종합계획의 수립, 학생인권침
해에 대한 구제절차 확립.

확인할 수 있듯이 학생인권조례는 △차별 받지 않을 권리 △과
도한 학습을 거부할 권리 △개인적·집단적으로 자유롭게 의사를
표현할 권리 △각종 의사결정에 참여할 권리 △자신의 권리를 요
구할 수 있는 권리 등을 보장한다. 또한 이를 위해 △학생인권 영향

평가 등 각종 절차들을 확립하는 것을 골간으로 하고 있다. 이러한 내용들은 청소년들을 과거처럼 '말할 수 없는 주체'로 감금하는 것이 아니라, 성인들과 동등한 정치적·사회적 동물로 인정한다는 점을 의미한다. 매우 전향적이지 않은가.

그런데도 당사자인 청소년을 포함한 우리 모두는 헤어 스타일과 의상 스타일에 과도하게 집중했고 지금 이 순간에도 그러한 오류를 범하고 있다. 도대체 왜 그런 걸까. 이 사실은 결국 오늘날 청소년에게 정치를 허용하지 않겠다는 일단의 사회적 합의를 보여준다고 할 수 있다. 그것도 아주 광범위하고 암묵적인 합의 말이다. 그런 점에서 적어도 현대 한국사회의 청소년 문제에 좌우남북은 없고 그저 위아래만 있는 게 아닌가 싶다. 우리의 청소년들에게 권리를, 나아가 '권리를 지킬 권리'를 용인하는 것은 그렇게도 어려운 일이다. 여기에는 10대들이 민주적 권리를 지니기엔 너무 이르다는 문화적 편견, 그리고 교원들의 권익을 수호하겠다는 정치적 이해관계 등이 얽혀 있기 때문이다. 특히나 우리를 딜레마에 빠뜨리는 교권 논리는 견고하기 이를 데 없다. 우리들은 매맞는 학생보다 매맞는 교사를 볼 때 마음이 더 움직인다.

교사의 권위와 학생의 권리, 이 둘은 행복하게 만날 수 없는 걸까. 사태가 여러모로 순탄치만은 않지만, 그럼에도 우리는 조화를 모색해야만 한다. 왜인가. '권리의 포괄적 좌절'이라는 최악의 상황을 피하기 위해서이다. 어느 한쪽의 권리가 부정되고 나아가 위계의 정당성이 위기에 닥치면, 교실은 물리적 완력과 잔혹한 폭력이 지배하는 공간으로 둔갑할 수밖에 없다.

그렇다면 대안은 없는가. 우리들 중 몇몇은 무너진 공교육을 구출하고자 아주 빤한 답을 끄적거릴 수 있을 것이다. 교사가 인식을 개선하고, 학부모는 소시민적 태도를 극복하고, 학생은 윤리교육을 더 받아야 한다는 식으로 말이다. 그러나 삼척동자도 알 그런 표준적 해답은 도움이 되지 않는다. 모두가 개과천선해서 비폭력 교실을 만들자는 상상력은 마음만 먹으면 세상 무슨 일이든 가능하다고 믿는 어설픈 종교적 태도와 다를 게 없기 때문이다.

학생인권이 없으면 교권도 없다

권리의 충돌이라는 딜레마로부터 탈출하기 위해 하나의 사례를 들어볼까 한다. 얼마 전 아르바이트도 할 겸 10대들과 대화도 할 겸 H고등학교에서 방과후 학교 프로그램으로 논문지도 강의를 한 적이 있다.[3] 개중에는 제법 괜찮은 문제의식을 담은 논문들도 있었다. 그중에서도 눈길을 끈 건 '교사들은 왜 교권이 실추됐다고 생각하는가'라는 연구질문으로 만들어진 논문이었다. 학생들은 교사들과 인터뷰를 하는 과정에서 새로운 사실을 하나 발견했다. 대개의 교사들은 학생들의 인성교육이 미흡해서 혹은 학생인권이 신장되는

---

3. 요즘 몇몇 고등학생들은 입학사정관제에 대비하여 논문 작성 스펙을 쌓기도 한다. 학교에서 발행한 논문집에 자신의 논문이 실리면 이를 포트폴리오 삼아 입시에 응하는 것이다. 초창기에는 외고 같은 특목고에서나 추진하던 프로그램이었는데, 최근에는 방과후 학교나 놀토 공부방 등을 이용해서 일반 인문계 고등학교에도 확산되고 있다. 10대들의 입시문화와 관련해서는 이 책 4장과 5장에서 이야기한 바 있다.

바람에 교사들의 권위가 떨어졌다고 대답했는데, 몇몇 교사들은 자신의 교권이 떨어졌다고 생각하지 않는다는 것이었다. 논문을 쓰면서 이 친구들은 연구질문을 바꿀 수밖에 없었다. 바로 이렇게. '왜 이 교사들은 교권이 손상되지 않았다고 생각하는 걸까.'

흥미롭고 도발적인 문제제기임에 틀림없다. 모두들 강호의 도리가 떨어졌다고 생각하는 마당에, 왜 몇몇 교사들은 그런 걱정을 할 필요가 없다고 말하는지 말이다. 논문을 쓰던 친구들도 "실제로 학생들이 이 선생님들을 많이 따라요."라고 말하곤 했다. 대체 비결이 뭘까. 학생들의 폭력에 위협당하는 시대에도 여전히 존경받고 가르치는 보람을 유지하는 비결.

가령 수업시간에 학생들이 통제 불가능할 정도로 졸거나 떠든다고 해보자. 많은 교사들은 자신의 교수법에 문제가 있는 건 아닌지 고민하며 단절된 사제관계로 인한 자괴감에 빠져 엄청난 스트레스에 시달린다. 그럴 때 가장 꺼내기 쉬운 수법은 바로 웃기는 것이다. 교사들 한마디에 학생들이 빵 터진다면 어느 정도 커뮤니케이션에 성공한 것으로 생각되기 쉽다. 그러나 이 방법은 자충수에 빠지는 지름길이기도 하다. 웃기는 과정 중에 몇몇 학생에게 인격모독을 범할 수 있고, 한발 더 나가 무리수라도 두면 학생들이 교사를 우습게 여길 수도 있다. 마치 「하이킥, 짧은 다리의 역습」에서 박하선이 해바라기꽃을 머리에 꽂은 채 롤러블레이드를 타고 교실에 들어서면서 "이번 시간은 국어시간인 거~죠?"라며 개그 캐릭터 '미친 소'가 되던 장면처럼 말이다. 학생들을 웃기는 건 교권회복의 충분조건이 절대 아니다.

우리가 주목해야 하는 점은 이 '이례적인' 교사들이 전혀 다른 해법을 가지고 있다는 사실이다. 기본은 이렇다. 학생들은 이들에게서 '배운다'는 느낌을 받는다고 한다. 이들 교사는 가르침의 본분을 과목과 관련된 새로운 정보를 알려주는 데서 그치는 게 아니라 학생들과 소통하면서 그들의 잠재력을 끌어내는 데 주력한다. 실제로 이들은 단순히 '웃음'을 주는 교사가 아니라 학생들에게 학습의 '재미'를 일깨우는 교수법을 가지고 있다. 어떤 사안이나 현상에 대해 선불리 정답을 제시하는 게 아니라 그 원리를 제시해주고 학생들로 하여금 생각하고 스스로 질문을 던지게끔 하는 것이다. 교육(education)의 라틴어 어원 'educare'가 '밖으로 끌어낸다'는 뜻임을 상기하자면 이들은 말 그대로 교육 본연의 목적에 충실히 임하는 셈이다.[4]

이러한 해법은 학생인권과 교권이 반비례하지 않을 수도 있음을 일깨워준다. 하기야, 애초부터 학생인권이 '권리'에 관한 언어인 데 반해 교권은 사실상 '권위'를 포함하는 언어라는 사실을 눈여겨볼 필요가 있다. 원칙적으로 이 둘이 그저 상충하는 문제는 아닐 수 있다는 것이다. 이참에 좀더 근본적인 질문으로 나아가보자. 교사의 권위는 어디서 오는 걸까. 우리가 눈여겨본 사례에서의 교사들은 교권이라는 개념을 통념과 다른 방식으로 이해하고 있었다. 통념적으로야 교권은 학생들이 복종할 때 수호되는 것이지만, 이들은 좀더 평등한 관계를 구축함으로써 학생들로부터 존경을 받고

---

4. 이러한 교수법에 대해서는 2012년 8월 29일부터 15부작으로 EBS에서 방영했던 다큐멘터리 「선생님이 달라졌어요」를 시청하면 좋은 참고가 될 것이다.

있었다. 수업시간에 학생들과 학문적 토론을 주고받고 선생으로서 '사고의 결'을 제시해주기 때문이다.

한마디로 말하자면, 그들은 '교권을 재해석함'으로써 학생인권과 교권을 모두 수호할 수 있었다. 실제로 내가 만나본 대다수 학생들은 교사의 권위를 존중하고 있으며 또 언제나 그럴 준비가 되어 있었다. 다만 자신의 권리를 존중받는 한에서 그러하다. 그런 점에서 오늘날 교육계의 현실은 다소 고리타분한 면이 없지 않다. 학생들에게 무엇을 어떻게 가르칠까보다는 학습시간을 늘릴까 줄일까 하는 질문을 던지는 게 보통이기 때문이다. 그러나 교육현장에서 10대들은 여전히 '가르침'을 갈망하고 있다. 단순한 주입과 훈육에 대해서는 유사 이래 그 어느 세대보다도 강한 적개심을 보이면서 말이다.

물론 교권을 재해석함으로써 학생들과 민주적 사제관계를 형성한 H고등학교의 이례적 해법이 속칭 문제아들에게도 그대로 적용된다고 보긴 어려울 것이다. 학교 말고도 다양한 사회적 공간 속에서 이리 치이고 저리 치인 10대들에게는 더욱 복잡하고 세심한 관계맺기가 필요하기 때문이다(예컨대 『완득이』의 똥주 선생처럼). 그러나 일반적인 사제관계에 국한했을 때 우리는 하나의 결론에 도달했음이 분명하다. 학생인권이 없으면 교권도 없다는 것, 그리고 그러한 한도 내에서 교권이 없으면 학생인권도 없을 것이라는 점이다. 위아래를 가리지 않는 잔혹한 폭력과 냉소가 교실에서 자행되고 있다면 우리는 근본에서부터 반성할 필요가 있다. 지금 우리는 10대들에게 무엇을 어떻게 가르치고 있는가.

16장

교실 붕괴 이후

공적 표상이 불가능한 시대, 홉스적 상태의 교실

그 얼굴에 공부까지 못하면 안습이다.

티코 탈래? BMW 탈래?

삼십분 더 공부하면 내 남편 직업이 바뀐다.

등록금 본전 뽑자!

재기발랄하지 않은가. 인터넷에서 돌고 있는 소위 '재미있는' 급훈들 말이다. 대중적이고 어느 정도는 통찰력까지 겸비한 문구들이다. 일단 과거의 '근면, 자조, 협동'처럼 어깨에 힘들어간 말들과는 질적으로 달라 보인다. '안습'(안구에 습기 차다)에 '등록금 본전' 등 생활밀착형 언어들에 공감대가 형성되고 정감어리기까지 하다. 어디 그뿐인가. '티코'와 'BMW' 그리고 '남편의 직업'에서는 지금 세상이 어떤 세상인지, 거기서 살아남기 위해서는 무엇이 필요한지도 배울 수 있다. 티코 타고 다니는 것조차 부끄러워지는 상대적 빈곤의 격차사회에선 학력과 학벌을 쌓아 시집장가 잘가는 것만이 살길 아니겠는가.

이런 급훈들은 한국교육, 특히 공교육의 아이러니를 보여준다. 말 그대로 공적인 교육이지만 더이상 공적인 것을 가르치지 않기 때문이다. 오늘날에는 배움을 통해 사회에 기여한다는 교육의 규범적 목적이 희박해졌다. 교과서로는 가르침과 배움이 숭고한 듯 포장하지만, 실제 현장에서는 가르치는 사람이나 배우는 사람이나 다 알고 있다. 공적인 것에 관한 지식은 그저 '죽은' 지식일 뿐이고 '나 자신'을 위한 교육만이 쓸모가 있다. 게다가 외모지상주의, 소비주의, 세속주의, 경제주의 같은 것들을 비판하는 것은 어쩐지 '찌질'(uncool)한 태도로 인식되고, 그런 외설적 현실을 까놓고 드러내는 것이야말로 '쿨'(cool)하다고 인정받는다. 이쯤 되면 공(公)교육이 아니라 공(空)교육이다.

그동안 사람들은 학교교육의 실체가 사회화 과정인지 재생산 과정인지에 대해 토론을 벌이곤 했다. 물론 필자는 학교교육을 통해 개인들이 사회적으로 의미있는 인격체가 된다는 전자의 논리보다는, 기업에서 요구하는 인재를 육성함으로써 자본주의적 생산관계가 재생산된다는 후자의 논리를 더 선호한다. 그러나 오늘날 한국사회에서 교육은 사회화든 재생산이든 그 어느 쪽으로도 제기능을 다하지 못하는 실정이다. 개인이나 가족 단위의 영달에만 초점이 맞춰진 교육의 '실제적' 목적을 감안하자면, 규범적 인격을 양성한다는 사회화 관점은 더이상 설 자리가 없어 보인다. 오늘날 기업들이 단순 지식이나 기술을 넘어 창의적이고 사회적인 인재를 요구한다는 점에 비춰보자면, 학교교육이 체계 유지에 기여한다는 재생산 관점도 온전히 들어맞지는 않는다. 어쩌다 이 지경이 된 것일까.

'티코? BMW?' : 교실 안의 두가지 회로

우리는 교실에서 배운다. 물론 근면, 자조, 협동 같은 덕목들이 관심 밖인 건 자명하다. 그렇다면 뭘 배우는 걸까. 영어단어 2만개? 기초적인 수학공식? 암기식 교육이 그렇듯이, 타인과 커뮤니케이션할 수 있는 태도를 배우는 것도 아니고, 그렇다고 세상의 문제에 접근할 수 있는 수학적 태도를 익히는 것도 아니다. 게다가 '암기'의 효과도 불분명하다. 영어를 꾸준히 하는 게 아니라면 우리는 고등학교 과정에서 배운 어휘 중 몇개나 기억하게 될까. 마찬가지로 수학을 꾸준히 하는 게 아니라면 언제까지 근의 공식을 기억하며 살 수 있을까. 대한민국의 10대들이 '산 지식'보다 '죽은 지식'에 더 익숙하다는 건 분명한 사실이다(그래서 죽은 교육에 반대하고 교실을 이탈하는 친구들도 생긴다). 실제로 많이들 안타까워할 대목이다.

   그럼에도 모든 교과과정을 통틀어 10대들이 배우는 쓸모있는(?) 배움이 적어도 두가지 정도는 있다. 하나는 규칙과 권위에 복종하는 방법이다. 대한민국 중등교육 과정에서 이것 하나만큼은 확실히 가르쳐주지 않던가. 국어, 영어, 수학은 말할 것도 없거니와 그 외의 모든 과목에서도 말이다. 숙제를 해오지 않으면, 성적이 좋지 않으면, 학생으로서의 행실에서 어긋나면, 교사의 위신을 침범하면, 그리고 학교의 명예를 떨어뜨리면… 이 모든 상황에서 우리는 그에 합당한 처벌을 받는다. 이것이야말로 모든 과목을 막론한 공통 교과내용이다. 우리는 교실에서 이러한 가르침을 머리가 아니라 몸으로 배운다. 바로 이것이 교육의 실제다.

다른 하나는 세상 돌아가는 이치에 대한 배움이다. 녀석들은 쉽게 지워질 수 없는 엄격한 분할선이 이 세상에 존재함을 알아차린다. 정규 교과서는 우리 사는 세상이 공동체임을 강조하지만, 교실 곳곳에 흩어진 텍스트들은 현실의 엄격한 비밀을 가감없이 노출한다. 공부를 소홀히 하면 학벌 경쟁에서 밀리고 그러면 인생의 전망도 어두워진다는 '훈화', 외모와 차림새 그리고—가장 결정적으로는—성적에 따라 차별적으로 분배되는 인격적 '대우', 심지어는 티코와 BMW처럼 세상을 묘사하는 각종 은유적 '수사'에 이르기까지, 녀석들은 이런저런 텍스트들을 참조하면서 진짜 세상에 대해 알아차린다.

그렇게 해서 교실에는 하나가 아니라 두가지 이상의 개념적 공간이 만들어진다. 복종하는 자와 복종하지 않는 자, 찌질이와 일진, 공부하는 애들과 널브러진 애들,[1] 미래의 능력자와 현재의 능력자, 또는 현재의 무능력자와 미래의 잠재적 무능력자, 등등. 이러한 대당들은 각자의 자기 완결적인 회로(circuit) 속에서 교실문화를 일궈낸다. 복종할 것인가 반항할 것인가, 또는 견딜 것인가 터뜨릴 것인가. 집-학교-학원-집의 '일상 회로'와 집-학교-유흥가-집의 '일

---

1. 엄기호, 『교사도 학교가 두렵다』, 따비 2013.

탈 회로'의 분할은 세계에 복종하라는 규율에 대응한 서로 다른 결
과인 셈이다. 각자의 회로에서 노니는 녀석들은 교실이라는 일시
적 장소가 아닌 이상 구조적으로는 서로 만나기 어렵다. 어쩌면 녀
석들은 교실에서부터 사회 세계의 원리들을 언제나-이미 '체험학
습'하고 있었던 게 아닐까 싶을 정도다.

  흥미로운 것은 이렇게 양분된 교실문화가 체계의 재생산으로 귀
결된다는 점에 있다. 그동안 교육에 대해 비판적으로 접근했던 전
통적 논의들은 학교교육이 원리적으로 자본주의 기업에 걸맞은 노
동력을 생산하고, 숨겨진 교과과정에 따라 수동적인 존재들을 길
러내며, 결과적으로는 계급·성별·인종·지능 등의 차별과 불평등
을 양산한다고 지적해왔다. 일상 회로의 녀석들이 재생산 과정에
영합하리란 것쯤은 쉽게 짐작할 수 있다. 그런데 학교교육을 거부
하는 일탈 회로 역시 세상의 부조리를 재연하는 데 기여한다. 자못
어불성설처럼 들릴 수도 있을 것이다. 학교교육에 순응하는 것도
아닌데, 체계에 오점을 남기거나 제동을 걸기는커녕, 오히려 체계
를 재생산하는 데 기여하다니. 이게 무슨 말일까.

  일탈 회로에서 생활하는 친구들은 디코와 BMW의 기로에서
BMW의 길쯤은 기꺼이 접어버리는 것처럼 보인다. 30분 더 공부하
기보다는 30분 더 자거나 놀기를 택하면서 학교교육 바깥을 희망
한다. 몸이 학교에 있더라도 마음은 이미 바깥에 있다. 그러면서 여
우와 신포도의 우화에서처럼 교실 내의 일상 회로에 대해 어림짐
작 판단들이 스멀스멀 고개를 들기 시작한다. 선생들 말에 복종하
는 건 찌질이들이나 하는 짓이야(권위와 그에 대한 순응에 대한 반감), 그러

느니 우리끼리 몰려다니는 게 훨씬 낫지(비공식 집단의 형성), 누가 뭐라 하면 구라라도 치든가 개기면 되잖아(규율과 통제에 대한 무시), 지루하게 살지 말고 간지 나게 놀아보자고(현재적 유희로의 집중).

일탈 회로에서 나타나는 이러한 반(反)문화[2]는 일견 학교교육과 순응문화에 대적하는 형국이다. 그러나 궁극적으로는 능력자와 무능력자를 구별해내는 세계의 문법에 맞서서는 별다른 파열음을 내지 못할 게 거의 확실해 보인다. 권위에 반항하는 한편 제 스스로 무능력자 딱지가 붙을 길을 택한다는 점, 그리고 이러한 선택이 능력자/무능력자를 분할하는 기존질서 유지에 도움이 된다는 일종의 아이러니 때문이다.[3] 체계에 대해 누구보다 잘 꿰뚫어보고 거부하지만 그들의 거부는 지배의 문법 내로 접합될 수밖에 없는 반(半)거부에 머물고 만다. 그런 의미에서 교실은 이미 반토막난 공간이며 불평등과 지배논리가 재생산되는 가장 극적인 장소인 셈이다.

교실 붕괴의 은유

알다시피 한국에서 교실문화가 어그러진 지는 이미 오래다. '교실붕괴'라는 말이 처음으로 사회적 의제가 된 것은 1999년의 일이었

---

2. 폴 윌리스, 김찬호·김영훈 역, 『교육 현장과 계급 재생산』, 민맥 1989.
3. 윌리스는 1970년대 영국 노동계급의 자녀들이 반(反)학교문화를 통해서 스스로 노동계급으로 동일화하는 과정(즉, 계급 재생산)을 설명했는데, 노동계급 동일성을 긍정하는 문화적 관습이 없는 한국에선 이러한 설명이 그대로 맞아떨어지진 않는다. 2010년대 한국 교실에서 하위문화를 형성하는 녀석들은 육체노동자가 되기보다는 오히려 '무능력자' 신세를 자처하는 측면이 강하기 때문이다.

다. 가만히 생각해보면 조금 우습기도 하고 끔찍하기도 하다. 그 전
만 하더라도 교실이 붕괴된다고 하면 그것은 물리적 현상을 가리
키는 말에 지나지 않았기 때문이다.[4] 그러나 오늘날 교실 붕괴라는
말을 접할 때는 좀더 추상적이고 정서적인 차원을 떠올리는 것이
보통이다. 친구가 친구를 괴롭히고, 학생이 교사를 때리는, 불안과
공포가 가득한 공간.

교실이라는 개념적 공간은 이제 단순히 양분된 것을 넘어 문자
그대로 붕괴됐다. 오늘날 대한민국의 교실은 일종의 야만상태에
비유된다. 이것은 1999년을 기점으로 교실을 표상하는 전통적 관
념이 한계에 부딪혔음을 의미한다. 과거에 교실은 교사는 가르치
고 학생은 배우며 또래끼리는 교우관계를 형성하는 곳이었다. 그
렇지만 교실 붕괴는 교실을 매개로 맺어지는 사회적 관계가 더이
상 유지될 수 없음을 가리킨다. 확실히 무게중심이 이동한 듯한
모양새다. 스승과 제자는 가르침을 주고받는 관계가 아니라 교육
'서비스'를 교환하는 관계로, 동기동창은 우정을 나누는 관계가
아니라 한정된 학력 '자본'을(또는 인적자본을) 두고 경쟁하는 관계로
변화했다.

그 시점이 1999년이라는 것은 자못 의미심장하다. 교실 붕괴라
는 레토릭이 어디서 기원했든지간에, 반드시 그렇게 언어화해야
만 할 정도로 긴박한 상황이 있었음은 분명하다. 공교롭게도 그 시
대적 배경은 IMF 외환위기 직후다. 물론 교실 붕괴가 전적으로 경
제위기 때문에 나타난 현상으로 보기는 어렵다. 경제위기 이전부

---

4. 「대구 대서중학교 교실 붕괴위험 속 수업 계속」, 『연합뉴스』 1996년 11월 4일.

터도 자율성과 수월성을 명분으로 교육개혁 정책이 줄곧 추진되었고, 그에 따라 교실은, 특히 교실 내의 일상 회로는 원자화된 개인들의 전장(battlefield)으로 탈바꿈했기 때문이다. 교육 '서비스'라는 말이 처음 등장한 것도 이때쯤이었고 학교가 직업훈련소가 되기 시작한 것도 이와 같은 밑바탕 때문이었다. 바야흐로 교육에서 공적인 표상이 사라진 시대가 되었다. 우리는 이 문제를 적어도 두가지 맥락에서 반추해볼 수 있을 것이다.

첫째, 공교육이 제기능을 다하지 못하는 대신 사교육이 주체할 수 없을 정도로 비대해졌다. 한국사회에서 사교육 의존이 심각하다는 사실은 누구나 알고 있다. 그 때문에 발생하는 사회적 문제들도 잘 알려져 있다. 사교육 시장이 확장될수록 공교육이 위축되고 입시교육이 노골화되며 교육비 지출이 증가한다는 것쯤은 주지의 사실이다. 다 알고 있지만 그럼에도 다르게 살지 못할 뿐이다. 앞사람이 일어나서 응원을 시작하면 뒷사람도 따라 일어날 수밖에 없다는 '야구장 패러독스', 이러한 모순 속에서 우리는 뒤틀린 교육 문화가 형성되는 데 다함께 일조했다.

오늘날 교육환경 속에서 사교육이 차지하는 비중은 가히 절대적이다. 교육 패러다임의 헤게모니를 입시교육이 석권하면서부터는, 그에 대한 비판이라든가 전인교육 같은 대안들은 세상 물정 모르는 이상주의적 견해로 치부되기 일쑤다. 오히려 모두가 일어나서 '응원'하는 게 정상적이고 더 바람직한 '관람' 태도인 것처럼 통용되고 있다. 그러다보니 (1부 4장에서 이야기했던 것처럼) 오늘날 존경받는 스승의 형상은 삶에서 깨달음을 주는 교사가 아니라, 카리스마적

지도력으로 출제경향을 머릿속에 쏙쏙 넣어주는 스타강사다. 어디 그뿐일까. 일반적으로 '공교육=학교' 그리고 '사교육=학원·과외'로 표상되지만, 실제로는 학교에서도 더이상 공적인 것을 전수하지 못한다. 교과에서 상대적으로 자유로운 방과후 학교마저도 다변화된 입시전형을 좇아가기 바쁘다. 그런 맥락에서 보자면, 학교 바깥뿐만 아니라 학교 안도 사교육의 영향권 아래 있다고 보는 게 낫지 않을까.

둘째, 학교에서 공적인 것을 더이상 강조할 수 없게 됐다는 사실은 예상 외로 참혹한 결과를 불러왔다. 과거에는 '공부하는 애들'이건 '널브러진 애들'이건 ○○학교 학생이라는 하나의 이름으로 부르는 것에 어색함이 없었다. 서로간에 결속의식이 그만큼 컸다는 것이다. 그러나 오늘날에는 이 다양한 친구들을 어떻게 하나의 이름으로 불러야 할지 막막해졌다. 학생이라는 통칭이 무색할 정도로 녀석들은 전혀 다른 회로 속에서 살아가고 있다. 특히, 입시체제의 일상 회로에서 현재의 행복을 몽땅 유예한 녀석들은 개인 단위로 쪼개져 있는 게 확연히 드러난다.

이는 사회적 관심을 사곤 하는 학교폭력 문제에서도 재확인된다. 알다시피, 과거에 학교폭력 문제는 교사 체벌 같은 권위주의라든가 학교교육 자체에 내장된 구조적 억압에서 비롯된 문제였지만, 오늘날에는 재래의 수직적 폭력보다는 학생들 사이에서의 수평적 폭력이 더 문제시된다.[5] 여기서 오늘날 10대들이 팸 따위의 비공식적이고 우발적인 집단을 형성하지 않는 한 개별화된 존재

5. 3부 13장 참조.

로 교실에 남게 된다는 사실을 상기할 필요가 있다. 드라마 「학교
2013」에서 묘사됐던 것처럼, 무한경쟁 논리 속에서 유대의식이 옅
어지고 고립된 개인 내지는 소집단들만 남아버린 상태, 그것은 바
로 홉스가 경계했던 야만적인 '자연상태'와 다를 바 없는 만인의 만
인에 대한 투쟁 상태에 다름 아니다.

이와 같은 전장에서 폭력이 난무하는 것은 어찌 보면 당연한 수
순에 가깝다. 자연상태는 현재의 교실 생태계를 일컫는 가장 적확
한 표현일지 모른다. 이것은 성적에 따라 계급이 분화되고 사회체
계가 재생산되는 상황을 문제삼은 마르크스주의적 문제의식에도
훨씬 못 미치는 것이다. 오늘날 우리는 재생산 따위의 전통적 논점
을 떠올리는 게 사치스러울 정도로 극단적인 폭력상황을 마주하고
있다. 이쯤 되면 교실 붕괴의 은유가 가리키는 바가 어느 정도는 밝
혀진 셈이다.

"인류 공영에 이바지할 때다": 국민교육을 참조하기

요즘같이 표적을 가리지 않는 적대가 난무한 교실 상황에서는 차
라리 과거로 돌아가는 게 낫겠다는 푸념도 나올 법하다. 완전히 이
해 못할 바는 아니다. 그러나 그렇다고 해서 무작정 과거의 좋은 시
절(?)로 회귀하자고 권할 일도 아니다. 과거라고 해서 일상화된 폭
력으로부터 자유로웠나 하면 그런 것도 아니기 때문이다. 그래서
많은 사람들이 공교육을 강화해야 한다는 데 동의하면서도 그것이

어떤 공교육이어야 하는 데 있어서는 고심에 빠진다. 특히 과거의 국민교육이 노출했던 권위주의적 억압과 폭력에 대한 기억 때문에라도 이런 고민은 절실할 수밖에 없다. 억압과 폭력을 지양한 공교육이란 과연 불가능한 것일까.

　다른 한편 국민교육은 애증의 대상으로 회고되기도 한다. 적어도 이 시절에는 교실 내의 구성원들이 국민이라는 이름으로 동일화될 수 있었고, 그 때문에—폭력이 암묵적으로 용인되기도 했지만 동시에—자연상태의 적개심이 국민이 아닌 외적 존재 또는 우리 학교가 아닌 다른 학교 같은 식으로 감축될 여지가 있었다. 오늘의 문제가 적대의 감축이 한계상황에 다다랐다는 데 있다면, 그런 문제가 효과적으로 관리될 수 있었던 국민교육 시절에 대한 노스탤지어는 끊임없이 제기될 수밖에 없다. 오늘날—교육현장만의 일은 아니겠지만—우리에게는 교실 내 구성원들을 결속할 수 있는 공적인 표상이 필요하기 때문이다. 그렇다면, 단지 억압성을 문제삼아 폐기할 것이 아니라 국민교육 시절의 사회적 원리들을 재조명해볼 필요가 있지 않을까.

　"우리는 민족중흥의 역사적 사명을 띠고 이 땅에 태어났다. 조상의 빛난 얼을 오늘에 되살려, 안으로 자주독립의 자세를 확립하고, 밖으로 인류공영에 이바지할 때다."

　과거 학교교육의 정점에는 「국민교육헌장」이 있었다. 국민윤리 시간, 한 구절 아니 한 글자만 틀리게 암송해도 체벌을 당했던 기억

282

이 생생하다. 국민교육에 대한 이런 식의 불편한 집합적 기억들이
과거를 부정하도록 만들었는지 모르겠다. 실제로 학교에 들어서
면 국기에 대한 경례를 해야 했고, 애국조회는 기본, 날마다 국민체
조를 반복했으며, 수업시간에 만든 국기함에 태극기를 모시고, 하
굣길 오후 5시가 되면 주변의 태극기를 찾아 국기하강식에 동참했
다.[6] 국민교육이 이론이나 과학에 의존했던 게 아니라 주로 신체에
대한 규율로 강제되었다는 점에서 억압적 성격을 부정할 수는 없
는 일이다.

그러나 그와 동시에 의도치 않은(?) 효과가 있었던 것도 사실이
다. 규율의 효과는 너무나도 강력한 것이어서 훈육된 신체들은 국
민이라는 표상 아래서 자기 자신을 공적인 존재로 상상하는 게 보
통이었다. 머리보다 몸으로 배우는 게 더 효과적이라 하지 않던가.
이를테면 「국민교육헌장」에 나오는 "민족중흥의 역사적 사명" "자
주독립의 자세 확립" "인류공영에 이바지" "공익과 질서를 앞세우
며" "따뜻한 협동정신" "봉사하는 국민정신" 등의 언어들은 당시
의 10대 청소년들을 공적인 쪽으로 자연스럽게 유도했다. 물론 공
적인 것의 범주를 설정함에 있어서는 개인마다 편차가 있겠지만
이들은 개별화보다는 전체화에 더 익숙했던 게 사실이다. 몸 자체
가 이미 그랬다는 것이다.

「국민교육헌장」이 유명무실해진 것은 공교롭게도 '세계화'가 제

---

6. 「품행제로」(2002)나 「말죽거리 잔혹사」(2004)를 비롯해 1970~80년대의 10대문화를
   다룬 영화들을 보면, 그들의 일상에서 국기하강식이 얼마나 불편하게 기억되는지를 확
   인할 수 있다.

창되던 1994년쯤이었다. 어쨌든 군부독재는 끝났으니 군사적 규율
화는 효력이 사라졌고, 세계화가 당면 과제인 마당에 10대들을 국
민으로 호명할 필요도 없어졌다. 「헌장」뿐 아니라, 국민체조도 서
서히 사라지기 시작했다(혹은 이미 사라졌다). 2000년대를 목전에 두고
'새천년 건강체조'가 제정됐고, 얼마 지나지 않아 '청소년체조'가
보급되기에 이르렀다. 바야흐로 '국민'교육의 시대가 끝난 것이다.
확실히 우리는 과거와는 질적으로 다른 세계에 살고 있다. 이제부
터 10대들은 더이상 단순하게 국민으로 길러지지 않는다. 기왕 체
조 이야기가 나왔으니 말만 놓고 보자면, 이제 그들은 국민이 아니
라 건강한 육체 혹은 규범화된 청소년으로나 호명되는 셈이다. 그
들에게는 민족을 중흥할 의무도 없고 조상의 빛난 얼을 되살릴 숙
명도 없으며 자주독립이나 인류공영에 이바지할 사명도 없다. 동
료들과의 횡적인 동일화보다는 사회적으로 고립된 신체로서 개별
화에 더 익숙한 세대이기 때문이다.

　알다시피, 「국민교육헌장」 따위는 교육계가 아니라 행정부의 독
단에 의해 추진되었고 그 결론도 '반공'정신으로 접합되는 등 문
제의 소지가 많았다. 억압과 폭력이 동반된 훈유이라는 점은 두말
할 나위도 없다. 그런 의미에서 민주화 시대 그리고 21세기를 맞
아 청소년을 '국민'으로 호명하는 것은 바람직하지도 않으며 시대
착오적인 게 사실이다. 그렇지만 거의 20년 가까운 세월을 돌이켜
보건대, 국민교육이 사라짐으로써 어떤 효과가 생겼는지에 대해서
는 곱씹어볼 필요가 있다. 즉 결과적으로 오늘날 10대들에겐 과거
와 같은 공적인 주체로서 성장할 가능성이 거의 사라졌다. 국민교

육 체계는 민족이 됐든 인류가 됐든 '참여' '봉사' 운운하면서 10
대들을 공적인 공간으로 편입시켰다. 그것은 말 그대로 '사명'이었
다. 그런데 오늘날 10대에게는 그런 사명이 없다. 그들은 단지 건강
한 신체를 가지면 될 뿐이고 그래서 사회적 규범에 종속되어 건전
한 노동력으로 성장하면 그뿐이다. 그리하여 제 한몸 건사하여 행
복하고 안정적인 삶을 추구하는 것이 삶의 목적이고 '사명'일 따름
이다. 실제로 오늘날의 교육도 그렇게 가르치지 않던가. "이게 다
니들한테 득이 되는 길이야."

국가를 중심으로 국민이라는 집합적 동일성이 안정적으로 유지
될 수 있었던 과거와 달리, 오늘날 10대들은—그저 분열증적인 민
족의식만 있는—낱낱의 욕망덩어리로만 존재할 뿐이다. 사회적 결
속이 불가능한 교실, 그것은 자연상태와 다를 바 없다. 그 공간에서
녀석들은 서로 선을 긋고 적을 만든다. 교실 붕괴와 더불어 그 자리
를 새로 채운 문법으로서 폭력과 야만은 단순히 우연이나 불운의
문제가 아니다. 적대를 감축시켜줄 공적 표상이 사라짐으로써 발
생할 수밖에 없는 구조화된 현실인 셈이다.

물론 어떤 인간도 사회적 관계 없이는 생존할 수 없기 때문에, 오
늘날 10대들도 어떤 식으로든 새로운 관계망을 구축하고자 한다.
별 다른 건 없다. 이미 어른들이 그런 것과 마찬가지로, 과거의 국
가나 국민의 빈 자리에 상품이나 스펙 같은 각종 물신들을 채우고
있을 뿐이다. 선진문명 대한민국에서는 오로지 이들을 통해서만
야만적 폭력이 잠시 중지될 수 있지 않은가. 그것도 아주 잠시. 이
게 바로 '요즘 애들은 도대체 이해를 할 수가 없어'라는 푸념에 대

한 가장 근본적인 대답일지 모르겠다. 기성세대가 젊은 세대를 이해 못하는 게 태곳적부터의 관행이라지만, 그럼에도 '21세기의 청소년들'을 이해하기 어렵고 거기에 특별히 숨겨진 맥락이 있을 것이라 짐작된다면, 그것은 이들이 과거의 10대와는 전혀 다른 삶의 조건에 놓여 있기 때문일 것이다.

교실 붕괴가 걱정되는 오늘날, 우리에게 새로운 공적 표상이 필요하다는 건 분명하다. 어떻게 해야 '사명'이 불가능한 10대들의 삶에 공적 연대가 회복될 수 있을까. 실제로 적지 않은 사람들이 홉스적 자연상태로부터 벗어나기 위해 새로운 표상물들을 고안하고 있다. 이를테면, 세계시민 교육이나 다문화교육은 영토적·민족적 경계에 근거했던 과거의 국민교육을 넘어서고자 하는 대안적 동일화의 시도이며, 시민권 교육은 정치·경제·사회적 의제에 대한 참여민주주의를 독려하는 공공성 회복의 시도라 할 수 있다. 물론 이런 아이디어들로 홉스적 상황이 극복된다는 보장은 어디에도 없다(게다가 성공하더라도 체계의 재생산이라는 마르크스적 상황은 별도의 문제로 남는다).

과연 붕괴된 교실을 다시 구축할 수 있을까. 무엇이 정답인지는 여전히 불투명하지만 위험이 극에 달해 있다는 것만큼은 부정할 수 없다.

'청소년+정치'의 세가지 쟁점[1]

보호론의 모순, 문제론의 역설, 운동론의 아이러니

청소년은 위험하다. 그들은 이중적인 의미에서 위험하다. 폭주족을 연상하면 이해가 쉽겠다. 폭주족이 도로를 질주하는 동안 우리는 적어도 두가지 위험성을 실감한다. 첫째, 그들의 곡예와 굉음 때문에 위협을 느낀다. 따라서 그들은 위험하다. 둘째, 그들 자신이 다치거나 죽을 위험이 있다. 따라서 그들은 위험하다. 어디 폭주족만이 그러할까. 일탈의 기미가 조금이라도 있다면, 그/녀는 이미 위험한 존재일 수밖에 없다. 눈 밖에 난 이상, 청소년은 위험한 존재다. 청소년 때문에 우리가 위험하고 청소년 자신들도 위험하다.

그런 맥락에서 청소년은 일종의 사회적 증상인 셈이다. 그들의

---

1. 이 글은 「보호의 모순, 문제의 역설, 운동의 아이러니」란 제목으로 격월간지 『삶이 보이는 창』 2012년 1-2월호(54호)에 실었던 글을 다듬은 것이다.

위험이 커지면 커질수록 성인들이 지배하는 전체 체계의 문제 역시 심각해진다는 증거가 된다. 그렇게 사회체계의 모순이 노출되면 사회의 가상적 완결성은 위협받을 수밖에 없다. 그렇다면 이제 사회는 어떻게 해야 할까. 이들 위험한 청소년을 분류하고 관리하며 경우에 따라서는 추방하는 게 수순 아닐까. 이것이 바로 청소년과 정치가 만나는 첫번째 국면이다.

현대사회란, 한편으로는 개인이 모든 속박으로부터 해방되지만 다른 한편으로는 국가를 매개로 연결되는 '부정교합'의 세계다. 어떨 때는 윗니가 더 튀어나오고 또 어떤 때에는 아랫니가 더 튀어나온 우리네 세상은 언제나 교정이나 수술을 통해서만 유지될 수 있을 뿐이다. 그렇기에 청소년이라는 개념이 고안되고 탄생한 순간부터, 10대들은 자신의 신체를 포함하여 사고방식과 언어 그리고 상징 등 거의 모든 부분에 걸쳐 관리를 받아왔다.

우리 사회는 청소년의 미래를 저당잡고 훈육해야만 한다. 그래야만 잘 복종하는 노동력을 육성할 수 있기 때문이다. 고급 노동력이 필요한 경우 지능은 계발하되 비판의식은 거세해야 한다. 그래야만 '똘똘하게' 복종하는 노동력을 육성할 수 있기 때문이다. 체계는 그렇게 유지되고 재생산된다.

그러나, 정치를 '당하는' 청소년이 아니라 정치를 '행하는' 청소년을 상상할 수는 없을까. 그러기 위해 몇가지 문제들을 검토해보도록 하자. 특히 청소년을 둘러싸고 현재 우리 사회에서 작동하고 있는 모순, 역설, 아이러니와 같은 것들을 들춰내고 비판할 필요가 있겠다. 만약에 우리도 모르게 은폐되어 있는 논점들이 드러난다고 가정해보자. 그렇다면 마침내 체계의 뇌관이 폭로되고 따라서 우리가 원하는 가능성의 지점들도 타진될 수 있지 않을까.

다음에 제시되는 세가지 논점들은 필자가 이 책을 쓰면서 발견한 문제들이기도 하다. 어쩌면 이 책 전체의 결론이 될 수도 있을 텐데, 본문의 흩뿌려진 사유의 단편들을 종합하는 차원에서라도 같이 읽어보도록 하자.

'청소년+보호'의 모순: 정치의 장소로서 청소년

'청소년 정치'라는 말은 현실적으로, 적어도 대한민국에서는 형용모순처럼 들린다. 법적으로 그들에게는 정치의 권리가 주어져 있지 않으며 그저 복종의 의무만이 주어져 있을 뿐이다. 그들은 청소년이라는 사회적 기간 동안 신체적·정치적 자유를 유예하고 모호한 미래를 기다림으로써 이 예외적 상태를 견뎌낼 따름이다. 그러나 청소년기는 정치의 예외라는 점에서 너무나도 정치적인 시기이기도 하다. 그들 자신이 정치하는 주체이기에 앞서 언제나-이미 정치의 대상이기에 청소년은 더할 나위 없이 정치적인 사회-공간이다.

우선, 청소년이란 개념부터가 모호하다. 개념으로서의 청소년은 생물학적으로나 법적으로—모호한 사회적 합의만 있었을 뿐—단 한번도 '확정'된 적이 없다. 그렇기 때문에 청소년에 관한 모든 이야기들은 근본적으로 취약한 토대 위에서 전개될 수밖에 없다. 추상적 수준의 청소년을 경험적으로는 절대 규명할 수 없기 때문이다. 신체적 특징에 따라 청소년을 규정할 것인가 아니면 연령에 따라 규정할 것인가? 만약 이러한 시도가 성공하더라도 이것이 성문화될 수 있을까? 생물학적 규정과 법적 규정은 일치하는가? 또한 청소년 전체에 대한 추상적 규정과 청소년 개개인들에 대한 구체적 적용은 일치할 수 있는가?

어쩌면 우리가 아는 그 '청소년'은 존재하지 않을지도 모른다. 그런 까닭에, 청소년을 규정하는 문제는 언제나 논란거리일 수밖에 없다. 우리가 어떤 존재를 청소년이라 규정하는 행위는 애초부터 정치적일 수밖에 없다. '1318'로 청소년의 범위와 전형성을 한정하더라도, 실제 청소년들은 흔한 말마따나 그러한 기표들에서 새어나가기 마련이다. 상황이 이러하다보니 '질풍노도'니 '주변인'이니 하는 묘사적 표현들은 바로 그렇게 말하는 당사자들이 처한 서술상의 곤란함을 스스로 입증하는 것에 불과하다. '18세상'은 있을지언정 '18세 청소년'은 없다.

물론 그렇다고 청소년이란 표현을 근본적으로 거부한다면 그 역시 어리석은 일이다. 청소년에 관한 담론들이 이미 존재하는 이상, 청소년에 대한 규정은 비록 불가능하더라도 불가피한 것이다. 청소년이라는 기표가 사회정치적 의제로 던져지면, 그러한 표상이 얼마나 적절한 것인지 하는 문제와는 상관없이 일단 현실적 효과가 발휘되기 때문이다.

이런 까닭에 청소년은 세계의 주체가 아니라 세계의 대상이 될 수밖에 없다. 이처럼 근본적으로 모호한 사회적 위치 때문에 이들은 어떤 발화의 지점에도 설 수 없다. 10대들은 여리고 취약한 존재들로 표상될 수밖에 없다. 뚜렷한 주관이 성립되어 있지 못하고 감정에 쉽게 휘둘리며 따라서 아직은 사회화되지 못한 존재로서 그들은 정의된다. 이러한 특성들이 생물학적으로 그리고 심리학적으로 얼마나 적확한 판단인지는 둘째 문제다. 여기서 문제는 이러저러한 개연성 때문에 청소년이 말할 수 없는 주체가 된다는 점만으로도 충분하기 때문이다.

이런 논리 속에서, 오늘날 한국사회의 의제들은 청소년을 보호해야 한다는 도덕률로부터 시작하곤 한다. 바로 이것이 청소년 정치가 관여하는 쟁점들의 영점(零點)이다. 그런데 청소년보호법의 사례에서도 알 수 있듯이, 청소년보호론이 청소년을 억압하는 담론이라는 사실은 쉽게 간파된다. 미국의 인디언보호구역이 인디언을 억압하는 공간인 것처럼, 대개의 보호론들은 종다양성을 보존하기는커녕 기존의 위계구조를 견고히 하는 기능을 담당한다. 보호론의 궁극적 효과는, 기본적으로 보호하는 자와 보호받는 자 사이의 권력관계를 유지함은 물론이거니와, 보호받는 자로 하여금 '보호받는다'는 허위의식을 갖게 하여 그들 스스로를 거의 항구적으로 정치적 약자로만 머물도록 '보호'하는 데 있다.

물론 허울 좋은 명목은 있다. 보통 청소년보호론은 청소년의 '인권'을 보호한다고 강변한다. 실제로 온라인게임 청소년 셧다운제 문제에서도 관련 정부부처는 청소년들의 건강권, 특히 수면권을 보호한다는 명분을 내세웠다. '게임을 오래 하면 그만큼 잠을 못 잔다'는 그럴 듯한 근거로, '잠을 많이 자기 위해선 게임을 못하게 해야 한다'는 주장을 정당화했다. 나아가 이러한 주장은 '권리들의 충돌'(건강권 대 문화권)이라는 지극히 자유주의적인 프레임 하에서, 우리들로 하여금 '어떤 권리가 선행해야 하는지에 관한 질문'에만 집중하게 만들었다. 이런 문제설정에선 누가 이기더라도 마지막 승리는 언제나 체계에 돌아가게 되어 있다. 반대론자들까지도 포함하여 그 누구의 의도와도 상관없이, 실제로 보호되는 대상은 사회체계다.

어쨌든 보호론의 논리가 기본권을 보장하는 게 아니라, 실제로는 청소년들에게 의무를 부과한다는 사실은 어렵지 않게 밝혀졌다. 그도 그럴 것이 청소년보호론자들은 청소년들의 학습노동에 관한 이야기를 언제나 빼먹기 때문이다. 체계의 입장에선 청소년들이 학습-기계여야 하는데, 게임-기계가 되는 것은 위험한 일일 수밖에 없다. 그런 까닭에, 지배적인 사회적 관계들을 재생산하는 학습노동이야말로 청소년들의 건강권을 침해하는 것이지만, 저들은 그 사실을 은폐하고 결과적으로는 청소년들의 기본권과 문화권 모두를 박탈한다. 그리하여, 청소년들은 여전히 잠을 잘 수가 없다.

따라서 청소년 보호와 청소년 억압은 동전의 양면과 같다. 심지어는 보호론에 대립하는 반대론마저도 '비판'에 실패하곤 한다. 정치가 소거된 토론은 밀고당기기식의 타협으로 귀결되기 마련이고, 청소년의 존재 자체는 '보호구역'이라는 위험지대에서 빠져나오지 못하는 난처한 상황에 직면하고 만 것이다. 이것이 바로 청소년 정치의 첫번째 뇌관이라 할 수 있는데, 여기서 우리는 청소년보호론을 둘러싼 어떤 한계상황을 목도할 수밖에 없다. 청소년은 존재하지 않지만, 그에 준하는 누군가는 반드시 관리돼야만 한다는 것이다.

'청소년+문제'의 역설: 정치의 소실매개로서 청소년

이렇게 빤한 이데올로기적 실천이 전개되는 것은 사회체계 차원에서 보면 어느 정도 자연스러운 현상일 수 있다. 왜냐하면 청소년은 종종 중요한 사회적 문제들을 봉합하는 데 효율적인 실마리가 되기 때문이다. 앞서 청소년이 어떻게 정치의 장소가 됐는지 보았다면, 이번에는 어떻게 정치의 매개가 되는지를 보게 될 것이다. 여기에는 서로 긴밀하게 맞물린 두가지의 담론 양식이 있다.

첫번째는 사회 전체의 문제를 청소년 문제로 슬그머니 갈아 끼우는 방식이다. 거의 모든 '청소년 문제'라는 것은 알고 보면 성인들의 문제와 결코 다르지 않거나 오히려 성인들의 문제로부터 유래한 것이 보통이다. 그런데 정부 정책이 됐든 미디어 보도가 됐든 청소년 문제는 유독 청소년만의 문제로 초점화하는 경향이 있다. 아마도 우리가 아는 거의 모든 청소년 문제는 대개 이와 같을 것이다. 이렇게 되면 어떠한 효과가 발생할까.

가령 빵셔틀 같은 학교 내의 따돌림 현상이 담론화되는 방식은—그 원인이야 차치하더라도—최종적으로는 마치 사회 전체에서는 따돌림이 일어나지 않는 듯한 판타지를 심어준다. 무슨 말인가 하면, 학생들 사이에서의 집단따돌림 현상 덕분에 사회 전체에서 비일비재한 배제의 문제들은 기묘하게 은폐된다는 것이다. 청소년을 표적으로 하는 미디어의 집중포화는 우리의 인지적 신경을 청소년에게 집중하도록 조종한다. 또한 그것을 보고 있는 사회구성원 대다수는 어지간해선 그런 유인효과에서 벗어나지 못한다.

　욕하는 청소년에 관한 사회적 담론들도 마찬가지다. 욕하는 청소년이 사회적 공포와 비난의 대상이 되자마자, 그들은 비도덕적 존재로 전락하는데 그럼으로써 성인들의 욕설문화는 아무도 말하지 않는, 혹은 말할 수 없는 문제가 된다. 달리 말해, 청소년을 도덕적으로 규율하면 성인들의 외설이 면죄부를 얻게 되는 상대적 효과가 있다는 말이다. 나아가 성인들은 자신들이 도덕적으로 아무런 문제가 없는 것처럼 스스로를 오인하게 된다. 마치 마술을 부리듯 자신들 내부의 부정적 요소들을 청소년들에게 투사함으로써 성인들은 깨끗한 존재가 되는 것이다. 한마디로, 욕 권하는 성인들의 사회는 철저하게 비가시화된다. 생각하면 할수록, 온갖 외설스러움으로 넘쳐나는 우리 사회가 청소년이란 타자 없이 어떻게 정상적으로 작동할 수 있을지 상상하기 어렵다.

　여기에 덧붙여, 청소년이 이데올로기적 환상이 되는 두번째 방식은 앞선 맥락보다 조금은 이중적이다. 이번에는 전체의 문제를 개인의 문제로 착각하게 만드는 방식이다. 주지하듯이 청소년 문제는 종종 일탈이란 언어로 포착되곤 한다. 일단 여기서는, 일탈이란 정상적이라 여겨지지 않는 생각이나 행실을 특정 사회구성원이 실천에 옮겼을 때 쓰는 낱말이란 점을 염두에 두자. 그런데 바로 여기에 마술의 비밀이 숨어 있다.

　가출 문제가 대표적이다. 오늘날 청소년들의 가출이 괄목할 만한 수준으로 증가한다고 했을 때, 이것은 하나의 '사회적 사실'로서 말 그대로 사회적 문제에 해당한다. 그러나 대개의 담론은 이를 부적응과 같은 청소년 개인의 심리적 문제로 환원하곤 한다. 주지

하다시피, 그동안 우리가 굳게 믿어왔던 '정상가족 신화'가 붕괴되고 있는 마당에, 이를 구조적 차원에서 접근하고자 하는 경우는 극히 드물다. 특히나 청소년 문제의 경우에는 유독 심하다. 치유의 관점에서 청소년 개인에 접근하더라도 대개는 정상가족의 언어로써 그들을 대하는 게 고작이다. 그럴수록 그/녀는 비정상으로 낙인찍힐 뿐인데 말이다.

최근의 가출팸(가출 패밀리) 현상도 유사한 맥락에 있다. 이 경우 미디어의 선정적 보도로 말미암아 가출 청소년들의 성적 일탈이 문제시되곤 한다. 이를테면 가출을 해서 직접 성을 판매하거나 성매매를 알선하는 행위는 개인의 방종이나 비도덕성의 문제로만 해석되기 일쑤다. 이 경우 청소년문제 담론은 이중적인 방식으로 사회적 문제를 '세탁'한다. 1단계는 성매매 문제를 성인의 문제가 아니라 청소년만의 문제로 치환하는 것이며, 2단계는 나아가 이러한 문제들을 섹슈얼리티를 둘러싼 권력의 문제가 아니라 개인의 방종과 같은 차원으로 축소하는 것이다.

그러니까 청소년문제론의 궁극적 효과는 사회의 문제를 타자에게로, 그리고 전체의 문제를 개인에게로 전이하는 데 있다고 할 수 있다. 이 과정에서 청소년이라는 부정적 타자는 우리의 사유방식을 조절하고 결과적으로 사회의 안녕을 도모하는 데 동원된다. 주기적으로 발생하는 청소년 문제들을 이와 같은 방식으로 이해하면 될 것이다. 집단따돌림, 학교폭력, 자살 같은 사건들이 대표적이다. 마치 용산참사 직후에 전지현 복제폰 사건이 터지듯, 어떤 알 수 없는 하위체계가 작동함으로써 청소년은 정치의 소실을 매개하는 이데올로기적 환상으로서 기능하는 것이다.

'청소년+운동'의 아이러니: 표적 없는 정치주체로서의 청소년

이런 상황 속에서 청소년은 어떠한 주체적 조건을 살아내고 있을
까. 물론 앞선 시기 민주화의 경험을 거치면서 오늘날 청소년들에
게는 그들의 선배세대들에 비해 정치적 기회구조가 상대적으로 열
려 있다. 민주주의라는 가상적 보편성의 언어가 통용됨으로써 그
들은 바로 그 민주주의의 이름으로 더 많은 것을 요구할 수 있게 되
었고 실제로 그것을 관철시킬 사회적 분위기를 이용하는 것 또한
가능하게 되었다. 그래서 종종 '더 많은 민주주의'(혹은 '더 작은 민주주
의')는 유의미한 정치적 구호가 될 수 있다.

　그러나 보호라는 명분으로 억압하고 그런 취약성을 빌미삼아 10
대들을 통해 이데올로기적 관행들을 작동시키는 게 바로 한국사회
아니던가. 그렇기에 청소년 정치의 주체적 정황을 논의하려면 무
엇보다도 불가능성의 소선들을 고려함으로써 거기에 내재된 모순
들, 즉 가능성의 조건들을 탐사할 필요가 있다.

　그런 점에서 영화 「완득이」는 특정한 시사점을 던져준다. 이 영
화는(혹은 소설은) 이주배경 청소년이라는 우리 시대의 '질풍노도' 이
념형을 내세워 오늘날 청소년이 과연 무엇을 말할 수 있고 행할 수
있는지를 질문하는 듯하다. 여기서 1970년대 말의 '질풍노도' 청소
년을 다뤘던 「말죽거리 잔혹사」와 유의미한 비교지점이 나타난다.

실제로 이 두 영화는 486세대의 청소년기와 오늘날 청소년의 현재를 비교할 수 있다는 점에서 흥미롭기까지 하다.

단적으로 말하자면, 오늘날 청소년들에게는 죽여야 할 '아버지'가 없다. 애초 프로이트가 발견했던 부친 살해 모티프는 자손들이 문명을 시작할 수 있(으며 또한 모든 위대한 이야기가 시작할 수 있)는 근원적 계기로서 작동한다. 마찬가지로 아들들이 힘을 합쳐, 즉 형제애를 발동하여 아비를 살해하고 아비의 사체를 먹어치움으로써 아비 세대에 종지부를 찍고 그의 힘과 권위를 나눠 갖는 과정이야말로 정치의 근원적 계기라 할 수 있다. 그런데 죽여야 할 '아버지'가 없다니 이는 무슨 말인가. 이것은 과거에 우리가 익숙했던 정치의 작동 방식이 더이상은 무의미하다는 반증이 아닐까.

「말죽거리 잔혹사」에서 주인공에게는 상징적 아버지가 압도적일 정도로 편재해 있었다. 태권도 사범으로 일하는 생물학적 아버지, 교실에서의 교사라는 아버지, 또래집단에서의 싸움짱이라는 아버지, 오후 5시가 되면 보행을 멈추고 국기에 경례하게 하는 국가라는 아버지…. 이들은 주인공이 선망하는 모든 자원을 독차지하고 있으며 강건할뿐더러 각기 다른 방식을 동원해 억압을 행사한다. 그들은 반드시 극복해야 할 억압의 원천이다.

반면 「완득이」에서 각각의 상징적 대척점들은 더이상 아버지이기를 그치고 있다. 장애인이어서 동정하고 돌봐야 하는 아버지, 알고 보니 세상에 둘도 없는 교사라는 아버지, 또래집단에서 일진이어도 '찌질'하기만 한 아버지, 이주민조차 돌보지 않아 내가 직접 나서길 기다리는 국가라는 아버지…. 그들은 더이상 억압의 근원

이 아니기에 극복의 대상이 될 수 없고 단지 화해의 대상으로서만
배치되어 있다.

군이 '고개 숙인 아버지' 운운할 것도 없다. 홀로 객사하는 기러
기 아빠를 연상할 것도 없다. 생물학적으로뿐만 아니라 사회적으
로도 아버지들은 무능력하다. 아니, 자신들이 무능력하다고 선포
함으로써 '쉴드'친다고 하는 편이 낫겠다. 이리 불쌍한 아버지는
역사에 없었다. 물론, 현실의 생물학적 아버지들이 모두 무능력하
기만 한 것은 아닐 것이다. 그러나 이른바 정상가족 테두리에서 보
자면 부모세대는 억압을 행사하기보다는 자식들을 온정으로 대하
며 욕망을 북돋고 미래를 설계해준다. 이리 좋은 아버지는 역사에
없었다. 코카콜라 광고 카피가 이미 말해주지 않았던가. 'Enjoy It!'
즉, 그것을 즐겨라. 더이상 억압은 없다. 실체가 묘연하긴 하지만
'그것'이 무엇이든 중요하지 않다. 즐기면 될 뿐이다. 아비를 살해
할 도덕적 정당성도, 그로써 취득할 경제적 생산성도 없다.

오늘날 청소년들에게 부친 살해 모티프가 적용되기 힘들다는 사
실은, 동시에 그들이 정치적 주체-되기가 얼마나 어려운지를 여실
히 보여주는 것이기도 하다(물론 이 문제는 20대를 아울러 청년세대 전체가 직면한
상황이다). 상징적 아버지의 자리가 비어 있다는 것은 오늘날 정치의
어떤 난점을 표시한다. 왜인가. 앞서 말한 것처럼 청소년들은 억압을
경험하고 있는데, 그 억압의 근원으로 이해되는 표적이 구조적으로
은폐돼 있기 때문이다. 정치적인 것(the political)이 적대를 동력삼아 가
동된다는 점을 상기하도록 하자. 지금 그들은 활과 화살은 있을지언
정 과녁을 볼 수 없기에 정치는 쉽사리 발동하지 못한다. 이것이 오

늘날 청소년 정치에 존재하지만 보이지는 않는 세번째의 뇌관이다.

설사, 정치적 주체로서의 경험이 봉쇄되는 이러한 장벽을 돌파하더라도 문제는 그리 간단히 해소되진 않는다. 어렵사리 정치의 장에 뛰어들더라도, 그 장소는 이미 기성세대가 그물 쳐놓은 문법에 의해 지배되고 있기 때문이다. 2008년 촛불정국과 그 이후의 숱한 운동의 경험에서 드러났던 것처럼, 드물게 존재하는 정치적인 10대들은 청소년 보호를 매개로 결국에는 억압하고 이용하는 좌우 막론의 퇴행적 정치를 경험할 수밖에 없었다.

같은 판의 성인들이 반말을 날리고 전선에서 배제한다. 그렇기에 저들이 화해의 제스처를 쓰더라도 10대들로서는 운동권을 재생산하기 위해 전략적으로 접근하려는 게 아닌지 의심스러울 수밖에 없다. 민주화 이래 청소년들에게 개방되었다고 믿었던 정치적 기회구조는 사실 정확히 그만큼 반(反)정치의 기회구조이기도 했다. 한마디로 말해, 과녁을 찾는 데 실패한 화살은 땅에 처박힐 수밖에 없는데, 지금은 시위조차도 당기기가 쉽지 않다.

두가지 답, 혹은 세번째의 오답

죽여야 할 아버지가 없는 청소년에게는 어떤 답들이 기입되어 있는 것일까. 그런데 「완득이」의 결말은 뜻밖에도 낙관적이다. 완득이는 모두를 형제로 삼는다. 뺏어야 할 권위도 부(富)도 없는 채로 그는 생물학적 아버지를 포함하여 그 모든 상징적 아버지들과 손을 잡는다. 그리하여 자신의 질풍노도를 치유하고 비로소 안정에 들어간다. 이주배경이라는 비교적 가시적인 갈등에도 불구하고, 그 답은 비교적 소소한 방식이어서 일상의 이웃들과 손을 잡고 조화를 이루며 사는 길을 택한 것이다. 표적이 없으니 지극히 현실적인 대안인 셈이다. 이것이 오늘날 그나마 개념있는 청소년들에게는 가장 손에 잡히는 답안지일 것이다.

만약 이런 정치적 선택이 소박해서 불만족스럽다면, (비록 20대를 다룬 것이지만) 표적의 부재를 모티프로 삼는다는 점에서 소설『표백』을 참고삼을 만도 하다. 말 그대로 표적이 부재하니, 이 소설은 오늘날의 청(소)년이 체계 재생산의 고리가 되기를 그치고 체계의 오점으로 남는 것도 하나의 방법이라고 제안한다. 거기서 최선의 선택은 역설적이게도 바로 '자살'이다. 상술했던 것처럼, 청소년이 위험한 존재로서 사회적 타자이자 나아가 이데올로기적 환상이라 한다면, 자신이 존재하는 양식을 어떤 방식으로든 중지하는 것은 매력적인 답안지가 될 수 있다.

아마도 우리에게 상상 가능한 답이란 「완득이」나 『표백』의 주인공들처럼, 약자들끼리 손을 잡고 연대하거나 아예 질서 바깥으로 이탈하는 정도인 것 같다. 그러나 이들 답안지가 어딘지 불만족스러운 것도 사실이다. 왜냐하면 전자는 억압·타자화·배제하는 체계를 문제삼지 못하고, 후자는 별다른 대책 없이 그저 산화하라고 종용할 뿐이기 때문이다. 물론 필자는 청소년 정치의 다른 대안을 제시하거나 그것의 타당성을 입증할 의사가 전혀 없다. 또한 그럴 능력도 없다. 다만 체계가 돌아가는 동학을 정확히 아는 것과 모르는 것 사이에는 분명한 차이가 있음을 유의할 필요가 있다.

이와 관련해서 필자는 청소년과 정치라는 키워드를 가지고 세가지 쟁점에 대해 이야기할 수 있었다. 현실적으로는 필자가 미처 알지 못하는 또다른 쟁점들이 존재할 수도 있을 것이다. 그러나 적어도 지금까지 필자가 본 바에 의하면, 청소년보호론이 내재한 억압적 효과라는 모순, 청소년에 투사하는 타자성을 통해 성인들의 동일성이 유지되는 역설, 적대의 과녁이 상실되고 내부정치마저도 순조롭지 않게 된 아이러니 등이 우리가 이야기할 수 있는 논점들이 아닌가 싶다.

다른 한편으로는, 청소년 정치의 불가능성을 배태한 이 지점들이 바로 새로운 두번째 정치, 즉 청소년이 정치를 행하는 시작점이기도 할 것이다. 우리가 살펴본 것들이 모순, 역설, 아이러니라 한다면 우리는 얼마든지 그 틈새를 벌려 비판하고 비집고 들어가 항거할 수 있기 때문이다. 예컨대 우리는 보호가 왜 억압과 동일한 것인지 폭로하고 비판할 수 있다. 우리는 청소년에 투사된 타자성을 그대로 성인들(과 체계)에 반사시킬 수도 있다. 또한 우리는 적대의 과녁을 이전 세대와는 전혀 다른 방식으로 설계하고 배제의 최종 분할선을 파괴하거나 조정할 수도 있다.

이제는 이들 뇌관을 건드릴 수 있는 새로운 오답이 필요한 시점이다. 문제가 은폐되어 있는 이상, 답 역시도 보이는 곳에는 없다. 대한민국에서 청소년은 위험하다. 그러나 체계는 청소년을 반드시 필요로 한다. 바로 그렇기에 청소년은 무엇이든 할 수 있다. 체계를 횡단하는 반(反)체계의 상상력이 필요한 시점이다.